コジェーヴの法哲学
―― 普遍等質国家における正義 ――

堅田 研一

新基礎法学叢書

成文堂

はしがき

　本書は、戦後のフランスの思想界に決定的な影響を与えたヘーゲル講義で有名なアレクサンドル・コジェーヴ（1902-1968）の著作『法の現象学』(*Esquisse d'une phénoménologie du droit*, Gallimard, 1981) に関する一つの読解を提示する。

　この著作を初めて読んだのは、早稲田大学法学部に在籍していたときに履修した今村仁司先生のフランス語の原書講読の授業においてであった（当時今村先生は週に一度、非常勤講師として出講されていた）。その後私は、今村先生と共にその翻訳を行うという得難い経験をすることができた。

　私はこの著作に魅了された。そこには法に関する決定的な定義と体系が提示されているように思われた。それから現在に至るまで、この著作が常に私の研究の中心にあったといってよい。ところが、よく読むと、きわめて論理的に展開されている法の体系のなかに、いくつかよくわからない（論理が通じていない）ように思われる箇所があることに気づいた。とりわけそれを強く感じたのが、本書が問題にする「プロプリエテ・ペルソネル（propriété personnelle）」である。この概念はコジェーヴの法の体系では説明できない、そこから外れているとしか思えなかったのである。

　今村先生はマルクスの所有概念、とりわけ「個人私有」の概念についてとても興味深い話をされたことがある（このときの話の内容の一部は、今村仁司『マルクス入門』、筑摩書房、2005年、のなかで展開されている）。その後、翻訳作業のなかで、先生がマルクスの「個人所有」に言及しながら「プロプリエテ・ペルソネル」を「個人的所有」と訳することを提案されたとき、先生がこのコジェーヴの概念を重く受け止めていることがわかった。

　私なりに「個人的所有」の概念の意義に気づいたのは、留学先のフランスで、エセック（ESSEC. École supérieure des sciences économiques et commerciales）のロラン・ビバール教授と話をしていたときだった。話のなかで、コジェーヴの人間学や法の体系は男性的なものであり、女性的なもの

が排除されていることに気づかされた。そのとき、コジェーヴのいう「普遍等質国家」における決定的な法体系から「個人的所有」は外れているのではないかという考えが蘇ってきた。「普遍等質国家」においては「個人的所有」は排除されている。女性性も排除されている。すると、この両者はつながっているのではないか。「個人的所有」は、普遍等質国家が実現した「歴史の終わり」においてはじめて前面に出てくる。これは、男性的なものの終わりにおいて、それとは異質的な女性的なものが現われることではないか。またコジェーヴによれば、普遍等質国家においては、政治は終わり、法による統治が実現する。すると、「個人的所有」、女性性と法による統治とは結びついているのではないか。

前著『法・政治・倫理――デリダ、コジェーヴ、シュトラウスから見えてくる「法哲学」』(成文堂、2009 年)、『法の脱構築と人間の社会性』(御茶の水書房、2009 年)においてもこの問題は論じられているが、本書は『法の現象学』に寄り添いながら「個人的所有」と女性性とのつながり、およびこれらと法とのつながりについて考え抜いたものである。

はたしてこれがうまく論証できたかは心もとない。論証そのものが複雑かつ抽象的であるうえ、もっと精密に論ずるべきところも目につく。これについては今後の課題とさせていただきたい。さらに本書では、くどいと思われるほどに何度も同じ論理が登場し、同じ個所が何度も引用されている。もっと無駄なく論述できればよかった。けれども、私としては、考えを展開していくうえでどうしてもそうせざるをえなかった。読者のご容赦を願うばかりである。

コジェーヴについては、近年改めてその思想が注目されている。本文でも取り上げているように、2017 年にフランスの雑誌『哲学 (*Philosophie*)』において、彼とカール・シュミットとの往復書簡が仏訳され、それをめぐって特集が組まれた。また昨年 (2018 年) 6 月 7 日と 8 日の両日、コジェーヴの没後 50 年を記念したカンファレンス「ヨーロッパ・コジェーヴ 2018 (EUROPE KOJÈVE 2018)」が、コジェーヴが客死したブリュッセルのヨーロッパ議会において開催された。コジェーヴは第二次世界大戦後にフランス政

府（対外経済関係局。la Direction des relations économiques extérieures (DREE)）の高級官僚としてヨーロッパ統合に重要な役割を演じた。ヨーロッパ統合といういわば世界的な大実験が行われており、またそれを担う EU が大きな危機に瀕しているという状況も相俟って、コジェーヴの思想が改めて関心を集めているのであろう。それに伴って、彼の政治的な行動プランとなったといわれている『法の現象学』にも関心が寄せられており、今後さらにその研究が進むものと考えられる。本書がこれに少しでも寄与できれば、またコジェーヴの思想や法哲学のもつ意味や面白さを少しでも読者の皆さんにお伝えすることができれば、この上ない喜びである。

　本書の特に第三章で展開された『法の現象学』の解釈については、ビバール教授から、丁寧かつ貴重なご意見を賜ることができた。心よりお礼を申し上げたい。

　本書を新基礎法学叢書の一冊として刊行できることをうれしく思っている。本書のような難解で冒険的な著作の出版を引き受けてくださった成文堂の阿部成一社長、そして何度も貴重なアドバイスと励ましをいただいた同社編集部の飯村晃弘氏には感謝の思いで一杯である。心からのありがとうを申し上げたい。

2019 年 6 月 14 日

堅田研一

目　次

はしがき ……………………………………………………………………… i
初出一覧 ……………………………………………………………………… ix

序　章　本書の課題 ……………………………………………………… 1

第一章　コジェーヴ『法の現象学』における
　　　　　法の定義、法体系の構造 ………………………………………… 5
　1. 法の定義 …………………………………………………………………… 5
　2. 承認を求める生死を賭けた闘争 ………………………………………… 8
　3. 正義の理念の誕生 ………………………………………………………… 10
　4. 第三者の発生 ……………………………………………………………… 12
　5. 法体系論 …………………………………………………………………… 14
　6. 民事法と刑事法 …………………………………………………………… 20
　7. 国際公法と普遍等質国家
　　　――第二次大戦後の世界秩序の構想 ………………………………… 23
　　（1）概　略 ………………………………………………………………… 24
　　（2）分　析 ………………………………………………………………… 25

第二章　コジェーヴ＝シュミット論争
　　　　　――第二次大戦後の世界秩序の構築をめぐって ……………… 29
　1. 往復書簡 …………………………………………………………………… 29
　2. コジェーヴのデュッセルドルフ講演 …………………………………… 32
　3. 問題と検討 ………………………………………………………………… 36
　　（1）第二次大戦後の世界における闘争の意味とは――ハウスの見解 …… 37
　　（2）政治的なものと法的なものとの区別――ピュラノの見解 ………… 42
　　（3）賢者の場所――ケルヴェガンのコジェーヴ解釈 …………………… 49

(4) 検　討 ………………………………………………………………… 58

第三章　『法の現象学』におけるパラドクス
　　　　　——本書における議論の概要 ……………………………… 65
1. 問題設定 …………………………………………………………………… 66
2. ポトラッチの特異性 ……………………………………………………… 69
3. 個人的所有と女性 ………………………………………………………… 72
4. 奴隷と個人的所有 ………………………………………………………… 73
5. 個人的所有どうしの交換を規制する正義の原理 ……………………… 76
6. 平等の正義と等価性の正義との綜合 …………………………………… 76
7. 主人と奴隷との間の相互作用 …………………………………………… 77

第四章　貨幣と正義 …………………………………………………… 84
1. 本章の課題 ………………………………………………………………… 84
2. アリストテレスにおける正義、財獲得術、貨幣 ……………………… 84
3. 岩井克人における資本主義と信任関係 ………………………………… 94
4. レヴィナスにおける貨幣と正義 ………………………………………… 96
5. 貨幣の追求と虚栄心、承認欲望 ………………………………………… 100
6. コジェーヴの正義論と個人的所有論 …………………………………… 104
7. 個人的所有の取引と正義 ………………………………………………… 110

第五章　問題設定としての普遍等質国家論
　　　　　——グローバリゼーションの理解のために ……………… 117
1. 問題設定 …………………………………………………………………… 117
2. 『法の現象学素描』の意義 ……………………………………………… 119
3. ハウスとフロストによる『素描』の解釈 ……………………………… 125
　　(1) コジェーヴ的承認の解釈 ………………………………………… 127
　　(2) コジェーヴのいう普遍等質国家＝「社会主義帝国」に関する解釈 …… 131
4. ビバールによるコジェーヴ解釈 ………………………………………… 134

(1)「無性的男らしさ」または「マッチョ主義」............................... 135
　　(2) 男性性と女性性との平衡状態 137
　5. アーレントとコジェーヴ 142
　　(1) 活動的生 142
　　(2) 活動的生と法 143
　6. 法の意義 145
　　(1) 法における奴隷性と女性性・特殊性との同一視 145
　　(2) 同一視の問題性 149
　7. 結　語――政治的な正義の理念の修正 149

第六章　アレクサンドル・コジェーヴにおける
　　　　否定の概念について
　　　　――擬制としての正義と法の定立 159
はじめに 159
　1. 問題の設定 161
　2. 等価性の問題 166
　　(1) 奴隷的労働 167
　　(2)「ここといま」からの抽象としての自発的労働 169
　　(3) 貨幣・資本の奴隷としての労働と自発的労働との違い 175
　　(4) 個人的所有物、およびその産出のための労働 176
　　(5) 個人的所有物の、商品への転換 177
　3. 個人的所有物の取引 178
　4. 戒能通孝の市民論 181
　5. 法を作る主体と個人的所有 185
　　(1) 平等の正義について 186
　　(2) 等価性の正義について 190
　　(3) 法を作る主体 190
　6. プロレタリアート、つまり立ち上がった女性 193
　7. 結びに代えて――新たな問題の定立 195

第七章　法における互酬性について
——コジェーヴの法論を基に ……………………………… 200
1. 問題設定 ……………………………………………………………… 200
2. 互酬性とは何か ……………………………………………………… 205
3. ヘーゲルのパラドクス ……………………………………………… 210
4. ジャン゠リュック・ナンシーによる性の分析 …………………… 213
   (1) 性の構造 ……………………………………………………… 213
   (2) 性と言語活動 ………………………………………………… 215
   (3) 性と技術 ……………………………………………………… 217
   (4) 性における生と死——死に至らない死への覚悟 ………… 220
   (5) 性における動物性の否定、および他者による媒介、欲望の欲望 …… 222
   (6) ナンシーのセックス論とコジェーヴの承認欲望論 ……… 225
5. アレクサンドル・コジェーヴにおける愛と承認の問題 ………… 227
6. コジェーヴと互酬性 ………………………………………………… 238
7. パラドクスを解消するための第三者 ……………………………… 245

終　章　具体的身体性の回復
——「公平の正義」とは何か ……………………………… 249
1. 普遍等質国家論と「盲点」 ………………………………………… 249
2. 「盲点」と法 ………………………………………………………… 251
3. 公平の正義に関する素描 …………………………………………… 256

文献一覧 …………………………………………………………………… 275
人名索引 …………………………………………………………………… 281
事項索引 …………………………………………………………………… 283

初出一覧

序　章　書き下ろし。

第一章　書き下ろし。

第二章　書き下ろし。

第三章　書き下ろし。

第四章　「貨幣と正義」、愛知学院大学宗教法制研究所紀要第56号、2016年、207-240頁。

第五章　「問題設定としての普遍等質国家論——グローバリゼーションの理解のために」、愛知学院大学宗教法制研究所紀要第57号、2017年、1-47頁。

第六章　「アレクサンドル・コジェーヴにおける否定の概念について——擬制としての正義と法の定立」、愛知学院大学論叢法学研究第58巻第3・4号、2017年、1-45頁。

第七章　「法における互酬性について——コジェーヴの法論を基に」、愛知学院大学宗教法制研究所紀要第58号、2018年、101-147頁。

終　章　書き下ろし。

序章　本書の課題

　本書は、アレクサンドル・コジェーヴの法哲学の研究である。彼の法哲学は、『法の現象学』[1]と題されて死後出版された著作で詳細に展開されているが、実はこの著作は、彼の哲学全体の核をなす政治哲学と、またヨーロッパ統合に貢献した彼の実践的政治活動と不可分に結びついているのである。コジェーヴの政治哲学は彼の有名な「普遍等質国家（État universel et homogène）」論、つまり「歴史の終わり（fin de l'histoire）」論に極まるのであるが、彼のいう普遍等質国家は、結局のところ、法によって実現される。『法の現象学』は普遍等質国家の実現のための構想なのである。さらに、そこには、カール・シュミットの政治哲学に対する批判が含まれている。つまり、政治的な暴力的関係、シュミットのいう「友・敵」の関係を、法によって終結させるという構想である。
　コジェーヴとシュミットは主に1950年代に書簡をやり取りし、論争を行っている。さらにこの過程で、シュミットはコジェーヴにドイツのデュッセルドルフでの講演を依頼し、これに応えてコジェーヴも講演を行っている（1957年1月16日にライン・ルール・クラブ（Rhein-Ruhr-Klub）においてドイツ語で行われた）。そしてこの講演のなかでシュミットに対する批判的応答を行っている。この講演および往復書簡における論争は、第二次世界大戦後の世界秩序をどう構想するかをめぐって行われている。政治的闘争を不可欠と考えるシュミットに対し、コジェーヴは、もはや政治的闘争は無意味であると主張する。
　コジェーヴによれば、なぜ政治的な闘争が無意味なのかというと、人類はすでに「歴史の終わり」に到達しているからである。「歴史の終わり」とは

---

(1) Alexandre Kojève, *Esquisse d'une phénoménologie du droit*, Gallimard, 1981. 邦訳として、アレクサンドル・コジェーヴ『法の現象学』今村仁司・堅田研一訳、法政大学出版局、1996年。

全世界、全人類を包摂する「普遍等質国家」の実現である。そこにおいてはもはや（少なくとも歴史的に意味のある）対外的戦争も内戦もない。つまり、政治的な闘争は存在しない、または少なくとも無意味である。したがって、普遍等質国家の統治は法によって行われることになる。このように考えると、コジェーヴ＝シュミット論争と、1943年に執筆された『法の現象学』とはつながっているのであり、また法による普遍等質国家の実現を構想する『法の現象学』は戦後の世界秩序に関するコジェーヴの構想であり、かつ戦後フランス政府の高級官僚としてヨーロッパ統合に手腕を発揮した彼の政治的な行動プランになるものでもあったと考えられる。現在のコジェーヴ研究もおおむねこのように考えている[2]。本書は、序論的考察として、コジェーヴ＝シュミット論争を追い、両者の見解の相違に留意しながら、とりわけコジェーヴの戦後構想——法による世界秩序の実現——を明らかにする。

次に、本書は、この考察を念頭に置きながら、コジェーヴの『法の現象学』の検討を行う。これが本論である。問題は、彼が普遍等質国家の統治原理として提示した絶対的な正義、つまり「平等の正義」と「等価性の正義」との綜合としての「公平の正義」とは何かである。この解明が本書の主たる課題となる。

コジェーヴとシュミットとの論争については、2017年にフランスの雑誌『哲学』において、両者の往復書簡が仏訳され、これにコジェーヴのデュッセルドルフ講演、およびこれらをめぐる3本の論考が掲載された[3]。そこで、これらの検討を中心にしながら、序論的考察を進めたい。この考察に引き続いて、この考察で示された法による世界秩序の構想とも関連づけながら、コジェーヴの『法の現象学』の検討が行われることになる。

コジェーヴは、パリの高等研究院（École pratique des hautes études）で行われた有名なヘーゲルの『精神現象学』講義（1933-1939）において戦後の

---

[2] Cf. Dominique Auffret, *Alexandre Kojève: La philosophie, l'État, la fin de l'Histoire*, Grasset, 1990, pp. 280-281. 邦訳として、ドミニック・オフレ『評伝アレクサンドル・コジェーヴ——哲学、国家、歴史の終焉』今野雅方訳、パピルス、2001年、407-410頁。

[3] *Philosophie*, numéro 135, septembre 2017, Minuit.

フランス哲学の基礎を築いたと言ってもよいほどの大哲学者である。その主著は、この講義を書物にした、これまた有名な『ヘーゲル読解入門』[4]である（ただし、著作化したのはレイモン・クノーである）。彼はこの講義の後、1943年の夏に『法の現象学』の草稿を一気に書き上げることになる。この草稿は、彼の死後1981年にガリマール社から刊行される。この作品はコジェーヴ研究者の間でも、きわめて完成度の高いものと評価されている[5]。

コジェーヴによれば、人類の歴史は、少なくとも原理の上では（「人類の前衛」においては[6]）終わっている。これが、有名な彼の「歴史の終わり」の問題である。この「歴史の終わり」は、人類が「普遍等質国家」に組織されることによって到来する。この普遍等質国家が実現するためには、「承認を求める生死を賭けた闘争（lutte à mort en vue de la reconnaissance）」[7]およびそこから生じる「主人（Maître）と奴隷（Esclave）」の関係、つまり政治的な関係の展開と共に、法（＝権利）（Droit）の存在が不可欠である。さらに普遍等質国家が実現するならば、もはや政治的関係はなくなり、法による統治が行われることになる。

コジェーヴは『法の現象学』において、普遍等質国家における法の体系を描き出してみせる。もちろん、普遍等質国家はまだ（『法の現象学』執筆時においても、また現在でも）完全に実現してはいない（それどころかコジェーヴは、その完全な実現は不可能であろうとも言う[8]）。しかしながら、人類は普遍等質国家に向かっていると思われるのであり、そうだとすると、この国家の統治原理を解明するのは重要な理論的・実践的な意味をもつだろう。

今述べたように、普遍等質国家においては法による統治が行われるのであ

---

(4) Alexandre Kojève, *Introduction à la lecture de Hegel*, Gallimard, 1947. 邦訳として、アレクサンドル・コジェーヴ『ヘーゲル読解入門』上妻精・今野雅方訳、国文社、1987年。なお、1968年に第2版が出版され、有名な日本論を含む注が追加された（pp. 436-437. 邦訳245-247頁）が、それ以外は変更はない。

(5) Cf. D. Auffret, *Alexandre Kojève*, supra note 2, p. 273. 邦訳396頁。

(6) Cf. A. Kojève, *Introduction*, supra note 4, p. 436. 邦訳246頁。

(7) Cf. A. Kojève, *Introduction*（supra note 4）, p. 14（邦訳16頁）, *Esquisse*（supra note 1）, p. 240（邦訳278頁）。

(8) Cf. A. Kojève, *Esquisse*, supra note 1, p. 574. 邦訳660頁。

るが、この法の実質的内容をなすのが正義の理念である。コジェーヴは法を、二人の人間存在の間の相互作用への、公平無私の第三者による正義の理念の適用と定義する。そして、正義は主人的な「平等の正義」と奴隷的な「等価性の正義」というアンチテーゼによって誕生し、それらが綜合されることによって「公平の正義」という絶対的な正義の理念が生成する。彼によれば、現実に存在する法の体系を支える正義の理念は、多かれ少なかれ平等の正義と等価性の正義との綜合なのであるが、この二つの正義が完全な均衡に達することによって公平の正義が実現する。

　ところが、コジェーヴは公平の正義、つまり平等の正義と等価性の正義との綜合について、不平等な関係があれば平等の正義によって是正され、また不等価な関係があれば等価性の正義によって是正されると形式的に述べるだけで、それが実際にはいかにして実現するのか、その実質的内容はいかなるものかについては語っていない。本書は、この公平の正義の実質的な内容やその実現のための道筋について、『法の現象学』に寄り添いながら明らかにする試みである。そしてこれは、普遍等質国家における人間のあり方、および人間世界の統治のあり方を提示する試みでもある。そして、この問題は女性性の問題と不可分に関係することも明らかになる。

　それでは検討を始めよう。まずは『法の現象学』の概略を示す。その後でコジェーヴとシュミットとの論争に移ることにする[9]。

---

(9)　日本においてこのシュミットとコジェーヴとの論争を取り上げて論じた著作に次のものがある。大竹弘二『正戦と内戦——カール・シュミットの国際秩序思想』以文社、2009年。坂井礼文『無神論と国家——コジェーヴの政治哲学に向けて』ナカニシヤ出版、2017年。

第一章　コジェーヴ『法の現象学』における法の定義、法体系の構造

まずはじめに、コジェーヴの『法の現象学』[1]の概略を、彼の提示する法の定義および法体系の構造を中心にしてまとめておきたい。

1. 法の定義

コジェーヴはその第一部において、現象学的方法によって法そのものの定義を試みる。彼のいう現象学的方法とは次のようなものである。まず、「ひときわ明瞭で、典型的で、固有の特徴を備え、純粋な具体的事例」を分析して、問題になっている本体（今の場合には法という本体）の「現象」、つまり法の事例を「芸術や宗教などの事例ではなく法の事例たらしめている内容」を発見する。次に、この内容、つまり現象の「本質」を発見したならば、これを正しく記述する。この本質の記述が当の現象の定義である。今度は、この定義を、法的と呼ばれるさまざまな事例と突き合わせてみることによって、定義を修正・精密化していく。もし「法的」と呼ばれてはいるが定義に合致しないような事例、あるいは定義に合致するものの「法的」とは呼ばれていない事例があるならば、その誤用の理由を説明できるのでなければならない。このようにして、「さまざまなタイプの人間的現象を残らず検討して、それらを法的なものと法的でないもの（宗教的、政治的、道徳的、芸術的、等々）に割りふり、一切のタイプを分類し尽くしてはじめて、満足のゆく定義、つまり当の現象のすべてに、そしてそれらのみに当てはまる定義を見つけた」ことになる（cf. EPD 10-11/4-5）。もちろんコジェーヴによれば、彼

---

(1) Alexandre Kojève, *Esquisse d'une phénoménologie du droit*, Gallimard, 1981. 邦訳として、アレクサンドル・コジェーヴ『法の現象学』今村仁司・堅田研一訳、法政大学出版局、1996年。以下、同書からの引用・参照にあたっては、EPD と略記し、最初に原書の頁数を、その後に邦訳書の頁数を表記する。

はこの作業を完全になしえたわけではなく、したがって彼の与える法の定義、つまり「法」現象の記述は暫定的なものでしかない (cf. EPD 11/5)。

このようにして彼が与える定義によれば、法 (droit) とは、〈二人の人間存在の間の相互作用への、公平無私の第三者による、正義の理念の適用〉である。例えば、ある人 (A) が他の人 (B) の財産を奪おうと行為し、それに対してBが対抗したとする。もし、このAとBとの間の相互作用に、この両者とは何の私的な関係もなく (つまり「公平 (impartial)」で)、またこの相互作用に介入することに何の損得関係もない (「無私的＝没利害的 (désintéressé)」な) 第三者 (le Tiers)、例えば警察官が、Bに代わってAの行為を無効にしようと介入するならば、ここに法の関係が生まれる。(このように相互作用 (interaction) は、一方の行為 (action) と、他方のそれに対する対抗行為 (réaction) とから構成される。) Aは、自分の財産をもち続ける権利 (droit) をもつことになる。相互作用を行う人間的存在は、いわゆる人、つまり自然人であってもよいし、団体 (法人) であってもよい。

法が顕在的に (en acte) 現実存在するためには、この第三者による介入は、当該の相互作用の当事者によっては「抵抗しえない」ものでなければならない。当事者がそれに抵抗しうる、つまりその介入から逃れることができるならば、法は潜在的に (en puissance) 現実存在するにすぎない。

したがって、法が顕在的に現実存在するためには、この第三者は国家、そして当該の相互作用の当事者は、この国家の「公民」でなければならない。この国家的第三者とは、具体的には、法的 (juridique) 立法者、裁判官、または司法警察 (裁判官の判決の執行者) である。

コジェーヴによれば、例えば契約それ自体は法的なものではない。金銭消費貸借契約における借主が期限を過ぎても借りたお金を返済せず、貸主がその返済を要求する場合、第三者 (例えば裁判官) は (貸主の介入要求に応じて) 介入し、貸主に味方して借主に強制的に返済させるだろう。このように第三者が介入してはじめて契約は法的なものになる。あるいは絵画甲を10万円で売却する契約を売主Aと買主Bとが締結したとする。ところが、絵画甲をすでに受け取っているBが、支払期限を過ぎても代金を支払わず、Aが支払いを要求する場合、第三者は (売主の介入要求に応じて) 介入し、売主に

味方して、Bに強制的に10万円を支払わせるだろう（cf. EPD 68/67）。これらは民法の事例である。

　ところで、このどちらの事例においても、契約は、契約の当事者が自分の有利（としての債権）と不利（としての債務）とが等価であると考えるがゆえに締結される。したがって、一方当事者が自己の債務を履行しないということは、有利のみを得ている、つまり等価関係が崩れていることにほかならないから、第三者は強制的に債務を履行させることによって等価関係を回復する、つまり等価性の正義を実現するのである。したがって契約は、それ自体は法的な現象ではないが、等価性の正義によって規制されているのである。

　今度は、XがYを殴って傷つけようとし、Yがそれに対抗したとする。第三者は（Yの介入要求があろうがなかろうが）介入し、Yに味方し、Xの行為を無効にするだろう。これは刑法の事例である。（もしYが損害を被り、その賠償をXに求めたのにXが賠償金を支払わない場合、第三者が（Yの介入要求に応じて）介入し、Yに味方して強制的にXに賠償金を支払わせるだろう。この場合には民法の事例になる。）この無効化は刑罰によって行われる。この無効化によって、Xの、自分には他者を殴る特権があるという要求が無効にされる場合には、平等の正義の理念が第三者によって適用されている。また、Xが、Yを殴って傷つけることによって何らかの利益（物質的なものであってもよいし、精神的なものであってもよい）を不当に得ようとしたと考えられる場合には、刑罰によってこの理由なき利益（後述するように、コジェーヴはこれを「理由なき致富」と呼ぶ）への意図が無効にされる。この場合、第三者は等価性の正義の理念を適用しているのである。

　（なおコジェーヴは、「相互作用」という用語を、行為と対抗行為とからなる争い——この争いは正義の理念の侵犯を含む——の意味で用いる場合と、正義の理念によって規制された平和的な相互作用（もし一方の当事者が正義の理念を侵犯するならば、争いへと発展しうる）の意味で用いる場合とがある。後者は正義の理念に従っており、前者は正義の理念の侵犯であるが、正義の理念によって規制されている点では共通するので同じ用語を用いたのであろう。法の定義で用いられた「相互作用」とは、前者の争い＝相互作用の意味である。以下では、この意味を強調したいときには争い＝相互作用と表記することにする。コジェーヴは、

後者の平和的な相互作用を表現するときには、「平和的」、「家族的」、または「経済的」相互作用と、形容詞をつけて用いる場合がある。)

2. 承認を求める生死を賭けた闘争

　ところで、第三者は「公平無私」でなければならないが、これは、第三者の介入は正義の理念を適用するためにのみなされねばならないということと同じである。つまり、法とは正義の理念の適用である。この正義の理念とは何か。コジェーヴは第二部においてその解明を行うが、このときに援用されるのが、ヘーゲルの『精神現象学』における有名な「主人と奴隷の弁証法」のコジェーヴ的解釈である。「主人と奴隷の弁証法」を中心に据えた『精神現象学』解釈が全面的に展開されたのが『ヘーゲル読解入門』であるが、コジェーヴはその成果を正義の理念を導き出すために用いるのである。

　それでは、コジェーヴが「人間学」と呼ぶ、「主人と奴隷の弁証法」のコジェーヴ的解釈とはいかなるものか。動物は腹が減れば自然によって、つまり物を食べることによってそれを満たす。動物的欲望とはこのようなものであり、欲望として現れる自然のすきまを自然によって満たすことによって欲望は消滅する。ところが、コジェーヴによれば、人間的欲望とは「欲望の欲望」である。つまり、すきまそのものを欲望する。言い換えると、すきまをすきまによって満たそうとする。これは、他人の欲望を欲望するということ、欲望の欲望である。これはつまり、私の欲望を他人が自分の欲望とすることを欲望すること、他人が私を絶対的な価値とすることを欲望すること、つまり、他人が私を承認することを欲望することである。ところで、このような欲望の欲望をもった二人のホモ・サピエンスが相対するとき、自分を相手に承認させるため死を厭わずに闘争することになる。これが、有名な「承認を求める生死を賭けた闘争」である。

　この闘争において、闘争の当事者は、承認のために自己の生命を危険にさらす、つまり自己の動物性を否定する覚悟があることを示すのであるが、これは自分が動物性を否定する存在、つまり人間的存在であることを証し立てようとすることである。死の恐怖に屈することなくこの闘争を最後までやり

遂げる覚悟のある者は、死の恐怖に屈して闘争を放棄した者に勝利する。つまり、敗者は勝者を人間的存在として承認したのである。また敗者は、自己が動物性を克服できなかったもの、つまりいまだ人間的存在ではないものであることも認識する。勝者は「主人」、敗者はこの主人の「奴隷」となる。主人はこの闘争によって自己の人間性を承認されるのであるが、この承認によって自己の承認欲望が満足させられることはない。なぜならそれは、自分がその人間性を承認しない者による承認であるからだ。そのような承認は、動物による承認に等しい。それが人を満足させることはない。人を満足させる承認とは、自己が承認するに値する者による承認、つまり「相互承認」でなければならない。ところが、主人は、主人である限りにおいて、この相互承認を実現することはない。なぜなら、相手を承認するとは主人にとっては自分がその相手の奴隷になることを意味し、これは主人にとっては受け入れられないことであるからだ。したがって、主人は自己の承認欲望を完全に満足させることができない。コジェーヴによれば、この承認欲望の満足、つまり相互承認の実現こそが人間性の実現なのであるが、主人は歴史のなかでこれを実現することができず、袋小路に陥り、歴史から消え去る。したがって、奴隷のみが、相互承認を実現することができる。歴史とは、奴隷による相互承認の実現の過程にほかならない。

　主人の奴隷になった奴隷は、主人のために労働する。奴隷は自己の産出した物を自ら消費することができず、それを主人の消費のために提供しなければならない。つまり奴隷は、自己の動物的欲望の満足を断念せざるをえない。これによって奴隷は、自らの動物性を克服するすべを学ぶ。また、奴隷は、労働によって自然に働きかけ、それを変形して物を産出するのであるから、所与の自然を否定する。こうして奴隷は、自己の動物性や自然を否定することによって、部分的には人間化される。ところが、このような人間化では奴隷は満足しない。奴隷はあくまでも自己の承認欲望を満足させようとする。自己の承認欲望を満足させるためには、自己が承認するに値する他人に自己を承認させる必要がある。ところで、奴隷はすでに主人を承認している。つまり、奴隷が承認欲望を満足させるためには、主人に自己を承認させるだけでよい。この承認を求めて奴隷が主人に対してもう一度闘いを挑み自

己を承認させるとき、相互承認が実現し、人間性が完全に実現される。この相互承認を実現する奴隷は、端的な主人になるのではない。彼は主人にして奴隷、戦士にして労働者になる。これをコジェーヴは「公民（Citoyen）」と呼ぶ。この相互承認が実現するとき、人間性は完全に実現し、このとき歴史が終わる。これは、自らの個別性が万人によって承認されることであり、これは普遍等質国家によって実現するとコジェーヴは言う。

3. 正義の理念の誕生

　このような承認を求める闘争というモデルからコジェーヴは、正義の理念を演繹する。正義はその誕生において二重である。まず、闘争の最初において、承認を求めて死を賭けて戦う二人の当事者の条件は平等である。平等であるがゆえに、両当事者は闘争することに同意する。そして、平等な条件において行われる闘争であるからこそ、その闘争は人間発生的な意味をもつのである。

　この闘争において、両当事者がともに闘争を最後までやり抜く覚悟があるならば、この闘争は両当事者の双方、または一方の死によって終わる。そこには承認は存在しない。したがって、承認が生じるためには、当事者の一方が死の危険に屈して闘争を放棄し、他方はこの放棄を受け入れるのでなければならない。ここにも同意が存在する。この同意によって、闘争の放棄を受け入れた勝者は主人、闘争の放棄を申し出た敗者はその奴隷になる。

　この二つの同意はともに、相手の同意を前提にした相互的同意であり、この相互的同意があるからこそ、闘争および主人と奴隷との関係は正義にかなったものになる。それでは、この二つの相互的同意によって開示される正義の理念とはいかなるものだろうか。まず前者の、闘争の開始における相互的同意によって開示されるのは、闘争における二人の当事者の条件の平等の正義である。死の危険が両当事者において同じ＝平等であるがゆえに、両者は闘争することに同意したのである。平等でない条件で行われた闘争は人間発生的な意味をもたない。平等な条件で行われた闘争のみが人間発生的である。これが平等の正義の理念を開示する。後者の、主人と奴隷との関係を生

じさせる同意は、死の恐怖に屈した当事者が、闘争を最後までやり抜く覚悟のある当事者に対して、闘争を放棄してあなたを承認すると申し出、他方がこれを受け入れることによって生じる。後者は勝者であり前者は敗者である。敗者は人間であるよりも、つまり人間的存在として承認されるよりも、動物のままでいることを選んだのである。なぜ敗者が相手＝勝者を承認するのかというと、相手を承認して隷属することによる不利が、闘争を放棄して生命の安全を得るという有利によって埋め合わされるからである。また奴隷から見ると、勝者においても、奴隷である自分の隷属によって得られる有利が、生命を危険にさらし続けるという不利によって埋め合わされる（ただし勝者にはこの自覚はない）。奴隷は自分や相手におけるこの有利と不利との等価性を自覚して、闘争の放棄を申し出る。平等の条件で行われた生死を賭けた闘争の結果であるこの同意もまた、正義の理念を開示する。それは両当事者の条件の等価性の正義である。等価性とは、主人の条件と奴隷の条件との等価性であり、またそれぞれの条件における有利と不利との等価性である。

　主人にとって、人間的であるとは主人であることである。その主人性＝人間性は条件の平等から生じた。したがって、主人にとっては平等であることが人間的であることである。したがって、不平等に対しては、それは人間性に反するとして、反対する。つまり、平等であることが正しいこと、正義にかなったことである。

　奴隷にとっては、闘争の結果としての条件の等価性によって自分は今ある姿において存在する。このあり方が人間的であるならば、奴隷は等価性を維持しようとする。そして奴隷が自己の人間性を自覚するや否や、奴隷は不等価に対して、それを人間的でないとして除去しようとする。つまり、等価的であることが正しいこと、正義にかなったことである。

　こうして、コジェーヴによれば、正義は、平等の正義（Justice de l'égalité）と等価性の正義（Justice de l'équivalence）という二重の様相の下で誕生する。ところで、人間とは主人と奴隷との綜合（synthèse）（としての公民）であるならば、正義もまた、主人における平等の正義と奴隷における等価性の正義との綜合である。この綜合的正義のことをコジェーヴは「公平の正義（Justice de l'équité）」と呼ぶ。この綜合は時間のなかで、つまり歴史的に行

われる。

4. 第三者の発生

　法が存在するためには、今述べた正義の理念に加えて、人間存在どうしの相互作用にそれを適用する公平無私の第三者が存在しなければならない。この第三者はどのようにして発生するのだろうか。

　いま、承認を求める闘争を戦う二つのペア A–B、A'–B' があるとする。そしてこのそれぞれが戦う相手を交換したとする。つまり A は B' と戦い、A' は B と戦うとする。すると、A と A' は、共通の敵 B と B' をもつことになる。A と A' とは「友」のグループを形成し、B と B' とから成る「敵」のグループと戦うことになる（B と B' とのグループも「友」のグループであり、A と A' とから成る「敵」のグループと戦う）。ここにもう一組 A"–B" のペアを加えよう。そうすると、A、A'、A" から成るグループが B、B'、B" から成るグループと戦うことになる。前者のグループが勝利したとしよう。すると前者のグループは主人たちのグループ、後者のグループは奴隷たちのグループとなる。

　A たちのグループのなかでは、メンバーたちは互いに主人として承認し合っている（ただし、この承認は主人＝普遍（l'universel）、つまり自己の動物性を包括的に否定した者＝戦士としての承認であり、自己の比類なき個別性（particularité）の普遍的承認という人間を真に満足させる承認とは異なる）。彼らにとっては人間であるとは主人＝戦士であることであり、彼らの間に平等の正義が実現されることである。ところで、政治的な敵どうしの間に法的な関係は存在しない。この場合には全員が当事者であり、公平無私の第三者が存在する余地はないからだ。また主人どうしが主人としての資格で関係するとき、彼らは政治的に、つまり敵に対抗するために行動しているのであり、そこにも法的関係はない。この場合にも、公平無私の第三者が存在する余地はないからだ。ところが、例えば A と A' とが主人として行動する場合には両者の間に利害の対立が生じることはないが、両者が主人としてではなく個別的なものとして、いわば私人として行動するとき、利害の対立が生じ、相互

作用が生じうる。このとき、この両者の相互作用との関係でA"は公平無私の第三者でありうる。なぜなら、A"にとって、AとA'とは平等者として取り換え可能であり、またA"は、彼らの人間性の確認に対してのみ利害関心をもち、Aの個別性にもA'の個別性にも利害関心をもたず、したがってこの個別的な相互作用に利害関心をもたないからだ。つまり、A"はAとA'との間の個別的相互作用において公平無私の第三者でありうる。A"にとって重要なのは、彼らが主人であること、つまり平等者であることであり、このことを確認することによって彼らの人間性を確認することである。したがってA"は、彼らの相互作用に不平等を見て取るならば、彼らの平等を回復するために、つまり平等の正義の理念を適用するために介入するだろう。つまり、法が存在しうる。

同じことは、敗者のグループにも当てはまる。つまり、B、B'、B"から成るグループにも公平無私の第三者が存在することが可能である。ただし、例えばB"が、BとB'との間の相互作用に対して公平無私でありうるためには、この相互作用がそれぞれの個別性の様相において行われること（無私性）に加えて、BとB'とが相互交換可能であることが必要である（公平性）。BとB'とが相互交換可能であるためには、BとB'とが相互に比較可能であることが必要であり、これは両者が価格をもつことにほかならない（cf. EPD 265/309）。価格をもった存在、つまり等価的な存在として、BとB'とは相互交換可能になる。この第三者によって適用されるのは等価性の正義の理念である。ただし、彼らが奴隷のグループである限り、彼らは主人の法の下にあり（この場合、彼らは人間存在として見なされてはいないのだから、法の主体、法的人格として見なされることもない）、彼ら奴隷たちの法は潜在的に現実存在するにすぎない。彼らの法が顕在的に現実存在するためには、彼らは奴隷であることをやめねばならない。

今、個別としての奴隷Bと個別としての奴隷B'との間の相互作用に、彼らの個別性には利害関心をもたない（彼らの人間性の確認にのみ利害関心をもつ）B"が無私的でありうると述べた。コジェーヴもこの用語法に同意するはずである。奴隷としての奴隷どうしの関係は、政治的関係であり、そこに第三者が存在する余地はない。ところが、個別としての奴隷とはおかしな言

い方である。なぜなら、個別とは奴隷、労働する者の特性を示す表現であるからだ。つまり、奴隷とは個別的な存在であり、個別としての奴隷とはおかしな言い方なのである。ここに大きな問題がある。つまり、コジェーヴは、一方では、政治的特性としての個別性、つまり主人に対する奴隷の政治的特性を表現するためにも個別性という言葉を用いるが、他方では、主人性や奴隷性という政治的特性とは無関係のいわば私的な行為や相互作用を表現するためにも個別性という言葉を用いている（あるいは用いざるをえない）のである。このことが混乱をもたらしているように思われる。これについては後述するが、これが『法の現象学』におけるパラドクスの現われの一つであるように思われる。(コジェーヴ自身、このことに気づいていたふしがある。なぜならコジェーヴは、政治的特性としての奴隷性とは無関係の奴隷の行為や相互作用を表現するために個別性という言葉を用いるのを避けているからである。)

5. 法体系論

『法の現象学』の第三部は、合理的な法体系の構成に充てられる。

まずは、民事法（民法）と刑事法（刑法）との区別について。法的現象は、相互作用の二人の当事者、つまり裁かれるべき者（justiciables）の一方が第三者の介入を挑発する（provoquer）ことによってはじめて第三者が相互作用に介入する場合と、第三者が自発的に相互作用に介入する場合とに分けられる（いずれの場合も第三者は、当該の相互作用を、自らの正義の理念にかなったものにするために介入する）。前者は民法、後者は刑法に対応する。

なぜ民法において第三者は、当事者の一方によって挑発されない限り介入しないのかというと、当該の相互作用は、介入が挑発される場合にのみ、不当なもの（正義にかなわないもの）になるからである。例えば、契約の不履行があっても、その履行を求めて一方の当事者が第三者の介入を求めない限り、不当とはいえない。介入を求めないということは、例えばそこには贈与があるということである。当事者が不当と考えない限りそこには不正義はなく、当事者が不当と考えるということは、第三者の介入を挑発するということである。

5. 法体系論　15

　これに対して、例えばＡがＢの財産を盗むことによって、社会（この場合には経済社会）における財産秩序そのものを害していると見なされる場合がある。すなわち、ここにはＡと、そのＡを自らのメンバーとする社会そのものとの間の相互作用があるのである。したがって、当該社会のすべてのメンバー、つまり社会の任意のメンバーが第三者の介入を求めることができる。ところで、社会そのものは行動しえないから、社会は自らがある行為によって傷つけられたと感じる場合を法的法律（lois juridiques）として発する。これが刑法である。つまり刑法に反することは、第三者への社会の訴え、つまり社会による第三者の介入の挑発に等しい。だから、刑法違反の行為があるとき、第三者は自発的に介入するのである。

　第三者がこの求めに応じてＡの行為を、それを処罰するというかたちで無効にするとき、刑法の関係が存在する。ただし、この場合、社会そのものは当事者であり、したがって第三者ではありえない。この第三者の役割を国家が果たすことができ、この第三者の介入によって刑法が存在することになる。さらにこの国家的な第三者の介入は抵抗しえないものであるがゆえに、この刑法は顕在的に現実存在する。

　　もしＡがＢから何かを盗むならば、彼はその顕在的行為（アクト）によって私的所有そのものを、すなわちこの所有に基礎を置く経済社会Ｓのすべてを傷つける。だからこそ、この社会のどのメンバーも第三者に訴えることができるのである。(EPD 346/410)

　ところで、社会は自らの身分（地位）を固定することができるが、そのときにはそのメンバーの身分も固定される。この身分に反しない限りでメンバーには一定の自由が与えられる。この自由の範囲内で行われたメンバーどうしの相互作用については民法の問題となる。つまり、このような相互作用については社会そのものが第三者の役割を果たすことができ、この第三者の介入によって民法が存在することになる。しかしながら、この社会が国家でない限り、相互作用の当事者は、例えばこの社会を去ることによって介入を逃れることができる。つまりこの介入は抵抗可能なものであり、したがってこの場合、民法は潜在的に現実存在するにすぎない。この社会が国家の構成部

分になり、国家が第三者の役割を引き受け、この社会の民法をわがものにするとき、民法は顕在的に現実存在することになる。

> ある社会（例えば、経済的、家族的、等々）が自分でその身分を固定するとしても、その顕在的行為には何ら法的なものはない（国家が自分自身の身分を固定する顕在的行為、すなわち公民の身分をも含む憲法が法的なものをもたないのと同様である）。しかしこの身分がひとたび固定され、個人的行為の自由な幅もひとたび確立されると、社会は、自由な幅のなかで起きる個人的相互作用に対して、第三者の役割を演ずることができる。反対に、社会の身分に一致しない、すなわち社会を傷つける個人的行為が問題となるところでは、社会はたしかに介入することはできるが、その際には社会は当事者であって、第三者ではないだろう。したがって法もないであろう。言い換えれば、自律的社会の法は、われわれが前に「市民的」と名づけた法にほかならない。われわれが「刑法」と呼んだ法は、この場合では法ではない。もしいまこの社会が自律的であるのをやめて、国家の構成部分になる（国家＝以前的社会になる）ならば、さまざまの法的可能性が現実のものになる。国家は、社会の身分の埒外にあるメンバーの間の相互作用には無関心でありうる。そのとき社会は第三者の働きをし続けるであろう。それは自分の「民法」を維持するであろう。しかしこの法はもはや潜在的な法でしかないであろう。あるいは国家はこの法を採り入れて、自ら第三者の機能を果たすことができる（この第三者が言葉の狭い意味で国家の官吏であっても、国家の名のもとに代理として判決を下す社会であっても、かまわない）。そのとき、民法は国家法になる、すなわち顕在的な法になる。しかし国家は、社会のメンバーの個人的相互作用に対してのみならず、さらに社会そのものとの関係でも、つまり社会とその部分との相互作用に対しても、「公平無私」でありうる。もし国家が第三者の資格でこれらの相互作用のなかに介入するならば、国家的な、すなわち顕在的な法――刑法――が登場するであろう。社会の対抗行為は、以前には法的なものは何ももたなかったが、いまや、十全の権利をもって実行されるであろう。なぜならいまでは、第三者が社会にかわって対抗するからである。法的でない行為の原理は、こうして法の規則――刑法――になる。
> （EPD 350-351/414-415）（強調は原文。以下も同様である）

このように、国家に包摂される、国家の内部で構成されている国家＝以前的社会にはさまざまなものがあるが、「実際には、近代法は法の主体として二つの社会しか認めない――すなわち、経済社会（昔のドイツの学者たちのい

う市民社会（bürgerliche Gesellschaft））と家族社会の二つである」(EPD 345/408)。この「国家＝以前的社会（Société cis-étatique）」のほかに、複数の国家にまたがる「超＝国家的社会（Société trans-étatique）」もまた存在する。コジェーヴは、このようなさまざまな国家＝以前的、超＝国家的社会の総体もまた「「市民社会」（昔のドイツの著者たちのいう bürgerliche Gesellschaft）」と呼ぶ。この「市民社会は、国家と個人（ホモ・サピエンスという動物としての）との間に挿入される」(cf. EPD 364/427)。

　次に公法について。公法とは憲法と行政法のことであるが、憲法とは国家の身分、および国家の公民の身分を固定する。したがって、国家と公民との相互作用は何ら法的なものをもたない。なぜなら国家は当事者であり、第三者ではありえないからだ。

　ところで、国家がそれ自体において行動することはできない。「国家はその官吏（……）の人格のなかで、またその人格によって、行動する」((……)は堅田による省略を示す)。したがって、官吏としての官吏と国家との間の相互作用は政治的なものであり、何ら法的なものではない。ところで、官吏は「私的人格」として行動することもできる。この場合にはこの官吏の行動は国家とは何の関係もない。そのような私的人格としての官吏が「あるときは他の諸個人と、あるときはなんらかの社会と対立関係に入ることもある。そのとき、国家は彼に対して普通の民法または刑法、すなわち「私法」を適用するであろう」(cf. EPD 355/416-417)。（ここでコジェーヴが「普通の民法または刑法」を「私法」と呼んでいるのは、通常のわれわれの用語法とは異なる。これは彼が、公法を私法と区別し、前者を詐欺師＝官吏の法と考えるからである。後述するように、公法のなかにも民法と刑法とがある。）

　ところで、官吏が「官吏として、すなわち国家の名のもとで行動すると信じながら、またそう他人にも信じさせながら、一個の私的人格として行動することもありうる」。この場合、官吏は、官吏として行動するふりをしながら私的人格として行動している、つまり「詐欺師」として行動しているのである。このように行動しながら「彼が諸社会またはそのメンバーと対立関係に入るならば、国家は第三者として介入できるであろう。というのも「私的人格」間の相互作用が問題であるからである。だから法が登場するであろ

う」。しかし、これは、「当事者の一方が国家の名のもとで行動すると主張するのであるから、きわめて特殊なケース」である。「これらのケースの実践的重要性のゆえに、それらは特別の法のなかに統合されてきた。そしてこの法はまさに「公法」（憲法ないし行政法）である」(cf. EPD 355/417)。

　したがって、公法とは、国家の名のもとで行動すると信じ、またそう信じさせながら「私的人格」として行動する詐欺師＝官吏を扱う「詐欺の法」である。詐欺師＝官吏の行為によって「私的人格」が傷つけられ、後者がそれに対抗する場合、そこに国家が第三者として介入しうる。それは民事のケースであり、公的な民事法が適用される。また、詐欺師＝官吏が総体としてのある社会と関係し、その社会そのものを傷つける場合、そしてそこに国家が第三者として介入する場合、それは刑事のケースであり、公的な刑事法が適用される。

　したがって、コジェーヴにおいては、公法のなかで民事法と刑事法とが区別されることになる。

　ところで、官吏が官吏として行動するのか「詐欺師」として行動するのかをどのようにして知ることができるのだろうか。コジェーヴによれば、国家は官吏として行動する官吏によって行動するのだから、国家が官吏の行為を否認するならば、つまり国家が彼の官吏としての資格を否認するならば、彼は「私的人格」として行動したことになり、そこに公法を適用することができる。ところで、国家は、法律を制定するというかたちで、あらかじめ官吏を否認する、つまり「官吏が国家の名目でではなくて、「詐欺師」として行動したと確信できるケースを列挙することができる」。この法律は、「国家とその行政機関の身分を、官吏の身分を、そして最後に国家・行政機関・官吏の機能を固定する」「憲法と行政の「法典」」である。「この「法典」によって、いつ国家がその官吏の行為について第三者として介入できるか、すなわち国家が法、つまり公法、を適用できるか、を知ることができる。この意味でこの「法典」はこの法の一部をなす、あるいは、こう言ってよければ、この法そのものである」(cf. 356/418-419)。

　以上のような公法に対して、私法が対置される。私法とは、コジェーヴによれば、市民社会（ホモ・サピエンスと国家との間に介在する社会の総体）にお

ける刑事的相互作用（社会のメンバーと社会そのものとの間に生じる）、民事的相互作用（社会のメンバーどうしの間に生じる）に国家が第三者として介入することを引き受けることによって生じする法である。

コジェーヴによれば、「現在では、諸国家（例えば「文明化された」国家）が実際上法の主体として認知するのは、市民社会に属する二つの、または厳密には三つの社会だけである。まず第一に家族社会、次いで経済社会、最後に社会そのもの、厳密な意味での社会、いわば「社会的社会」（適切な言葉がないので、私はこれを「世俗的社会ソシエテ・モンデーヌ」と呼んでおこう）」（EPD 364/427）。

この三つの社会を国家が法の主体として認知するならば、つまりこの社会の民事的、刑事的相互作用に第三者として介入することを引き受けるならば、前述した公法のほかに、家族法、社会法、経済法が得られる。

さらに今度は、顕在的な法と潜在的な法との区別について。国家が第三者（とりわけ、司法警察によって支えられた裁判官）として介入し、法を適用するとき、法を適用される相互作用の当事者がそれに抵抗することができない場合には、その法は顕在的である。したがって、第三者の介入を当事者が逃れることのできない国家法は顕在的である（顕在的に現実存在する）。これに対して、相互行為の当事者が第三者の介入に抵抗しうる場合、その法は潜在的である。顕在的な法と同様に、潜在的な法もまた、民事的でも刑事的でもありうるし、私的でもあれば公的でもありうる。

> 一般に、別の社会 S_1 を含む社会 S_2 が、S_1 と S_1 の部分の一つとの相互作用のなかに第三者として介入するときには、刑事の法が存在する。ところで、S_2 の介入が「抵抗できない」ものではないことも大いにありうる（例えば、S_2 が国家＝以前的社会でもあり、その法が国家によって承認されていない場合がそうである）。だから潜在的な刑法がありうるのである。反対に、ある社会がその部分の相互作用のなかに第三者として介入するところでは、民事の法が存在するであろう。そして、社会の介入が「抵抗できない」ものではないならば、民法は全く潜在的にしか現実存在できないことは明らかである。（EPD 359–360/422）

潜在的な法もまた私的でもあれば、公的でもある（公的という言葉を広い意味でとれば）。社会の部分の一つが社会の名の下で行動する資格があり、またそう行動すると主張するが、実際には「私的人格」として行動する場合、社

会がその部分の両当事者の相互作用に際して第三者の資格で介入するならば、潜在的な法は公的である。これ以外のすべてのケースでは、潜在的な法は私的である。そして容易に見てとれるように、二つの潜在法は、民事的でも刑事的でもありうる。(EPD 360/423)

以上から、法の体系を定式化することができる。顕在的な法は、公法と私法とに区分される。公法は、国家・行政機関・官吏の身分を定める身分の法と、国家・行政機関・官吏の働き、つまり「機能」を定める機能の法とに区分され、その身分法、機能法がそれぞれ刑事と民事に区分される。私法である家族法、社会法、経済法についても、公法と同様に、それぞれの社会やそのメンバーの身分を定める身分の法とそれらの機能を定める機能の法とに区分され、その身分法、機能法がそれぞれ民事と刑事とに区分される。そして最後に、この顕在的法、つまり国家的法の体系の構造はそのまま潜在的な法についても当てはまる。

6. 民事法と刑事法

以上に述べたコジェーヴの法体系論においては、相互作用の一方の当事者が詐欺師＝官吏である場合があるために公法と私法との区分が必要となるにすぎず、法とは要するに民事法（民法）と刑事法（刑法）であることになる。そこで、この二つの法についてのコジェーヴの説明をさらに詳しく見ておこう。

コジェーヴによれば、第三者が相互作用の一方の行為（または対抗行為）をその意図または意志において無効にしようとするとき、刑事の法が存在する。これに対して、第三者が相互作用の一方の行為（または対抗行為）をその顕在的行為において無効にしようとするとき、民事の法が存在する。

犯罪によって無効にされうるのは、意図または意志にほかならない。そして、この無効にされる意図または意志とは、国家でない、つまり顕在化されていない社会の意図または意志、言い換えるとその社会の理想にほかならない。社会の理想は、顕在的行為から切り離された、つまり理想化されたメンバーによって共有される。言い換えると、その社会の「任意の」メンバーに

よって共有される。社会のこの理想を顕在化させるのは国家のみであるから、社会は潜在的にしか現実存在しない。したがって、このような潜在的に存在する社会を侵害しうるのは、顕在的行為ではなく、顕在的行為の潜在態である（つまり現実の行為という形で顕在化する）意図または意志のみである。

したがって、犯罪とは、国家でない社会の任意のメンバーが、顕在的行為から、したがって現実から切り離されていないそのメンバー、つまり「特殊的な（spécifique）」メンバーによって侵害されることである。つまり、ある社会全体、またはその任意のメンバーとその社会の特殊的なメンバーとの間の相互作用において、特殊的メンバーがその意図または意志によってその社会全体またはその任意のメンバーを侵害する場合に、特殊的メンバーの意図または意志を無効にするために第三者が介入するとき、そこには刑法がある。「侵害する」とは、平等の正義、または等価性の正義、または両者の綜合としての公平の正義を侵害すること、つまり、特殊なメンバーと社会の任意のメンバーとの間にある平等ないし等価性を撤廃することである。これが犯罪であり、第三者が特殊的メンバーに撤廃された平等または等価性を回復するために介入して科するのが刑罰である。

コジェーヴによれば、刑法が主に平等の正義に基礎を置くとき、犯罪とは次のようなものである。「社会の他のすべてのメンバーから、つまり「任意の」メンバーから自分を区別して抜きん出たい、社会のなかで「比類のない」あるいは「特別の」地位を占めたいという意図と意志こそまさに犯罪的なのである」（EPD 454/532）。これに対して、刑法が主に等価性の正義に基礎を置くとき、犯罪とは、「等価の不利なしに得られた有利」（EPD 456/534）を意味する。それは社会の任意のメンバー（理想化されたメンバー）を犠牲にした「理由なき致富（enrichissement sans cause）」である（理想化されたメンバーを犠牲にできるのは、犠牲にしようという意図または意志のみである）。これに対して、社会の特殊なメンバーを犠牲にした「理由なき致富」は民法における違法行為となる（cf. EPD 457/535）。

以上のような刑法のケースをコジェーヴは窃盗の例で次のように説明する。

　　窃盗者は誠実なメンバーと平等ではない。なぜなら、窃盗者は社会の全メン

バーの財産を、その意図において自由にするが、他方では誠実な人は自分の個人的な財産しか自由にできないからである。しかし窃盗者は、誠実な人と等価でもない。なぜなら誠実な人は、貨幣あるいは労働をもってその財産を得たのだが、窃盗者はそれと等価の努力を払うことなしに財産を獲得したからである（盗みが要求する努力は盗まれる物の価値と無関係であるから、それは、窃盗者が盗みによって手に入れる有利と「等価の」不利ではありえない）。等価性を回復させるためには、第三者は、窃盗者の条件の有利と等価とみなされる不利を、窃盗者の現実存在のなかに導入しなくてはならない。そうすれば等価性は回復されるであろうし、他のものであるよりも、特に誠実な人間であるよりも、むしろ窃盗者でありたいという理由もなくなるだろう。だからこう言ってよければ、犯罪とは「理由なき致富」であるが、それは「特殊な」メンバーを犠牲にしての致富（もしそうならそれは民法のケースになる）ではなくて、「任意の」メンバーを犠牲にしての致富である。すなわちそれは一般にこのように行動する意図と意志なのである。またこうも言える——犯罪者は、誠実な人々がするように、「等価の」サーヴィスを社会に返すことなく社会から利益を得る（というのも、犯罪の意志が関係する「任意の」メンバーは社会全体であるから）。だから、刑罰とは、社会から有利を引き出すことなしに社会にサーヴィスを返すよう第三者が犯罪者に強制することでもある。(EPD 456-457/534-535)

次に、民法についてである。それは、例えば、ある社会に属する二人のメンバーAとBにおいて、AがB個人に対してもつ権利をAが行使しようと行為し、それに対抗してBがそれを阻止するとき、そしてこのBの対抗行為を無効にするために第三者Cが介入するときに生じる（ただし、第三者がAを支援して介入してはじめて、Aには権利があったと言えるのであるが）。Aの行為もBの対抗行為も、それは現実の行為、つまり顕在的行為でなければならない。したがって、第三者Cが無効にするのはBの顕在的行為（それはBの「ここといま」に結びついている）であり、Bの意図または意志ではない（同じく、Bによって阻止されるのも、Aの「ここといま」に結びついた顕在的行為である）。ここに、刑法との違いがある。

民法において問題になる相互作用は、ある社会のなかで、この同じ社会の特殊的メンバーどうしで行われるものでなければならない。したがって、この社会の数だけ民法が存在することになる。さらに、刑法とは異なり、第三

者が介入するためには、権利の侵害を受けた当事者が第三者の加入を「挑発する」必要がある。この挑発がある場合にのみ、権利の侵害があるものと見なされる。(これに対して、刑法の場合には、第三者は「自発的に」介入する。なぜなら、すでに述べたように、侵害されるのは社会そのものだからである。社会は自分自身で第三者の介入を挑発できないから、あらかじめ法律を制定して、第三者が介入すべき場合を定めておくのである。) コジェーヴは言う。「民法は、任意のメンバー間のではなくて、AとBとの間の平等あるいは等価を監視する。つまり、民法はAあるいはBの観点からのみ、平等あるいは等価を考察するのである。AとBの間の平等あるいは等価がBによって侵害されるのは、Aもまた平等ないし等価が侵害されたと考えているときに限る。そして第三者の「挑発」はまさにAのこの「通告」なのである」(EPD 480-481/561-562)。

7. 国際公法と普遍等質国家
—— 第二次大戦後の世界秩序の構想

　以上は国家的法（国内法）に関する法体系論であった。ところが、さらに国際法（国際公法）が存在する。それはいかなるものであるか、それと国内法との関係はどうであるかをコジェーヴは問う。その際には、国内法が複数の国民法（Droit national）として現実存在するという事実を考慮せねばならない。（普遍等質国家が実現すると、あらゆる法はこの国家の国内法になり、国内法と国際法との区別はなくなる。）

　国際公法とは国際社会の法であるが、国際社会は一つの国家に組織されていないのであるから、それは顕在的に現実存在してはいない。それは潜在的な法にとどまる。ところが、潜在態は顕在態へと向かう傾向を有する。したがって国際公法も顕在化へと向かう。つまり国内法化しようとする。そしてこれは、国際社会が国家へと組織されるということである。つまり全世界を組織する国家である。このような国家をコジェーヴは「普遍等質国家」と呼んだ。したがってコジェーヴの国際公法論はまさしく普遍等質国家論であり、実際にそのように解釈されてきた。さらに、第二次世界大戦後にフラン

ス政府の高級官僚として実際に普遍等質国家の実現をめざしたコジェーヴにとって、それは戦後秩序の構成のためのプランでもあったと考えられるし、そのように解釈されている。(なお、コジェーヴ自身も述べているように、「ある国家によって(その領域内で)外国人に適用される外国の法を「国際私法」と呼ぶ」ならば、それは「その法を適用する国家の法であるか、さもなくばその法が適用される国家の法である」(cf. EPD 385/452)。したがって国際私法とは国内法の一部であり、いわゆる国際法とは国際公法のことである。したがって、以下では、国際法と国際公法とを同じ意味で用いることにする。) コジェーヴの国際法論を見てみよう (cf. EPD Sections 54-57/54-57節)。

(1) 概　略

　国際公法において、係争当事者(裁かれるべき者)は国家である。ところで、政治に中立はありえない。ある国家にとって、他の国家は友か敵かのいずれかである。また、他のすべての国家は顕在的には敵でなくても、潜在的には敵である。このような国家間の相互作用はすべて政治的なものであるから、そこには公平無私の第三者は存在しえず、したがって法は存在しえないはずである。国家間に法が存在しうるとすると、それは諸国家が、究極的にはすべての国家が非政治的な社会のメンバーであり、このメンバーとして国家と国家とが非政治的な相互作用を行う場合のみである。このような相互作用においてのみ、この社会の正義の理念を適用するために介入する公平無私の第三者が存在しうるのである。ところで、この社会が国家化されていなければ、この社会の法は潜在的に現実存在するにとどまる。なぜなら、この社会(を代理する者)は、この法を抵抗しえない仕方で適用することができないからである。ところで、潜在的に現実存在する法は自己を顕在化させようとする。したがって、この社会の法も自己を顕在化させようとする。これは、この社会が、そのメンバーである諸国家を政治的な実体としては消滅させることによって自らを国家化することによってである。つまり、諸国家間の法である国際法は、自らを国際的でなくすることによって、つまり国内法になることによって、顕在的に現実存在するようになるのである。

　ある国家の外部に複数の主権国家があり、それらがその国家の法とは別の

法を現実化しているとしよう。その国家の法、つまり国内法は、係争当事者が他の国家へと逃亡することによってその法の適用を逃れることができるから、潜在的にしか現実存在しえない。国内法を顕在的に現実存在させるためには、①その国家が他の諸国家から完全に孤絶するか、②他国と法的協定を結ぶか、③その国家が自らの法を外国人にも強制できるようになるかのいずれかである。①の方法は不可能である。②の方法については、自国の法を他国において適用してもらうためには他国の同意が必要であることから、自国の法の存在は他国の同意に依存し、したがって自国の法は潜在的にしか現実存在しえない。したがって③の方法が残る。自国の法を外国人に強制しうるためには、この法が、この国家と相互作用を行う見込みのあるすべての国家、結局のところすべての国家の国内法になるのでなければならない。

　このためには、これらの国家が政治的に一つになることまでは必要ない。法的には、唯一の法を基礎とする連邦国家があれば十分である。つまり、自国の国内法を顕在的に現実存在させようとする国家は、連邦国家の一メンバーになろうとする。ところで、友と敵との関係が存在する限り、つまり連邦国家が普遍的でない限り、この連邦国家は常に共通の敵をもち、共通して敵と和解する国家であり、そのメンバーである諸国家はもはや主権的ではない。つまり本来の意味での国家ではない。

　この連邦国家の共通の法（国内法）は、この連邦国家が外部に敵をもつ以上、顕在的に現実存在しているとはいえない。この連邦国家が人類全体を包み込むとき、もはや外部に敵は存在しないのであるから、国内法ははじめて顕在的に現実存在するようになる。このとき、連邦国家は国家であることをやめ、「単なる世界的な法的ユニオン」（EPD 391-392/458）になる。

　この世界的な法的ユニオンこそ、コジェーヴの構想する「普遍等質国家」にほかならないと考えられる。

(2) 分　析

　このような全世界的な法的ユニオンが存在しうるためには、つまり法が顕在的に現実存在しうるためには、コジェーヴによれば、すべての国家がそのメンバーであるような非政治的な社会が必要であり、かつその社会がある一

つの正義の理念をもつのでなければならない。このような非政治的社会とは何だろうか。正義の理念は承認を求める生死を賭けた闘争から、つまり政治的に生成するから、なぜ非政治的な社会に正義の理念が存在しうるのだろうか。このような非政治的社会とは、政治社会を形成する主人ではない奴隷から形成される社会、ただし、主人が存在する限りで奴隷は政治的カテゴリーでもあるから、主人なき奴隷（これについては後述する）から形成される社会でしかありえない。つまり、コジェーヴによる普遍等質国家の構築は、全世界的な（主人なき）奴隷的またはブルジョワ的社会の存在を前提にし、それを基礎にして行われると考えざるをえない。

　ジャン゠フランソワ・ケルヴェガンのコジェーヴ論はこの解釈を裏付けてくれる。彼は次のように言う。「コジェーヴが普遍等質国家と名づけるものは、いわば、ある社会＝世界（société-monde）における世界的国家である。ところで、このような国家は——強調しておかねばならないが、それは「極限＝事例」でしかない——次のような特性を示す（または、それが実現されたときに示すだろう）。すなわち、そのなかで、国家と社会とが、普遍的なものと個別的なものとが融合する、またはヘーゲルの言葉で言えば互いに「和解する」が、だからといって両者の相違が廃棄されることはないという特性である。『法の現象学』（1943年執筆）の定式と高等研究院における諸セミナー〔『ヘーゲル読解入門』の基になった、パリの高等研究院で行われたヘーゲル『精神現象学』講義〕の定式との相違は示唆に富む。すなわち、後者のセミナーは（後のレオ・シュトラウスに対する応答と同様に）普遍等質国家について語るのに対し、『法の現象学』におけるコジェーヴは普遍的国家と等質的社会について語っている」[(2)]。つまり、『法の現象学』の語る普遍等質国家とは、普遍的国家と等質的社会である。普遍的国家と社会＝世界、つまり普遍性と個別性とが両者の違いを残したままで融合するのである。ところで、コジェーヴにおいて「普遍性」とは主人性を、「個別性」とは奴隷性を表す観念である。したがって、このケルヴェガンの見解は、普遍等質国家が、奴隷

---

(2) Jean-François Kervégan, «Au-delà de l'histoire : le Livre et la fin du Sage», in *Philosophie*, numéro 135, septembre 2017, Minuit, p. 88.〔　〕は堅田による補足である。

から形成される経済的な社会＝世界と主人的な国家との、両者の相違を残したままの綜合だと言っているのである。さらに、この「社会＝世界」とは、等質的な（または等質的であろうとする）社会（それも国家とは区別された社会）、つまり等価性の正義が行き渡る（またはそうあろうとする）社会である。

　このような社会が国家へと組織されるためには、友・敵の関係と、統治者・被統治者の関係が必要である（cf. EPD 143-144/161）。国内法をもつ国家とはこのような関係を備えた、全世界的な奴隷的経済社会の一部をなす国家であると考えられる。

　ケルヴェガンはさらに続けて次のように言う。「したがって、私が理解する限り、普遍等質国家は、カント的モチーフとヘーゲル的モチーフとの驚くべき結合を表す。つまり、それは一つの国家＝世界（État-monde）であり、一つの「世界的公民性（citoyenneté mondiale）」を要請するのである。同時にそれは、次のようなある世界的な市民的（civile）社会を（それと同一になることなく）拠り所にする。すなわちそれは、交換と生産のグローバリゼーション（mondialisation）——とそれ以降呼ばれている——から帰結する社会であり、1957年のデュッセルドルフにおける講演が示すように、コジェーヴはこのグローバリゼーションのもろもろの効果に深い関心を寄せている。けれども、もう一度言うが、われわれがここで扱っているのは極限＝事例である。すなわち、普遍等質国家とはユートピアであり、『法の現象学』が「社会主義帝国」と名づけるものに対応する規範である」[3]。つまりケルヴェガンによれば、『法の現象学』における普遍等質国家とは、全世界的な経済社会を基にした世界国家である。けれどもそれが世界的な国家である以上、友・敵関係、つまり政治的関係は存在しない。したがってそれは政治的な国家とは言えない。これが可能になるのは国家が完全に等質的である場合のみであるが、これは不可能である。なぜなら、「年齢」、性別」、「性格」等々の相違があり、したがって国家＝以前的グループ一般がある」からだ（EPD 152 note 2/697（注98））。だから普遍等質国家は実現不可能であり、したがってユートピアであり規範であり続ける。けれどもコジェーヴはこの実現をめざ

---

　(3)　*Ibid.*, p. 88.

したのだと考えられる。そしてそのために、デュッセルドルフ講演において奴隷的な、グローバル化した経済社会の諸効果を注意深く考察する。この考察の結果、コジェーヴは途上国への剰余価値の分配＝贈与という考えに至る。

第二章　コジェーヴ=シュミット論争
——第二次大戦後の世界秩序の構築をめぐって

1. 往復書簡

　コジェーヴとシュミットとの書簡のやり取り[1]は、シュミットの主導によって開始された。シュミットは1948年夏にミケル・デュフレンヌの論文「ヘーゲルのアクチュアリティ」によってコジェーヴを知り（cf. CKS 6 note 6）、その後に『ヘーゲル読解入門』を手に入れて読み、自らの論文「取ること、分配すること、牧養すること」[2]をコジェーヴに送付した。それによって二人の書簡のやり取りが始まった（cf. CKS 5-6）。
　すでに述べたように、両者の論争は、主に、第二次世界大戦後の世界秩序の構想をめぐって行われた。友・敵関係、つまり政治的闘争を不可欠と考えるシュミットに対し、コジェーヴは、もはや政治的闘争は無意味であると主張する。シュミットは、ノモスの根源を「取ること、分配すること、牧養すること」に見て取り、「取ること」の優位性を主張することによって、ノモス、すなわち秩序の形成における政治の重要性を指摘したのに対し、コジェーヴは、シュミット的な政治（これはコジェーヴにとっては、「承認を求める生死を賭けた闘争」に相当する）はすでに終わっている、つまり重要性を失って

---

(1) «Correspondance Alexandre Kojève/Carl Schmitt», in *Philosophie*, numéro 135, septembre 2017, Minuit. 以下、この往復書簡集からの引用・参照にあたっては、CKSと略記し、その後に*Philosophie*の頁数を表記する。なお、この書簡のやり取り、およびコジェーヴのデュッセルドルフ講演はドイツ語で行われており、これらの原文は以下のものに収録されている。*Schmittiana Band VI*, Herausgegeben von Piet Tommissen, Duncker & Humblot, 1998. なお訳出はフランス語訳を基に行った。

(2) Carl Schmitt, «Nehmen/Teilen/Weiden», in Carl Schmitt, *Verfassungsrechtliche Aufsätze aus den Jahren 1924-1954*, Duncker & Humblot, 1958. この論文の仏訳は次の通りである。«Prendre/Partager/Paître», traduction par Céline Jouin, in Carl Schmitt, *La guerre civile mondiale*, Ère, 2007.

いると主張する。人々はシュミット的な政治に由来する真の国家をもはや知らず、戦争を求めてはおらず、「善く平和に生きること」のみをめざしている（cf. CKS 10）。つまり、重要なのは「取ること」でなく、「与えること」または「分配すること」である。

　コジェーヴの考え方の核心は、1955年5月16日付のシュミットへの書簡で表明されている。彼は次のように言う。ヘーゲル『精神現象学』講義を行っていたときには、ひそかにナポレオンをスターリンと置き換えて読んでいた。しかし、今ではヘーゲルは正しかった、つまり「歴史は歴史的ナポレオンとともにすでにその終局に達していた」と考えている。つまり、ナポレオンをもって真の国家は完成した、つまり廃棄された。「ナポレオンは何を意味したか。「社会」のために国家そのものを「廃棄する（Abolir）」(aufheben) こと、だ。そして彼は、「全面的」な戦争における「全面的」な勝利によってそれに到達することができると考えた。（この「全面的」戦争によって、国家［国家＝好戦的な領域的単位］はそれ自体として「その成就に」向かい、それによって「廃棄される」）」(CKS 8)（［　］は原文におけるものである）。それ以降、人は真の国家や政治や戦争が何であるかを知らない。「歴史は一度しか起こらない」のである。「もはや戦争をなす機会はないだろう。軍縮会議はまさしく成功しつつある」(CKS 9)。厳密な意味での国家はもはやないのであるから、厳密な意味での政治はもはやなく、あるのは管理 (administration) のみである。「散見される「反共産主義的」ロシア人は何を意味するのか。「共産主義者」たちと同じこと、すなわち「善く平和に生きること」である。ある人々は、他の人々がこれを早急に求めすぎると考えているにすぎない（フルシチョフ対マレンコフ）。けれども、これはまさしく政治的問題ではない。そして、これを解決するためには、戦争も、革命も、一般に国家も必要なく、ただ管理のみが必要である。そして、この管理を人はすでにもっている」。したがって、問題となるのは「原料や製品の「合理的分配」（西洋においては、「腹を裂くこと」なく「食べさせること」――各国の内部における、また諸国家（発展途上国（underdeveloped countries））間での所得の調整）」のみである。コジェーヴはさらに続けて次のように言う。「そして10年または20年後には、「非ヘーゲリアン」でさえ、東洋と西洋は同じこ

とを望む（ナポレオン以来、これは事実である）のみならず、同じことなしもすることを認識するだろう。したがって、「調和」は容易であるだろう」(cf. CKS 10)（強調は原文。以下も同様である）。

　ナポレオン以降、厳密な意味での、つまり真の意味での政治、つまり戦争の意義を知っている国家は完成＝消滅した。残るのは「社会」、おそらくは国際的な「社会」のみであるだろう。まさしく、この国家の完成＝消滅は「「社会」のため」である。これは、コジェーヴの『法の現象学』の立場と完全に一致する。ナポレオン以降、つまりポスト歴史においては、普遍等質国家によって適用される法のみがある。そしてこの法とは、社会（家族社会、経済社会）における相互作用への正義（公平の正義）の理念の、国家的第三者による適用である。普遍等質国家とはこのような法の実現のシステムにほかならないとさえ言える。

　戦後にフランス政府の高級官僚として活動したコジェーヴは、このような認識を前提にして、全世界的な等質的社会の実現、および全世界的な法的連邦の形成をめざして行動したのだと考えられる。そしてこれこそが、彼にとっては「普遍等質国家」の実現なのである。

　このコジェーヴの立場に対するシュミットの返答は、1955年6月7日付コジェーヴ宛書簡で述べられている。そこでシュミットは、「「国家」は終わった、これは正しい。この死すべき神は死んでいる、これに対してはもはやなしうることはない。「予測による実存の管理」という近代的な、アクチュアルな管理装置は、ヘーゲルの意味での「国家」ではないし、「統治」でもない」と述べてコジェーヴに同意しつつ (cf. CKS 12)、さらに次のように述べてコジェーヴに反論する。

> それ〔死すべき神、つまり国家のこと〕はもはや戦争を導くことができないし、死刑を適用することさえできない。したがって、それは歴史にもはや足場をもたない。これらすべての点については、私はあなたが正しいと認める。けれども私は次のように考えている。次の段階においては、偉大な人物たち (magni homines) ——彼らは今ではより偉大な人物たち (majores homines) である——はもろもろの大空間 (grands espaces)〔広域〕をめぐる諸議論において対立するであろう、と。大空間とはつまり、今日や明日の技術水準に対応する計画化 (planification) の空間である。私は、われわれの大地を、そ

れがどんなに小さなものになりうるにしても、計画化の一単位だと、それも今後も長くそのようなものだと考えることはない。私は、それが果たしてそのようなものになりうるかという問いを未解決なままにさえする。「大空間」は私にとっては「小空間」（私はこれを二次的で過去に属する現象だと見ている）に対立する意味をもたない。それはむしろ、世界の統合に対する反対の意味をもつ（……）。すなわち、この観念は、時間のサイクルがすでにその最終段階に達しているという想定とは対立する。それこそ私が信じていないことだ。サイクルはまだ一周していない。世界のアクチュアルな二元論（東洋と西洋との二元論、海と大地との二元論）は、統合へと導く、つまり歴史の終わりへと導く最後の疾走ではない。それはむしろ、「時代に合った」新たな偉大な人物たちに通じている道が通過する隘路（défilé）である。したがって私は、大地の新たなノモス、土地規則（geo-nomie）を探している。それは、何人かのノーベル賞受賞者がすばやく力をつかませた一人の世界の主人の命令（diktat）から生まれるのではない[3]。大地の新たなノモスは途方もない相互的な「力による決着（épreuve de force）」から生まれる。(CKS 12-13)（〔　〕は堅田による補足。また（……）は堅田による省略を示す。以下も同様である）

そしてシュミットは次のように明言するのである。「私は、「取ること」はまだ止んでいないのではないかと思う」(CKS 13)。

2. コジェーヴのデュッセルドルフ講演

この論争は、コジェーヴがシュミットの招きに応じて行ったデュッセルドルフでの講演（タイトルは、「ヨーロッパ的視野における植民地主義」）へと結実する[4]。ドイツ語で行われたこの講演においてコジェーヴは、資本主義に正確な経済学的定義を与えたのはマルクスであるとして、その定義の検討から

---

(3) *Schmittiana VI* の編者であるトミッセンは、これはジョージ・マーシャルのことではないかと推測している。Cf. *Schmittiana VI* (*supra* note 1), S. 110 (Note 4).

(4) 私は次のフランス語訳に基づいて議論を進める。Alexandre Kojève, «Le colonialisme dans une perspective européenne», in *Philosophie*, 135 (*supra* note 1). 以下、この講演からの引用・参照にあたっては、CPE と略記し、その後に *Philosophie* の頁数を表記する。なお、講演のドイツ語原タイトルは «Kolonialismus in europäischer Sicht» である。

始める。マルクスの定義によれば経済システムとしての資本主義は、①高度に産業化された経済であること、②産業的生産手段が人口の多数を占める労働者ではなく、肉体的に労働することのない、国の経済的・政治的・文化的生活を導き支配する少数者またはエリートに帰属すること、③プロレタリアートと呼ばれる労働者大衆は、技術的進歩、つまり産業化、さらには生産の合理化によっては絶対に利益を受けないこと、を特徴とする。ところで、産業的技術の進歩は労働の産物と生産性を増加させる。つまり進歩は労働の剰余価値を創造する。ところがこの剰余価値は、労働者大衆に割り当てられることはなく、生産の技術的手段の排他的所有者である少数の資本家によってそのすべてが保持された。労働者の所得は生きるための最小限に近い生活水準に据え置かれた。ところが、剰余価値をすべて手にする資本家的少数者たちは、すでに乗り越えることのできない最高度の生活水準に達しており、したがって彼らの得た剰余価値のほとんどは彼らによって投資された。すなわち、国民経済の産業化や合理化の恒常的拡張と改良とに捧げられた (cf. CPE 28-29)。

　コジェーヴは、経済的進歩によって労働者大衆は利益を得ることができず、したがって、絶対的に貧困ではないが相対的により貧困になったと指摘する。すなわち、労働者大衆の全体的所得とエリートのそれとの間の格差がますます拡大したのである。マルクスは、このような格差が社会的な不均衡を生じさせ、均衡状態の切断が社会的革命となって現れるのだと予言した (cf. CPE 29)。

　ところが、マルクス的な意味で資本主義化された国々にこのような革命は起こらなかった。そこで、マルクスの誤りについて語られることになった。けれどもコジェーヴは、マルクスの資本主義についての考え方は基本的に正しかったこと、マルクスが間違っていたのは、資本主義の矛盾（剰余価値を資本家が独占し、労働者には分配されないこと）を資本家自らが解決すること（例えばヘンリー・フォード）を認識しえず、社会革命による矛盾の克服しか考えなかった点だけであること、を指摘する。資本家たちは資本家＝少数者と労働者大衆との間での剰余価値の分配を行うことによって、矛盾を解消してきたのである (cf. CPE 29-30)。

ところで、コジェーヴによれば、マルクスが語ったような古典的なまたは旧式の資本主義は、フォード的な、民主主義的で平和的な変容を被ったにもかかわらず、依然として完全かつ決定的に除去されてはいない。それは、「この旧式の資本主義が社会主義の名の下で、国家的形式において、ソビエト連邦およびその衛星的と呼ばれる諸国において維持され続けているからばかりでなく、さらにとりわけ、それが不幸にも、西洋世界においても、まさしく今では植民地主義（colonialisme）と呼ばれて生き残っているからである」(cf. CPE 30-31)。

この講演でコジェーヴは、この国内経済における資本家による解決を、ヨーロッパ（アメリカを含む）によって植民地支配されてきたアフリカやアジアとヨーロッパとの関係にまで広げようとする。この前提には、とりわけ第二次世界大戦後、ヨーロッパ世界の範囲、資本主義的経済の範囲が拡大して、アフリカやアジア、さらには全世界を含むようになっていることがある。つまり、問題は、「経済的に分離した二つのシステム」ではなく、「ヨーロッパ世界の経済システムただ一つ」である。「ヨーロッパ・アメリカとアフリカ・アジアとの間に緊密な経済交換が存在する」ことがこれを示す (cf. CPE 31)。このようにアフリカ・アジアを含む全世界的な資本主義経済システムにおいては、依然としてプロレタリアート大衆が存在する。

コジェーヴ自身が注意を促しているように、彼のいう「植民地主義」とは政治的な植民地主義ではなく、経済的な植民地主義である。そして、「政治的な植民地主義の問題は、現代の西洋世界においてはもはや実際には現実存在しない」。けれども、経済的な植民地主義の問題はまだ止んでいない。それどころか、経済的植民地主義の「除去または変容は、全体として捉えられた西洋世界にとって死活問題である」(cf. CPE 35)。この経済的な植民地主義をコジェーヴは、「剰余価値が、古典的資本主義と同様に私的な仕方で取得されるが、この剰余価値が国の内部においてではなく外国によって獲得される」システムと定義する (cf. CPE 32)。そして、この経済的植民地主義は、「厳密な意味での植民地をもたなくても完全に実行可能」である。すべての産業化された国々は、多かれ少なかれ無意識的に植民地主義的である。なぜなら、「すべての産業化された国々だけが、恒常的な技術的進歩から毎

年利益を引き出しうるが、これに対して遅れた国々は以前と全く同じく貧しいままであり、このため相対的に貧困化する」からである (cf. CPE 35)。

　国内的な資本主義システムが崩壊しないように資本家たちが剰余価値を労働者大衆と分配して彼らの購買力を高めたように、経済的な植民地主義、つまり全世界的な資本主義経済システムを崩壊させないために、このフォード的な方法を採ることができる。これには三つのやり方がある。一つは、途上国によって輸出された産物——すなわち、つまるところは原料——に対してより高いお金を支払う方法。二つ目は、原料やその他の植民地的と呼ばれる産物から剰余価値を取り立て続けはするが、この剰余価値収入を、高度に産業化された輸入国にではなく、剰余価値が引き出された途上国に投資する方法 (cf. CPE 34)。そして第三の方法はフランスやイギリスが採用する次のような方法であり、これをコジェーヴは「反植民地主義的（anticolonialiste）」と呼ぶ。

　　所与の高度に産業化された国は、一方の手で（例えばその右手で）植民地主義的剰余価値を、現代における他の産業化された国々と同じ資格で取り立て続けることができるだろう。けれどももう一方の手で（すなわち左手で）、当該の国はそれが取り立てた剰余価値収入を——またはそれ以上でさえも——その選択する発展途上の国々に投資するだろう。ところで、もしこのような国が実際にそれが取り立てる剰余価値の全体を、さらにはそれ以上を投資するならば、それとの関係では、この語の厳密かつ正確な意味での、つまり経済的な意味での植民地主義について真に語ることはできないだろう。というのもこの場合、人は誰からも何も取ることはなく、ある人々に何物かを与えさえするからである。そして、当該の国々が取ったよりもはるかに多く与えるならば、それを反植民地主義的とさえ呼ぶことができるだろう。(CPE 34)

　このような先進国から途上国への贈与の傾向をコジェーヴは「現代世界の法 (loi)」と特徴づけ、シュミットの「大地のノモス」との対比で「西洋大地のノモス」と呼ぶ (cf. CPE 35)。コジェーヴは、シュミットの論文「取ること、分配すること、牧養すること」においてシュミットが「古代のノモスは三重の根源をもつ。すなわち、取ること、分配すること、そして牧養すること、さらには消費の三つである」(CPE 36) と述べているのに対してもう一つ4番目の、そしておそらくは中心的な根源である「贈与」を加える。コ

ジェーヴによれば、シュミットの見解と彼の見解とが対立するわけではない。なぜなら、「シュミットの分配が私の贈与を含むことは明らかであるからだ。実際、すべてがすでに取られているならば、人が分配または再分配しうるのは、ある人々が、他の人々によって消費のために受け取られるであろうものを与える場合のみである」(cf. CPE 36)。けれども、ロバート・ハウスが言うように(後述)、シュミットが「取る」に重点を置いているのに対して、コジェーヴが「贈与」を最重視していることは明らかである。さらにコジェーヴは言う。

> 国内的な労働者大衆に可能な限り少額を与えたかつての略奪的(prédateur)資本主義は、ソビエト連邦において(そこで国家化された後で)社会主義と再命名された。けれども、われわれの現代的な贈与的(donateur)資本主義は、それ自身の労働者大衆に可能な限りで最も多額を与えるものであるが、それに固有の名前をいつももっていない。少なくともそれが贈与的である限りで。というのも、それが、その境界線の外部においてでしかないにせよ依然として略奪的である限りにおいて、それは植民地主義と呼ばれるからだ。今日その名前を知らない者があろうか。これに対して、ごく最近の贈与的植民地主義は、それが受け取るよりはるかに多くのものを途上国に与えるものであるが、これはまだ匿名のものである。(CPE 36)

続けてコジェーヴは言う。「名づけられていようといまいと、現代の西洋世界のノモスは、私の意見では、私が暫定的にかつあまり満足いかずに「贈与的植民地主義」と呼んだものにほかならない」(CPE 36)。経済的な植民地主義が西洋の、そして西洋化した全世界の構造であるとすると、この崩壊を防ぐために、この「贈与的植民地主義」の実践が不可欠であるだろう。実際、コジェーヴの戦後の政治的行動は、このプランの実現であったと見ることができる。

3. 問題と検討

戦後の世界秩序の構築について、政治的なものに固執して戦後の「大地のノモス」を構想するシュミットに対してコジェーヴは、政治、つまり彼によ

れば承認を求める生死を賭けた闘争がすでに意味を失っていると言う。それでは、戦後の世界秩序を構築するものは何か。コジェーヴの『法の現象学』(5) を考慮すると、それは法、つまり正当な分配を実現する法であるということになる。ところが、相当数の論者が、このコジェーヴの見解に矛盾を見て取った。『哲学』紙上に論文を寄稿した3人のすべてがこの問題に取り組んでいる(6)。

(1) 第二次大戦後の世界における闘争の意味とは——ハウスの見解

ロバート・ハウスによれば、シュミットもコジェーヴも、第二次大戦後の世界におけるアメリカ合衆国の軍事力の突出によるアメリカ一元体制に対して、それを抑制し均衡を作り出すための方策を考えていた。シュミットは『大地のノモス』やそれに関連する著作においてその方策を考えようとした。シュミットは、領土の観念に基礎を置くヨーロッパ国際法が第二次世界大戦後にアメリカによる全世界的な軍事的支配によって用をなさなくなったことを前提に、「アメリカ的な自由主義的普遍主義の勝利を回避することができるような、世界の均衡・安定性・分割の新しい諸観念を探求しようとした」。ところが、当時、アメリカに対する十分な重しになりうるのは、シュミットによれば「精神を欠いた」ソビエト主義だけだった。「そのため、対案を定式化する段になると、回答を与えることができず、シュミットは息切れす

---

(5) Alexandre Kojève, *Esquisse d'une phénoménologie du droit*, Gallimard, 1981. 邦訳として、アレクサンドル・コジェーヴ『法の現象学』今村仁司・堅田研一訳、法政大学出版局、1996年。

(6) この3人の論文は次の通りである。① Robert Howse, «L'Europe et le nouvel ordre du monde : leçons de la confrontation de Kojève avec le *Nomos de la Terre* de Carl Schmitt», ② Teresa Pullano, «Kojève et l'Europe comme empire du droit», ③ Jean-François Kervégan, «Au-delà de l'histoire : Le Livre et la fin du Sage». この3本の論文からの引用・参照にあたっては、①については Howse、②については Pullano、③については Kervégan と記し、その後に *Philosophie*, 135 (*supra* note 1) の頁数を表記する。

なお、論文①は次の論文の仏訳である。Robert Howse, «Europe and the New World Order : Lessons from Alexandre Kojève's Engagement with Schmitt's 'Nomos der Erde'», in *Leiden Journal of International Law*, 19, 2006.

る」(cf. Howse 42)。ハウスは言う。

> シュミットは、「破壊」がある新しい始まり、新しい大地のノモスを引き起こすことができるだろうという希望を定式化し、あらゆる「絶望」に対する警戒を発する。けれども、戦後の圧倒的な軍事的・テクノロジー的不均衡、およびこのような不均衡によって、領土の観念に基礎を置く世界秩序のヨーロッパ中心的なあらゆる考え方が被った否認が考慮に入れられると、シュミットは、自らの思想の体系的に現実主義的で反観念論的な衝動に忠実なあまり、このようなノモスの積極的な定式化を提示することができなかった。(Howse 42-43)

コジェーヴもまた、「戦後の世界を支配するアメリカ主義に対する均衡と重しの設立の問題に深い関心を抱いていた」(cf. Howse 43)。そしてコジェーヴは、シュミットとは対照的に、この対抗策を案出することができた。これこそが、ハウスによれば、コジェーヴのデュッセルドルフ講演の意義である。コジェーヴは、シュミット的な意味での政治がもはや存在しなくなった、つまり歴史的に意味のある政治的な出来事はもはや存在しえないと言う(「歴史の終わり」のテーゼ)。したがって、現実の世界に秩序をもたらすのは、政治(コジェーヴにとっては、承認を求める闘争)ではなく法である。コジェーヴは、法による「普遍等質国家」の実現をめざす。ハウスによれば、それは自由主義的な市場と福祉国家的な財の再分配の体制である。この体制こそが、人間の根源的な欲望である承認欲望を最も合理的に満足させることができるのである。ただし、具体的な分配の仕方は具体的な状況によるのであり、合理的な承認の概念によって規定されることはない(cf. Howse 43-45, 47-48)。

ハウスによれば、シュミットの「取ること、分配すること、牧養すること」という問題の設定は、「マルクス主義者、自由主義者、ユートピア的社会主義者が避けようとしている取得の問題を再活性化させる」ことを目的にしている。「分配」(再分配)も「牧養」(生産)も、「取る」(取得)を前提にしているとシュミットは言う。このように「取得」の根源性を主張することによって、彼のいう政治、つまり「友・敵」の政治的闘争の意義が確保される(cf. Howse 48)。これに対してコジェーヴは言う。いったん取得が分配お

よび生産の前提条件または道具として理解されるならば、取得の政治的性格は消え去る。なぜなら、取得が政治的であるのは、威信を賭けて行われる限りにおいてであるからだ。現在の世界において政治的な闘争はもはや重要な意味をもたない。問題になるのは「生産」、つまり労働である。労働とその産物の分配、それによる等質的な社会の実現こそが問題である。この分配は、先進国と途上国との間では「贈与」として問題になる。ハウスは次のように言う。

> コジェーヴによれば、現代資本主義の挑戦は、先進国と発展途上国との間の諸関係にまでこのようなイノベーションを広げることである。先進国がその富を新興国と分かち合うのでない限り、先進国は、長期的にその生産物を流通させることができるような仕方でその市場の規模を拡大させることができない。これができないと、発展した資本主義の一般的な危機に至ってしまうだろう。コジェーヴによれば、新たな「大地のノモス」があるのはまさしくここである。すなわち、先進国が発展途上国に対してなす「贈与」においてである。これによって、混合経済の諸制度を通じた、繁栄の全世界的拡大が可能になるだろう。(Howse 50)

ハウスによれば、コジェーヴはこれを実現するための、途上国へのいくつかの援助メカニズムを示すが、そこでは「地域主義 (régionalisme)」の意義が主張されている。ハウスは、デュッセルドルフ講演においてコジェーヴが提案したこの「地域主義」を要約しつつ次のように述べる。

> 彼〔コジェーヴ〕は地域主義に、先進国と発展途上国との間の再分配の最良の方法を見出す。すなわちこの方法は、もろもろの多国間努力（これらは、アメリカ合衆国、ヨーロッパ、およびそれ以外の国々の間に協定を作成することの困難さのために阻止されてきた）よりも、そしてもろもろの純粋に二国間の〔フランス語訳では multilatéraux となっているが、英語原文は bilateral なので、「二国間の」と訳した〕努力よりも好ましい。というのも、コジェーヴによれば、「あらゆる政策とは独立的に、明確に限定され諸事実のなかに書き込まれたもろもろの自然的な経済的地域がなお存在する」〔CPE, p. 38 からの引用である〕からだ。／こうして、コジェーヴはこの新たな大地のノモスの光の下で、ある新たな「区分」、つまり諸地域に基礎を置く世界の新たな多元性を提案する。これらの地域の内部では、最大の先進国が、最も貧しい国々による経済発展手段の実行に責任を負うことになるだろう。した

がって、アジアはイギリス・アメリカ合衆国の責任の下に、中央アジアの諸共和国はロシアの責任の下に、アメリカ大陸諸国はアメリカ合衆国の責任の下に、そして地中海世界はヨーロッパの責任の下に置かれるだろう。(Howse 50)(／は改行を示す。以下も同様である)

コジェーヴとシュミットとの間の論争を以上のように整理したうえで、ハウスは、次のような疑問を提起する。

> 両者ともに認めているように、もし「国家」が過ぎ去ったものでありながら、同時に、もろもろの社会の間の闘争、さらにはもろもろの地域や諸社会のグループの間の闘争が現に存在するのだとすると、そしてもしこれらの闘争が新たな世界的秩序において、つまり新たな大地のノモスにおいて重要性をもつのだとすると、このとき「政治的なもの」の意味の変容が生じているのではないだろうか。(Howse 52)

コジェーヴにおいてもシュミットにおいても、政治的なものは国家に関係づけられてきたが、国家が廃れてもなお諸社会の間の闘争が残る。この闘争を政治的なものと捉えるならば、政治的なものの概念は変容を被っていることになる。シュミットとの往復書簡においてコジェーヴはこの問題を、「諸社会によって分かち持たれた目的として普遍的繁栄が現実に存在することに依拠することによって巧みにかわそうとする」。けれども、これらの社会の相違は、単に繁栄という共通の目標に至るための手段の相違ではなく、コジェーヴ自身が「フランスの採るべき政策のドクトリン素描（Esquisse d'une doctrine de la politique française）」（この文書については後述する）において強調するような「精神的または文化的感覚（sensibilité spirituelle ou culturelle）の相違」にも由来する。つまりそれは、「価値の相違」なのである。コジェーヴは、これらの相違が「新たなシュミット的な政治」へと至るものではないことを理解しており、それは正しい。ところが他方においてこの相違は、シュミットとの往復書簡においてコジェーヴが考えたように「純粋に技術的、法的または官僚主義的な諸手段」によって解消しうるものでもない (cf. Howse 52)。

つまりハウスは、コジェーヴ的なポスト政治・ポスト歴史の世界における新たな政治的なもの、つまり「価値の相違」が存在するのであり、コジェー

ヴはそれを示唆していたのだと言っているのである。ハウスは論文の最後を次のように締めくくる。

> 私の考えでは、政治の新たな概念、ポスト・シュミット的な政治——コジェーヴの最後の思索において決して明示的に定式化されることはなかったものの、ほのめかされてはいた——の新たな概念が位置づけられるのはここにおいてである。すなわち、民主主義的な決定——超国家的な民主主義的統治を含む——を経た政策の選択。これらの選択には、諸手段への問いに対する多様な「科学的」判断には還元されえない価値の闘争が含まれている。けれどもこれらの選択が共通の諸目標の定義と対立するわけではないし、次のような観念の下に置かれてもいる。すなわち、結局のところ、不一致に決着をつけるための暴力への訴えは、合理的観点からは永遠に一貫性を欠くし、またそうであり続けるという観念である。(Howse 53)

ハウスのいう、コジェーヴの示唆するこの新たな政治の概念、つまり「価値の相違」は、「精神的または文化的感覚の相違」に由来する。すなわち、それは、こう言ってよければ身体性に由来するのである。また、ハウスのこの指摘は、『法の現象学』においてコジェーヴが、家族社会に正義の理念をめぐる法的な闘争(この社会の正義の理念そのものと見なされるある正義の理念を支持する「排他的な法的グループ」の存在——したがって、このグループとは別の正義の理念を支持する「排除された法的グループ」も当然に存在する——が法的闘争の存在を示す[7])があると見なしていることと適合する。

ハウスのいう新たな政治の概念は法的な闘争に由来すると考えると、法的な闘争、つまり正義の理念をめぐる争いはこの身体性に由来すると考えることができる。また、こう言ってよければ、法的闘争は政治的なものを含み、この政治的なものこそが新たな政治の概念であるだろう。

このように考えると、コジェーヴにおいては、友・敵の関係に由来する政治的なものと、身体的なものに由来する政治的なものとがあることになる。後者もまた正義の理念をめぐる争いであるだろうが、正義の理念そのものを与えるのは前者である。

---

(7) Cf. A. Kojève, *Esquisse d'une phénoménologie du droit* (*supra* note 5), p. 503. 邦訳 584-585 頁。

(2) 政治的なものと法的なものとの区別——ピュラノの見解

　テリーサ・ピュラノは、コジェーヴが第二次大戦後の世界、つまり歴史の終わりの到来した世界においてはもはや政治的闘争は存在しない、または重要な意味をもたないと述べるのに対して次のような疑問を提起する。第二次大戦後も、政治的闘争に思える闘争が存在する。例えば、全世界的な規模で考えると、プロレタリアートによる資本家に対する闘争が存在する。これは生死を賭けた政治的闘争ではないだろうか、と。おそらくコジェーヴにとってはそれは政治的闘争ではない。彼がナポレオンをスターリンと読み替えていたときには政治的闘争だと考えていたかもしれないが、彼は見解を変え、ヘーゲルの言う通り、ナポレオンをもって歴史は終わったと考えるようになったと明言している。それでは、第二次大戦後も存在する政治的闘争に見えるものとは何だろうか。それに対して、政治的闘争とは異なるいかなる特徴づけを与えればよいだろうか。この問題に対して彼女は次のように言う。

> 『法の現象学』は、そのタイトルが示すように、さまざまな政治的様相における、また国家やその構成＝憲法（Constitution）との関係における法（Droit）（大文字のDから始まる）の現象を対象とする。法とは、このテクストにおいては、歴史の、その終わりへの移行を可能にする道具である。歴史のヘーゲル的な考え方は、ポスト革命的近代性——これは、特殊な形式における欲望、つまり普遍的承認への人間発生的な欲望によって規定される人間的歴史の、その総体における達成として定義される——を理解するための鍵である。ここで今一度強調しておくべきなのは、すべての闘争や戦争や「血にまみれた」革命の終わりの観点からの「歴史の終わり」の読解（この場合、ド・ヴリーズが指摘するように、デュッセルドルフ講演と『法の現象学』との間には一つの矛盾があることになるだろう）と、時間、概念、および自然的なもの（空間）との間の関係の変化の観点からの、よりニュアンスのある、そしてコジェーヴの他のもろもろの著作により忠実な読解との間に存在する隔たりである。(Pullano 62-63)

　つまり、コジェーヴの「歴史の終わり」には二通りの読み方があると彼女は言っているのである。前者の「読解」は次のようなものであると思われる。フランス革命とナポレオンによって普遍等質国家が少なくとも原理的に実現し、後は過去の遺物を一掃する闘争のみが残る。したがって意味のある

政治的闘争は存在しない。このような政治の終わりの意味での歴史の終わりにおいては、法によって普遍等質国家の統治が行われるのだ、と[8]。これに対して後者の「読解」とは、時間の流れの中で進化し、自然の、つまり空間的な限定を消滅させることでその時間的終わりに達する、つまり普遍性と等質性とを実現する人類の歴史をその外から傍観する者の視点を中心に置く読み方である。この傍観者は歴史の外にあるから、完成した歴史、閉じた時間性においてある。彼女によれば、このような傍観者の視点こそが、普遍性と等質性とに対応した平等と等価性という正義の理念、したがってその実現である法を生じさせるのである。彼女は、この後者の視点から『法の現象学』を読むべきだと主張していると考えられる。

彼女は次のように続ける。

> 第二次世界大戦の終わりは、規模の変化によって、つまり行為と政治的言説との空間的諸様相の変容によってポスト革命の時代にすでに入っている歴史的変容を成就する。政治的なものに関するコジェーヴ的なヴィジョンがその最も完全な表現を与えられるのは、『法の現象学』においてである。それは、もろもろの国民国家やそれらの歴史の統合の問題を、あらゆる革命的基礎づけを越えて、世界の歴史と世界的社会のなかに置く。法における政治的なものの時間的目的論と進化は、以前は革命的運動の機能であった統合の機能を達成する。『法の現象学』において提示されたポスト革命的歴史のヴィジョンにおいては、あらゆる個別性は、ある絶対的で達成された体系へと弁証法的に統合されるがゆえに、消滅する。(Pullano 63)

革命に取って代わる、法の弁証法によって完成する絶対的体系はどのようにして形成されるのだろうか。この点について、彼女は言う。

> ポスト革命的時代への移行は、二つの運動を通じて実現される。一つは、体

---

[8] 『法の現象学』に基づいて考えると、死を賭けた政治的闘争はナポレオン以降のポスト歴史の世界には存在せず、法による統治が行われることになるが、コジェーヴはデュッセルドルフ講演において「労働者たちの世界的階級に由来する死すべき危険の現実的可能性」(Pullano 62 note 29)、つまり一種の政治的闘争を認めているように思われる。したがって両者には矛盾があるように思われるのである。ピュラノはPullano p. 62 の注 29 で言及したエリク・ド・ヴリーズ (Erik De Vries) の見解を基にこのように指摘するのである。

系——これは、法的=政治的体系であると同時に、絶対知の体系でもある——のあらゆる異質的な要素の排除である。これと相関的なもう一つの運動は、行為者の観点から傍観者の観点への移行である。(Pullano 63)

　前者の、体系の異質的要素とは動物性または自然（としての所与）のことである。この動物性・自然の排除、つまり否定がコジェーヴにとっては人間性を形成するのであり、したがって完全な体系、つまり人間性の完成のためには、この排除または否定を完全に成し遂げる必要がある。コジェーヴにおいては、この人間性の完成のための否定の場が政治と法である。法は、平等、または等価性の実現によってこの否定を行い、人間性を実現する。けれども、法による人間化は、死の危険としての政治的闘争による人間化とは異なる人間化ではないだろうか。それは、政治においては決定的に重要な死の危険が重要ではない人間的相互作用における人間化である。平等や等価性の原理は承認を求める生死を賭けた闘争、つまり政治的な闘争から生じるが、これらの原理のもつ人間性を形成する機能は、政治的闘争から切り離すことができると彼女は言う。

　おそらく彼女は、「傍観者」、つまり「第三者」の立場こそがこの切り離しを可能にするのだと考えている。つまり、傍観者の立場に立てば、人間性そのものにのみ関心が向くようになるということである。「法の起源にある第三者の視点こそが、承認を求める闘争を歴史の終わりへと転換させる」(Pullano 66)。

　さらに、ピュラノによれば、この傍観者の立場への移行そのものが、承認欲望によって可能になる。彼女は次のように言う。「平等者たちによって承認されること、および今度は自分が彼らを承認しうることへの欲求は、闘争の傍観者を公平にさせる。これこそが、コジェーヴの政治的体系全体の鍵である。彼の思想は、超近代的なものと定義することも可能である。なぜなら彼は、アーレントがヘーゲル的な歴史哲学の本質として定義するヴィジョン、すなわち歴史の真理は第三者、外的で超脱した傍観者の視点のなかにあるという確認をその極限的帰結にまで推し及ぼすからである」(Pullano 68)。さらに彼女は言う。「第三者は無私的な仕方で、主人と奴隷との間の闘争の公平性（équité）を判断する。第三者は闘争の条件があらゆるところで常に

同じであるように目を配る。しかも彼がそうするのは、公平性への欲求によって、つまり平等者たちを承認し、かつ彼らによって承認されることへの必要性によってである。死を賭けた闘争の外的な傍観者である第三者というもっぱらこの仮説によって、もろもろの人間的相互作用の真理、すなわちそれらの適合性 (justesse) を理解することが可能になる。すなわち、第三者こそが、闘争の終わりを通じて歴史の終わりを可能にする」(Pullano 68)。

　これは、まるで主人と奴隷との間の闘争も法の関係であるような言い方である。けれどもそれは政治的な関係であり、そこに法的関係はないはずである。彼女がこのような言い方をするのは、次のように考えているからである。人間的条件を確保すること、つまり平等な条件または等価的な条件を確保することよって政治的な闘争を終わらせることこそが第三者の役割であり、第三者が体現する法の役割である。平等と等価性の原理（の綜合としての公平の原理）によって一切の政治的闘争が終了すること、これが歴史の終わりであり、そのときには、闘争の源泉であるさまざまな差異（個人のレベルから国家的レベルに至るまでの差異）もまた消滅しているであろう。つまり、普遍等質国家が実現しているであろう。

　第三者＝傍観者にとって重要なのは、死の危険ではなく、平等と等価性の実現による人間性の実現である。したがって問題は、単に闘争を解決することではなく、人間的条件を確保することによって闘争を解決することである。人間性の確保とは（平等と等価性の実現による）自然性、動物性の否定である。彼女によれば、「コジェーヴの言うように、第三者はすでに人間化されており、自己において、歴史の原動力であるところの動物性や自然性の部分をすでに否定しているがゆえに、第三者はすでに歴史の外にある」(Pullano 68)。したがって第三者は人間性の条件を知っており、人間的条件を確保しつつ闘争を解決することによって、闘争の当事者たちを人間的存在として承認しつつ、彼らによって自己の人間性を承認される。

　結局のところ、彼女にとって、第三者とは次のような存在である。「公平な第三者とは、死を賭けた闘争から勝者として出てくる、そして他のもろもろの闘争が公平な (équitable) 仕方で行われることを確かめる主人である。平等なまたは少なくとも等価的な諸条件は人間の人間性の実現にとって不可

欠であるから、主人は闘争そのものから平等の価値を切り離す。したがって、主人は至る所で平等なまたは等価的な諸条件を実現したいと思い、そして彼は、死を賭けた闘争から勝者または敗者として現れる他のすべての個人を常に見ている。したがって、第三者がその担い手である法が、時間的・空間的統一においてすべての人類を包み込むという条件でのみ実現されるのは不可避のことである」(Pullano 69)。

　正義の理念と死を賭けた闘争、つまり政治的なものとは切り離すことができるというピュラノのコジェーヴ解釈はきわめて示唆に富む。けれども、両者が切り離されるのは「歴史の終わり」においてのみであるだろう。ピュラノは主人が第三者の役割を果たすような言い方をするが、「主人」とはまずは政治的なカテゴリーであり、歴史の終わりに達しない限り、政治的な闘争から切り離すことができない、つまり「歴史の外にある」とは言えない。これは、コジェーヴの次のような議論を見てもわかる。コジェーヴによれば、「世界は滅ぶとも、正義は行われしめよ」に従って第三者は行為すべきであるが、第三者が特定の国家の一員である限りにおいて、世界の一部である国家が滅ぶことは自分自身も滅ぶことを意味するから、国家の一員である限りにおいて第三者は、自分が属する国家が滅ばないという条件で、「世界は滅ぶとも、正義は行われしめよ」に従う。この条件の拘束がなくなるのは、国家が消滅する「普遍等質国家」においてのみである[9]。このときはじめて第三者は、正義の理念と政治とを完全に切り離すことができるのである。

　もっとも、歴史の終わりにおいて政治と正義の理念とを切り離すことができる以上、歴史の終わりに至る前の段階でも、ある程度は両者を切り離すことが可能であると思われる。したがって、彼女の言うように、切り離し可能である限りにおいて、死を賭けた闘争、つまり政治的関係から生じた正義の理念を、その人間発生的な面だけを切り離して、政治的な闘争や非政治的な相互作用に適用することは可能であると言えるだろう。

　ところで、彼女は「歴史の原動力であるところの動物性や自然性の部分」と言う。彼女はジョルジュ・バタイユを援用しながら、この動物性または自

---

[9]　Cf. A. Kojève, *Esquisse d'une phénoménologie du droit* (*supra* note 5), Section 15. 邦訳第 15 節。

然性を「盲点 (la tache aveugle)」または「夜 (la nuit)」と呼ぶ。政治的な歴史とは政治的闘争による、つまり死の危険によるこの動物性・自然性の否定の歴史であり、この否定が歴史の過程の目的である。普遍等質国家の実現は、この否定が完成したこと、したがって絶対知が実現し、それによって完全に人間化された世界が完全に把握されたこと、つまりもはや「盲点」つまり「非‐知」は残っていないことを意味する。差異が残っていることは動物性・自然性が残っていることを意味するから、人間性の実現とは差異の消滅、つまり等質性の普遍的な実現のことでもある。彼女によれば、第三者による平等の正義または等価性の正義の実現とは、まさしくこの普遍的な等質性の実現のことである。第三者はこのような仕方で人間性を実現しようとするのである (cf. Pullano 66-69)。

ピュラノは、コジェーヴの論考「フランスの採るべき政策のドクトリン素描」を基に次のように言う。コジェーヴは、第二次世界大戦を歴史における切断点だと見なす。それは、国民国家の終わりを画する。大戦後の国家は、国民的でなくなることによってのみ政治的実体として存続しうる。したがって、大戦後の時代とは、「帝国 (Empire)」の時代である。「帝国」とは、諸国家の連合のことである。戦後の世界は、このようなもろもろの連合＝帝国から成る。

> 第二次世界大戦がそれである切断の後に、またこの切断によって明らかになった、国民的な政治的形式が、普遍主義的歩みを保存しつつもろもろの相違を統合することのできる実体の諸要求に適合していないということのゆえに、コジェーヴにとって唯一の実現可能な解決策は、もろもろの国民国家 (États-nations) を統合する帝国的諸構造を構築することである。(Pullano 74)

この帝国はあくまでも政治的実体である。ところで、第二次世界大戦後の時代は、コジェーヴにおいては「歴史の終わり」、つまり政治の終わりに属する。コジェーヴにとって、このような帝国は、国民国家から普遍等質国家——これこそが真の「帝国」であり、政治の完全な終わりである——への移行の段階であるだろう。したがって、国民国家が終わりを迎えた後もやはり政治的なもの、つまりシュミット的な「友・敵」関係、またはコジェーヴ的な承認を求める闘争は残るのである。けれどもこの場合の政治的なものは、

国民国家の形成を導いた政治的なものとはやはり異なる。さらにそれは、コジェーヴによれば「歴史の終わり」が原理的に到来した後のいわば政治的闘争であるから、それ以前の政治的闘争とは異なるはずである。したがって、次のような問いが立てられる。すなわち、この普遍等質国家への移行の時期に現実に存在する政治的なものとは何か。

　ピュラノ自身は回答を与えていないように思われる。ピュラノによれば、傍観者＝第三者の観点からの正義の理念の適用によってこの移行も可能になるであろう。したがって彼女自身は特にこの問いに注意を払う必要もないのだろう。しかし、そうだとすると、なぜコジェーヴが切断点と呼んだのかわからなくなる。

　すでに述べたように、私の考えでは、ピュラノ的な傍観者＝第三者は、「歴史の終わり」が原理的に到来した後で（コジェーヴによれば、それはイエナの戦いにおけるナポレオンの勝利による）初めて生じる。この「歴史の終わり」、「普遍等質国家」の原理的到来が現実のものとなり始めたがゆえに、第二次世界大戦とは切断点なのだと思われる。この大戦後のいわば政治的な闘争は、まさしくピュラノ的な、「歴史の外にある」傍観者＝第三者による（公平の）正義の理念の適用によって解決されるべきものであるだろう。

　それでは、第二次大戦後のいわば政治的な闘争とはいかなる性質のものだろうか。すでに述べたように、ロバート・ハウスなら「精神的または文化的感覚の相違」、いわば身体性の相違による政治的な闘争だと答えるだろう。

　ピュラノについて言うと、彼女が言及した「盲点」の議論が回答になりうるかもしれない。「盲点」とは、バタイユによれば、「ポエジー（poésie）、笑い（rire）、恍惚（extase）」である[10]。（これはまさしく、のちに取り上げるように、ジャン＝リュック・ナンシーが『性＝実存』で問題にするものと一致する。）コジェーヴの絶対的法は、ピュラノによれば、この「盲点」の消滅を

---

(10) Cf. Georges Bataille, *L'expérience intérieure*, Gallimard, 1943, p. 130. 邦訳として、ジョルジュ・バタイユ『内的体験――無神学大全』出口裕弘訳、平凡社、1998年、255頁。ピュラノが指摘するように、『法の現象学』が執筆されたのと同じ年の出版である。Cf. Pullano, p. 67. バタイユがコジェーヴのヘーゲル講義に出席していたことは有名である。

意味する。しかし、これらは消滅しえないものではないだろうか。それどころか、これらがないと人間は生きていくことができないだろう。バタイユによれば、知はむしろこの「盲点」、つまり非知をめざす。これはコジェーヴの法の体系でも実は同じである。普遍等質国家における法とは、排除されたはずの身体性、つまり「特殊性」に基づく個人的所有から構成される経済社会の法にほかならないのである。

このように考えると、『法の現象学』の最終節で扱われるこのような経済社会の法の問題を、第二次大戦後の法による世界秩序の形成の問題を扱うものとして読んでよいように思われる。

(3) 賢者の場所――ケルヴェガンのコジェーヴ解釈

ケルヴェガンはコジェーヴの思想全体についてのすぐれた解釈を展開する。ケルヴェガンによれば、「コジェーヴの作品全体が、ただ一つの目的へと方向づけられている。すなわち、知恵の、またはヘーゲル的な言葉で言えば、絶対知の内容、実現の諸条件および諸効果を規定することという目的へと」。これは、「歴史的、政治的、法的な性格のテクスト」についても同様であって、「彼が都市について語るときでさえ、彼が配慮しているのは賢者、またはむしろ知恵についてである」(cf. Kervégan 78)。コジェーヴにおいては、概念の自己展開と完全に首尾一貫した絶対的・永遠的な言説という論理学的思想と、歴史的な人間生成を考察する人間学的な政治的・法的思想との二面性がある。後者は有名なヘーゲル『精神現象学』講義や『法の現象学』において展開され、前者は『概念・時間・言説』[11]や『異教哲学史試論』[12]において展開されている。この二つの思想はどのように関係しているのかという問いに対して、ケルヴェガンは今引用した文章のように答えるのである。つまり、コジェーヴにおいては、知恵または絶対知の思想が優位してい

---

(11) Alexandre Kojève, *Le Concept, le Temps et le Discours : Introduction au Système du Savoir*, Gallimard, 1990. 邦訳として、アレクサンドル・コジェーヴ『概念・時間・言説――ヘーゲル〈知の体系〉改訂の試み』三宅正純・根田隆平・安川慶治訳、法政大学出版局、2000年。

(12) Alexandre Kojève, *Essai d'une histoire raisonnée de la philosophie païenne*, Gallimard, Tome I 1968, Tome II 1972, Tome III 1973.

る、と。

　ケルヴェガンによれば、絶対知に至る絶対的な観点を呼び起こすのは、歴史の過程の展開の終わりに到来する普遍等質国家である。つまり、この絶対的な観点に立つ者、つまり絶対知に到達する賢者は、歴史の終わりにおいて普遍等質国家が実現することによって初めて存在するようになる。この意味において、賢者は歴史の終わりの到来の後に出現する。ケルヴェガンは言う。

> 結局のところ、コジェーヴのテーゼは次のようなものだと私には思われる。すなわち、ある絶対的観点（個別性に基づく、個別性における普遍的観点と理解しよう）のようなものが可能だとすると、それはある世界的な国家/社会の政治的で歴史的なコンテクストにおいてでしかありえない、と。このような国家のみが、「完全な国家」であるから、ある「絶対的」観点を呼び起こすことができる。というのも、そのような国家だけが、真正な具体的普遍性——すなわち、あらゆる前提やあらゆる個別的利害関心から切り離された、けれども個別性を無視するどころか個別性の上に築かれた知識——の諸条件を創造する、または創造するであろうからだ。普遍的国家と等質社会の賢者/公民は、自分が行なうこと、また自分が現にそうであるものを考える。すなわち彼は、まさしくこのようにして「達成された人間」、すなわち自分自身の限界へともたらされた人間である。まさしくこのような意味でもまた、人は、コジェーヴが「自分の」ヘーゲルについて、すなわち結局のところ自分自身について語っていることを理解しうる。すなわち、「ヘーゲル的哲学は神=学（théo-logie）である。ただし、その神は賢者である」。（Kervégan 89）

　普遍等質国家とは、すべての自然性・動物性が否定された人間的世界であり、そこではすべてが人工的なものであり、かつそれがそこに住む公民自身を構成する。すべては自分の作ったものであるがゆえに、人間はそのすべてを認識することができる。自分たち自身がすべてを作り、かつ認識しうるがゆえに、人間こそが神である。つまりそれは、人類＝神の考え方である。

　けれども、この普遍等質国家は、「ある「絶対的」観点を呼び起こす」だけである。この観点が「知恵」または「絶対知」であり、知恵を獲得した公民は、今度はその知恵を実現するために行動することになる。それは、いわば、行動するカント的「世界市民」である。つまり、「コジェーヴ的賢者

3. 問題と検討　51

は、歴史の終わりの後に生きるのではなく、歴史の終わりにおいて生きる」
のである (cf. Kervégan 89)。

　ここから、賢者が歴史の終わりにおいて人間的実存のすべての可能性の統
合として把握した絶対知、つまり普遍等質国家とは、それに基づいて賢者、
すなわち普遍等質国家の公民が行動する観念または規範であることがわか
る。ここから、この普遍等質国家および絶対知と法または正義とがどのよう
に結びつくのかががわかる。ケルヴェガンは、普遍等質国家が「極限＝事
例」でしかない点（本書第一章第7節を参照せよ）にもう一度注意を促して次
のように言う。「もう一度言うが、われわれがここで扱っているのは極限＝
事例である。すなわち、普遍等質国家とはユートピアであり、『法の現象学』
が「社会主義帝国」と名づけるものに対応する規範である」(Kervégan 88)。
つまり、普遍等質国家とは「観念性」である。彼は続けて次のように言う。

> 普遍等質国家であるこの観念性は、いかなる点で、知恵の歴史的到来を助け
> ることができるだろうか。この国家が「主人たちの法＝権利」と「奴隷たち
> の法＝権利」（これらは、「死を賭けた闘争」という最初の「歴史的」エピソ
> ード以降、分離し対立する）との、「公民たちの法＝権利」つまり「絶対的
> 法＝権利」における融合を作動させるという点においてである。絶対的
> 法＝権利とはつまり、各人が普遍性の担い手であると同時に自分自身の善き
> あり方または幸福の主体であるような法＝権利のことである。「絶対的
> 法＝権利」は、「個別性の法＝権利」と「普遍性の法＝権利」とを結合するこ
> とによって、賢者の観点そのものである一つの観点、つまりブルジョワと公
> 民、私的人間と公的人間とを和解させる観点の出現を助けるのである。した
> がって、普遍等質国家（より正確には、等質的社会へと調整された普遍的国
> 家）の公民のみが賢者でありうる、または賢者であるがままでありうる。別
> の言葉で言うと、「知恵は歴史の終わりにおいてのみ実現されうる」。そして
> コジェーヴは、大胆にもと言ってよいだろうが、次のように明言する。すな
> わち、この国家は、「拡張不可能」かつ「変容不可能」――いわば準安定的
> ――であるから、マルクス主義の用語で言えば、「絶対知」または知恵の特徴
> 的資質である循環性（または自己言及性）の下部構造または「現実的基礎」
> である、と。(Kervégan 88)。

　そしてケルヴェガンはコジェーヴの『ヘーゲル読解入門』の次の一節を引
用する。「この国家の公民は、彼が観想的賢者として自らの体系によって開

示する循環性を能動的公民として実現する」(Kervégan 88)。

　つまり、ケルヴェガンによれば、普遍等質国家というユートピア、規範または観念性は、絶対法、つまり主人的・普遍的法と奴隷的・個別的法とを融合させる公民の法を実現することによって、「知恵の歴史的到来を助けることができる」。「知恵の歴史的到来」とは知恵の実現のことだと考えよう。この知恵の実現のために、普遍等質国家という規範的観念が、法を介して貢献する。この観念的な普遍等質国家とは、実現されざる知恵であるだろう。したがって、法とは、実現されていない知恵を実現するものだということになる。

　そして、この知恵の実現は、自然性・動物性・所与性の否定によって行われる。法はこの否定を、平等の正義および等価性の正義の実現によって実現するのだと考えられる。

　ケルヴェガンは、コジェーヴの「賢者」の概念における次のようなパラドクスを指摘する。すなわち、コジェーヴにおいては、賢者（「賢者の姿=形象（フィギュール）」）が出現するのは歴史の終わりにおいてである。賢者とは哲学者、つまり愛知者、知恵の探求者と区別された、知恵、つまり絶対知に到達している者のことである。歴史の終わり、つまり普遍等質国家において賢者は知恵または絶対知に到達しているのだが、歴史の終わりにおいてはこの知恵または絶対知はすでに、歴史の過程を通じて実現してもいる。この歴史の終わりは、人間が自己へと完全に透明に現前すること、人間の完全なる自己意識、この意味での人間の完成である。賢者はこの完全なる自己意識、つまり知恵または絶対知を首尾一貫した言説で語るとき、それを本にするとき、もはや賢者が存在する必要はない。なぜなら知恵または絶対知は本（le Livre）のかたちですでに存在するからである。賢者が賢者であるとき、つまり絶対知を言説として開示するとき、それを誰が語るかは問題ではない。誰が語ろうと同じであるから、もはや賢者の姿、主体性は必要ない。「賢者の目的（la fin du Sage）は知恵である」が、「知恵は賢者の終わり（la fin du Sage）である」のである。ケルヴェガンを引用しよう。

　　おそらく歴史の終わりの、したがってまた人間の終わりの究極的な意味はコジェーヴによれば次のようなものである。すなわち、人間の終わり、知恵と

は来るべき本、全面的な知（けれどもいつか「完成する」）を顕示する言説である。この知においては、ヘーゲルがすでに主張したように、この言説を言表する者の主体性は廃棄されている。したがって、賢者の目的（la fin du Sage）は知恵である——これは自明の理であるだろう——だけでなく、知恵は賢者の終わり（la fin du Sage）であるとも言わなければならない。すなわち、（アリストテレスの主張するように）都市、世界、歴史から自己を区別し、自己を切り離しさえした思想家の姿＝形象(フィギュール)の達成でありかつ廃棄である。同時に、意味の全面化の過程として理解された知恵は、知と歴史との推定上の主体としての人間の終わりを画する。(Kervégan 91)

普遍等質国家の公民は賢者でもあるから、賢者の終わりとは公民＝人間の終わりでもあるわけである。ケルヴェガンは続けて言う。

時間を越えた時間は存在しない——そして、とりわけ永遠性は存在しない。なぜならヘーゲルによれば、永遠性とは、内在的な仕方で時間を動かすものであるからだ。したがって、賢者の「（ポスト＝）歴史的」な場所である普遍等質国家と全く同様に、また賢者がその徴候である歴史の終わりと全く同様に、賢者とは一つの理念である。この意味において、コジェーヴ的賢者は存在しないだろう。けれどもそれは、このような賢者が、文化の歴史的過程に対して、また間接的に社会の歴史的過程に対してある意味と地平とを与える人物(フィギュール)＝形象として常にすでにそこにいるからである。賢者の理念なしには愛＝知（*philo*-sophie）はない、これは明らかである。けれどもたぶん、歴史もないだろう——もしも歴史が、コジェーヴのパースペクティヴにおいては（この意味においては、彼は断固としてポスト＝モダン的ではない）一つの意味を担うもの、つまり自らの唯一の目的(テロス)である知恵の時間的無時間性、真の永遠性から出発して自らを定義する意味を担うものであることが正しいとすると。(Kervégan 91)。

つまり、コジェーヴはすでに時間のなかにおける永遠性、「時間的無時間性」を前提にしており、そこから出発して、意味を担ったものとしての歴史の概念が構想されている。そのため、この歴史の意味を歴史の過程で認識する哲学者や歴史の終わりにおいてこの意味を完全に認識する賢者の理念が必要になるのである。つまり、賢者とはこの歴史の意味、つまり絶対知の担い手として仮定されたものにすぎない。ケルヴェガンは、コジェーヴのすべての作品がこのような時間性とそこで開示される真理、つまり絶対知の概念を

前提にし、この絶対知の実現のための条件を考えるものとして構想されているというのである。つまり、彼の論文の冒頭の言葉にあるように、「コジェーヴの作品全体が、ただ一つの目的へと方向づけられている。すなわち、知恵の、またはヘーゲル的な言葉で言えば、絶対知の内容、実現の諸条件および諸効果を規定することという目的へと」。

普遍等質国家の公民＝賢者は、自らが到達し、本として展開された知恵または絶対知の実現をなすのみである。それは普遍等質国家の法の実現、またはその法の内容をなす平等の正義の理念および等価性の正義の理念の、「絶対的観点」からの実現、つまり公平の正義の理念の実現によって行われる。コジェーヴによれば、第二次大戦後の世界も、すでに原理的には普遍等質国家の段階にあるから、このような状態にある。この実現のためのテクスト、規範はすでに本として定式化されている（例えば、ヘーゲルのテクストとして、またはコジェーヴのテクストとして）。賢者とはこのテクスト通りに行動する、またはこの規範を機械的に適用するだけである。つまり賢者とは、絶対知の実現のための道具でしかない。そこに人間性（コジェーヴによれば自然性・動物性・所与の否定）はありうるのだろうか。賢者、または普遍等質国家の公民のパラドクスである[13]。

このケルヴェガンの指摘するパラドクスからどのように抜け出しうるだろうか。私の考えを述べてみたい。

われわれが何かについて語るとき、語らないものについても、語るものから排除するというかたちで語っている。つまり、言説には、沈黙というかたちで、語られざるものが含まれている。本を読むとはこの語られざるものと接する行為でもあるのではないだろうか。これはコジェーヴ自身が『無神

---

(13) 普遍等質国家における人間の人間性喪失については、すでにレオ・シュトラウスが指摘するところである。Cf. Leo Strauss, *On Tyranny*, The University of Chicago Press, 2013, pp. 236-239（1948年8月22日付コジェーヴ宛てのシュトラウスの書簡）。邦訳として、レオ・シュトラウス『僭主政治について』（下）、石崎嘉彦・飯島昇藏・金田耕一他訳、現代思潮新社、2007年、185-190頁。この点については、拙著『法・政治・倫理——デリダ、コジェーヴ、シュトラウスから見えてくる「法哲学」』成文堂、2009年、95-97頁を参照していただきたい。

論』において示唆していることである⁽¹⁴⁾。ところで、普遍等質国家とは人間性、人為性の極であり、そこでは人為的でないもの、つまり自然性・動物性が徹底的に排除されている。これは、コジェーヴにおいては人間性が所与、つまり自然・動物性の否定として定義されていること、このような人間性の完成が普遍等質国家であることによる。したがって自然性、動物性、身体性は普遍等質国家から排除される。普遍等質国家における公民によるテクストの読解（テクストの適用の前にはそれを読むことが必要である）とは、テクストから排除されたもの、自然性、動物性または身体性とかかわることでもあるだろう。ただし、この場合の自然性・動物性・身体性とは、端的な動物の自然性・動物性・身体性ではないだろう。なぜなら、あるテクストにおいて沈黙させられているのはやはり言葉、つまりテクストとは異なる言葉であるからだ。単なる自然性・動物性から言葉が発せられることはない。それは

---

(14) Alexandre Kojève, *L'athéisme*, Gallimard, 1998. 邦訳として、アレクサンドル・コジェーヴ『無神論』今村真介訳、法政大学出版局、2015年。この問題については、図書新聞3234号（2015年）に掲載された、本訳書に対する私の書評を参照していただきたい。この問題を考える鍵になるのは、コジェーヴの「パラテーズ（parathèse）」という観念だと私には思われる。

　このパラテーズという観念は、とりわけ晩年のコジェーヴのキータームともいうべきものである（私としてはとりあえず「並立」という訳語を与えておくが、どう訳するかは今後の課題である）。『無神論』において、その「解題」を執筆したロラン・ビバールは次のように述べている。「生とは、有神論的な〈テーゼ〉と無神論的な〈アンチ・テーゼ〉とのあいだの妥協（コジェーヴは、のちにそれを「パラテーズ」と呼ぶだろう）である」（*L'athéisme*, p. 50, 邦訳53頁）。コジェーヴの完全なる言説（すなわち「知の体系」）は無神論的な言説の完成であるが、その言説には、語られないというかたちで、語るものから排除するというかたちで、語られざるもの、すなわち有神論的言説が含まれているのである。コジェーヴの完全なる知の体系の言説を読むことによって、人は、語られざるものとも、沈黙において接しているのである。『異教哲学史試論』においては次のように言われている。「定義によって、パラ‐テーズとは、意味を欠いた（擬似＝）言説である。なぜならそれは、それが語るすべてのこととは反対のことを＝語る（contre‐dit）から、または同じことだが、それは「一度に」または「同時に」二つの意味（さらには、それぞれをそれ自体で取り上げて理解するならばどちらも真正な）をもつからである。その一方は他方の純然たる、そしてまさしくこのこと自体によって「全面的」な否定であるのだ。したがって、パラ‐テーズとは沈黙に等しい」（*Essai d'une histoire raisonnée de la philosophie païenne*, Tome I (*supra* note 12), p. 63）。

言葉として表現することのできないものである。言葉によって表現可能であるのは、自然性・動物性の否定による人間的なものだけである。つまり、普遍等質国家の絶対知において、自然的・動物的だとして排除されているのは、ある人間的な自然性・動物性・身体性なのである。

つまり、普遍等質国家における、具体的には第二次大戦後の世界における法による秩序形成、つまり絶対知の実現は争いを抱えているのである。それは、自然性・動物性の否定としての人間性と、自然性・動物性の否定ではあるが人間的とは見なされないものとの争いである。コジェーヴの観点からすれば、普遍等質国家においては（シュミット的な意味で）政治的な闘争はすでに消滅しているから、この争いは政治的なものではないはずである。本としての絶対知の機械的実現は、必然的にこのような争いを生み出す。したがって、絶対知の実現は、この争いを調停しうるような仕方で行われねばならない。このためにはまさしく賢者が必要であるだろう。

ところが『法の現象学』の最終節において、自然性が議論に上っている。これが「個人的所有」である。これは身体の特殊性に由来するが、この場合の身体とは動物的なものではなく、否定された自然、つまり人間的なものである。にもかかわらず、この場合の否定とは、普遍等質国家またはその公民を構成する否定性とは異なる。このような人間的身体性の場は、個人的所有に基づく経済社会、そしておそらくは家族である。

このような経済社会は、主人性＝普遍性と奴隷性＝個別性との綜合によって形成される普遍等質国家とは異質の、そこから排除されたものとしての社会である。コジェーヴによれば、普遍等質国家における法とは、この個人的所有に基づく経済社会における相互作用に適用される。これまで述べてきたところからすると、この適用行為そのものが、普遍等質国家とそこから排除されたものとの争いを含み、かつそれを調停するものであることになる。つまり、このような経済社会における争い＝相互作用に対して普遍等質国家の第三者が正義の理念を適用して解決すること自体が、この社会と普遍等質国家との争いを調停するものでもあるということである。これは、なぜ政治的に形成された正義の理念が非政治的な相互作用に適用されるのか、という本書の根本的疑問（本書第三章参照）に対する回答を示唆するものであるかも

しれない。

（平等と等価性という）正義の理念を適用することは、動物性に対して闘争するという政治的な意味をもっているのかもしれない。ある相互作用に正義の理念を適用することは、動物的な行為を正義に反するとして無効にすることである。正義の理念がそこから生じるところの政治的闘争とは、一方では敵との闘争であるが、他方では死の恐怖に対する闘争、つまり死の恐怖に屈して闘争を放棄すること、動物性に対する闘争でもある。動物性に対する闘争は敵に対する闘争、つまり政治的闘争とは異なる。確かに、政治的闘争においては相手を動物として貶めることもあるが、それは相手が殺してもよい存在だということを示すにすぎないだろう。

正義の理念の適用、すなわち法とは動物性に対する闘争の一側面であると捉えることができる[15]。もしそうだとすると、人間的でない相互作用、不

---

[15] 1955年12月14日付コジェーヴ宛てのシュミットの書簡においてシュミットは、ヘーゲル『精神現象学』の「不幸な意識」における「敵」の概念についてコジェーヴに質問を行っている。その質問の一つは、「最も真正な形象における敵」という表現について、「この敵とは誰のことか。それがまさしくもろもろの動物的な機能において顕現することが可能か」というものである（cf. CKS 16）。コジェーヴは1956年1月4日付シュミット宛の書簡において次のように答えている。
「「最も真正な形象における敵」とは、きっと悪魔、より正確に言うとキリスト教的悪魔のことだろう。そしてそれは、まさしく「もろもろの動物的な機能」において顕現する。ヘーゲルにとって（「われわれにとって」または「即自的に」は）これらの機能は「ゼロ（nulles）」である。なぜなら人間はそれらを否定し、まさしくそれらの否定としてのみ人間は人間であり、単に動物であるのではないからである。けれども、「不幸な意識」（すなわち、宗教的人間、より正確にはキリスト教徒）は、（自らの人間的現実性と人間的尊厳との）承認を求める闘争において、死と生命の危機に直面した奴隷として現われるのであるから、そして「不幸な意識」が闘争を避ける限りにおいて、このとき「この意識にとって」は、動物的側面は「ゼロ」ではなく強力である、すなわちまさしく「悪魔的」である。／したがって、次のように言うことができる。／真正な敵とは死すべき敵である。すなわち、敵は殺すことができるし殺されることができる、したがって敵は身体であり、このことから、こう言ってよければ「形象」である。もし人が敵を殺す覚悟があるならば（すなわち、もし人が自分自身の生命を危険にさらす覚悟があるならば）、その場合には敵は「ゼロ」であり、（少なくとも敵としては）無化されうる。けれども人が敵を恐れるならば、そのときには敵は「悪魔的」になり、したがって「強力」になる。つまり敵は「主人」であり人はその「奴隷」である（少なくとも、人が敵の面前で、ある「別の世界」へと逃げるので

平等や不等価である相互作用には正義の理念が強制的に適用されるだろう。（自然的には個々の人間は知的・身体的力において不平等であるから、平等にすることは反自然的な、人間的なことである。等価性についても同じことが言えるだろう。なぜなら、等価性とは平等な条件から出発してのみ正義でありうるからだ。）そして、公民の絶対的法の実現、または公平の正義の実現によって動物性、自然性は一掃されるだろう。けれども、これによってある政治的なもの、シュミット的な政治的なものとは異なる政治的なものが現れる。なぜなら、排除された動物性・自然性のなかには、純然たる動物性・自然性以外にも、いわば人間的な動物性・自然性、または人間的な身体性が含まれていると考えられるからである。つまり、人間的だとされ肯定されたものと、動物的だとされ排除された人間的なものとの争いがあるのである。さらに、動物的なものとして排除された人間的身体性についても、それは各人に固有のものとして各人によって異なるであろうから、複数の人間的身体性が存在し、それらの相互の間にも争いが生じる可能性がある。この争いは、まさしくハウスのいう「価値の相違」に基づくものであるだろう。

(4) 検　討

　コジェーヴはナポレオンの出現によって歴史は終わっていると考える。この歴史の終わりとは、コジェーヴ自身がシュミットとの論争等において認めているように[16]、またピュラノ、ハウスをはじめ多くの研究者も（おそらくケルヴェガンも）そう考えるように、シュミット的な政治的なものの終わりである。したがって、その後に起こる闘争、したがって第二次世界大戦後にも存在する、一見政治的に見える闘争は政治的なものではない。この見方に

ない限り）。」(CKS 18)
　　この記述では、死の恐怖、すなわち動物性が敵として現われることが明言されている。本文でも述べたように、平等または等価性の正義の理念の適用としての法とは、この動物性との闘争の一側面であると言えるのではないか。ただし、その場合の動物性のなかには、おそらく自然的な動物性そのものではなく、ある意味において人間化された動物性が含まれていると考えられる。
(16)　序章の注4で述べた、『ヘーゲル読解入門』第2版で追加された注でこれを認めている。

はピュラノとハウスも同意しているようである。私もまた、この見方、およびコジェーヴの歴史の終わりの主張は正当だと考えている。ところで、政治の終わり、つまり政治が意味をもたなくなった時代において、それでもやはり（一見政治的に見える）闘争は存在し、その闘争を解決して秩序をもたらすことは依然として必要である。その場合、戦後のこの闘争の性質をどう捉えるか、この闘争の性質に応じてそれをどう解決しうるかが問題となる。

　ピュラノは、コジェーヴにおいては、承認を求める生死を賭けた闘争、すなわちシュミット的な意味での政治的闘争と、その人間発生的な様相とを、行為者の観点から傍観者つまり第三者の観点へと移行することによって切り離すことができると言う。そして、人間として存在することを可能にするのが正義の理念である。したがって、彼女のこの解釈によれば、傍観者＝第三者の観点からすれば、歴史は、人間性の実現のために空間性を越えて正義の理念が普遍的に実現される過程になり、この実現を行うのが、政治的闘争を含むあらゆる相互作用に正義の理念を適用する第三者であるということになる。けれども、私見によれば、彼女の見解とは異なり、おそらくこのような、全人類を全体として捉え、歴史における人間性の普遍的実現をめざす傍観者＝第三者は、政治的な闘争の終わりとしての「歴史の終わり」においてはじめて出現すると思われる。この私の解釈が正しいとすると、彼女自身も認めるように、政治的なものの終わりとしての「歴史の終わり」はすでに到来しており、第二次世界大戦後の世界もこの段階にあるのだから、この戦後の世界秩序を形成するのはこのような傍観者＝第三者であり、この第三者が法として実現する正義の理念であることになる。そしてこのような第三者とは、政治の終わりとしての「歴史の終わり」を体現する「普遍等質国家」の第三者であるだろう。

　このような戦後の世界秩序を形成する正義の理念とは何だろうか。これを知るためには、政治的なものが終わった後に生じる（一見政治的に見える）闘争がいかなる性質のものであるかを知らねばならない。

　戦後の闘争は（シュミット的な意味で）政治的なものではない。ハウスの解釈によれば、それは「精神的または文化的感覚の相違」に基づく「価値の相違」に由来する闘争である。ピュラノもまた、バタイユの「盲点」の観念

によってこの闘争の性質を示唆しているように思われる。この「盲点」とは「ポエジー、笑い、恍惚」のことであるが、これはハウスのいう「精神的または文化的感覚」に通じる考え方であるだろう。これまで述べてきたところから、「盲点」とはヘーゲル的絶対知から逃れるもののことであるが、それは、普遍等質国家やその絶対法によって、動物的だとされ排除されたもの、つまり人間的な身体性のことだと捉えることができるように思われる。

　このような闘争、すなわち「精神的または文化的感覚の相違」による「価値の相違」に由来する闘争を解決するために、ハウスによれば、コジェーヴはデュッセルドルフ講演において、先進国から途上国への贈与を提唱する。この贈与はある種の正義の理念によって規制されるはずである。ところで、この「精神的または文化的感覚の相違」を人間的な身体性の相違と捉えるならば、これに由来する闘争とは、『法の現象学』の最終節（第70節）においてコジェーヴが描き出す、個人的所有に基づいて形成される経済社会における争い＝相互作用であると考えることができるだろう。なぜなら、個人的所有とは、個人の身体的な特殊性に基づいて認められるからである。このような社会の相互作用に介入するのは普遍等質国家の第三者であり、「公平の正義」の理念を基に介入すると考えられる。この正義の理念によって規制される経済的な相互作用は、後述するように、個人的所有どうしの交換である。そしてこの交換はいわば、相互贈与、コジェーヴによれば「物々交換」(cf. EPD 583/669) のような関係である。つまり、普遍等質国家の第三者は、贈与的な関係を規制するのである。さらに、ケルヴェガンの指摘する賢者のパラドクスから導かれた考察によれば、この普遍等質国家の第三者の介入は、動物的なものとして普遍等質国家から排除された人間的身体の人間性を、人間的なものである普遍等質国家が承認することである。

　したがって、『法の現象学』最終節は、デュッセルドルフ講演と結びつけて理解することが可能であるだろう。私は、この最終節の贈与論的な側面を強調することによって両者を結びつけてみたい。さらに、この最終節で展開される、コジェーヴが「社会主義帝国」と呼ぶ普遍等質国家の法の記述は、第二次大戦後の法による世界秩序形成の構想とも読める箇所である。この意味においても、この最終節とデュッセルドルフ講演とは関連すると捉えるこ

とが可能である。

　このような問題設定は、「1945 年 8 月 27 日」という日付の入った「フランスの採るべき政策のドクトリン素描」[17]というコジェーヴの文書を考慮に入れることによって確認することができる。この文書のなかで彼は、第二次大戦後の世界状況の認識と、それを基にフランスが生き残るための政治的な方策を提示している。そのなかで彼は、「国民国家（État-nation）」はその「国民的」性格を越え出ようとしていると述べる。けれどもそれは、全人類を包摂するような全人類的国家になろうとしているわけでもない。もろもろの国民国家はいくつかの「帝国（Empires）」へと組織されようとしているのだ。コジェーヴは言う。「現在、まさしくこれらの諸国民国家は国民的枠組みを越え出た、「帝国」という用語で指示することができるような政治的形成体に否応なく徐々に取って代わられている」(EDPF 88)。コジェーヴによれば、国民と全人類との間にこの「帝国」が入る。「ヘーゲル的世界精神（Weltgeist）は、人類へと具現化される前に、諸国民を捨て去って、もろもろの帝国に一時滞在することになる」(EDPF 89)。

　コジェーヴによれば、現在、二つの帝国が存続する。一つは、アングロサクソン的、さらにはアングロアメリカ的帝国と、スラブ・ソビエト的帝国である。彼によれば、ドイツは前者に加わり、ゲルマン的・アングロサクソン的帝国が形成されることになるだろう。この二つの帝国の存在を前にして、フランスがその「国民的」性格を維持しようとするならば、どちらかの帝国に従属する以外には選択肢はない。フランスがその独自の存在を維持しつつ生き残りたければ、ラテン的な類縁性（parenté latine）をもつイタリア、スペインとともに「ラテン帝国（Empire latin）」を形成する以外にはない。

　コジェーヴによれば、この帝国の基礎をなすのは「類縁性（parenté）」である。「諸国民の間のこの「類縁性」は、本源的な一政治的ファクターに実

---

(17) Alexandre Kojève, «Esquisse d'une doctrine de la politique française», in Florence de Lussy (dir.), *Hommage à Alexandre Kojève : Actes de la «Journée A. Kojève» du 28 janvier 2003*, Éditions de la Bibliothèque nationale de France, 2007（これは電子書籍である). この文書からの引用・参照にあたっては、EDPF と略記し、その後に該当頁数を表記する。

際になるのであるが、それは、一般に曖昧で不確定的な「人種的（raciales）」諸理念とは何の関係もない、否定しえない具体的事実である。諸国民の「類縁性」はとりわけ、何よりもまず、言語や、文明や、一般的「メンタリティ（mentalité）」または――こうも言えるが――「風土（climat）」の類縁性である。そしてこの精神的類縁性は、とりわけ宗教の同一性によっても翻訳される」（EDPF 93）。

このように「帝国」とは、共通の言語的・文化的土台、共通の「メンタリティ」を基に形成される。そしてコジェーヴはこの「メンタリティ」を「特殊的（spécifique）」と特徴づける。「このメンタリティ〔ラテン帝国のラテン的メンタリティ〕は、それが特殊的なもの（spécifique）としてもつものにおいて、技芸（Art）一般の源泉である余暇の技芸（art des loisirs）によって、物資的な快適さとは何の関係もない「生きることの甘美さ（douceur de vivre）」を創造することへの天分によって（……）特徴づけられるように思われる」（cf. EDPF 94）。この「特殊的」または「特殊性」は、「普遍性」とも「個別性」とも区別された、コジェーヴが個人的所有を基礎づける身体性を表現する用語である。個人的所有を基礎づける特殊性は、このような集団的な特性ではなく、個々人についてのものであったが、諸個人は特殊性に基づいて団体をつくることが可能であるから、この特殊性は個人レベルから団体レベルにまで当てはまるものと考えられる。

コジェーヴは「素描」において、ソビエト的社会主義に対して、それは全人類を包摂するがゆえに抽象的であり、「ユートピア」にとどまると述べる。国民国家から全人類を包摂する政治的共同体へと移行するためには「帝国」を経ねばならない（cf. EDPF 89）。これは、『法の現象学』の最終節の記述と一致する。この最終節においては普遍等質国家、すなわち「社会主義帝国」においても、特殊性に基づく個人的所有から構成される経済社会は存続し、そこでの相互作用を規制するものとして普遍等質国家の法はあると述べられている。普遍等質国家とは、公平の正義の理念（に基づく法）を適用するための強制的組織であるから、普遍等質国家の実体は、特殊性に基づく相互作用への公平の正義の適用にほかならない。したがって、個人レベルから団体レベルにまで至る「特殊性」をもった主体の共存を可能にすることが普遍等

質国家の法の役割である。まさしく普遍等質国家は、法によって、「特殊性」を扱うのである。

このような「特殊的」な政治的共同体、すなわち「帝国」と並んで全世界的な、奴隷的・ブルジョワ的経済社会が現実に存在する。全世界的な普遍等質国家はこのような奴隷的・ブルジョワ的経済社会が土台となって形成されるだろう。したがって問題は、このような奴隷的・ブルジョワ的経済社会（「個別性」によって特徴づけられる）と「特殊性」との関係である。

すでに述べたように、ケルヴェガンもまた、全世界的な普遍等質国家はこのような奴隷的・ブルジョワ的経済社会が土台となって形成されると言う。さらにケルヴェガンは、普遍等質国家が「極限＝事例」に過ぎない、したがって「ユートピア」、「規範」であることを強調し、その理由として「年齢、性別、「性格」等々の相違があり、したがって国家＝以前的グループ一般がある」からだと指摘しているコジェーヴの『法の現象学』の一節への参照を求めている。この「年齢、性別、「性格」等々の相違」とはまさしく「特殊性」の問題である。したがって、ケルヴェガンは問題を正しく捉えているのである。問題は、普遍等質国家の実現への動きのなかで、全世界的な奴隷的・ブルジョワ的経済社会、いわゆる「グローバリゼーション」と、そこでの等質性の実現、つまり等価性の正義の実現、これと等質性の実現を妨げる「特殊性」とがどう関係するかである。

すでに指摘したような賢者をめぐるパラドクスにおいて、賢者＝普遍等質国家の公民がなお人間的でありうるとすると、それはまさしくこの問題に取り組むものとしてであろう。

さらに、「素描」においてコジェーヴは、ラテン帝国は「真に帝国、すなわち現実的な政治的実体である」ことが重要であり、それが可能であるのは「真の経済的統一体を形成するという条件においてのみである」と言う（cf. EDPF 96)。そして、「ラテン諸人民がこのような統一体を創造しうるのは、フランス、イタリア、スペインがそれらの植民地の資産から得られる資源を共同の利用に供することから始める場合のみである」（cf. EDPF 96)。「素描」が提起するこの植民地の問題、三つの帝国の関係の問題、およびこれらの帝国と全人類からなる「普遍等質国家」との関係の問題は、コジェーヴのデュ

ッセルドルフ講演と密接に関係する。「素描」におけるコジェーヴの立場とデュッセルドルフ講演における彼の立場との関係については詳細な検討が必要であり、今後の課題とするほかはない。しかし、本書の問題設定との関係で次のことは確認できる。おそらくコジェーヴはデュッセルドルフ講演においては、資本主義的な植民地主義または植民地主義的な資本主義という観点、そしてそこから生じる先進国と途上国という観点から見れば、全世界がこれに含まれると考えたのだと思われる。デュッセルドルフ講演と「素描」との関係は、この植民地主義的な資本主義とそれぞれの「帝国」の特殊性、または特殊性一般との関係の問題として定式化しうると思われる。そして、植民地主義的な資本主義とはグローバル化する奴隷的・ブルジョワ的経済社会に相当するとすると、まさしくコジェーヴが問題にしているのは、先ほど指摘したように、またケルヴェガンが示唆するように、奴隷的・ブルジョワ的経済社会と特殊性との関係の問題だと言えるだろう。

第三章 『法の現象学』におけるパラドクス
——本書における議論の概要

　この章では、コジェーヴの『法の現象学』[1]におけるパラドクスを指摘しながら、さらに考察を深める。第二章ではコジェーヴとシュミットとの論争を取り上げながら、第二次世界大戦後の世界における秩序形成における立場の違いの検討を通じて、コジェーヴにおける法の重要性を指摘した。デュッセルドルフ講演においてコジェーヴは、戦後の世界秩序形成が、先進国による途上国への贈与（先進国が途上国＝植民地から取り立てた剰余価値を、さらにそれ以上を途上国へと与えること）によって行われると主張した。シュミットが「取ること」の優位、そして（そこから争いと敵意とが生じるから）政治的なものの維持の重要性を主張したのに対し、コジェーヴは与えることの優位性を主張し、したがってシュミット的な意味での政治的なものはもはや重要性を失っていると主張した。おそらくこの贈与の体制は何らかの正義の理念（そして、この正義の理念を実現する法）によって支えられることになると思われる。つまり、この全世界的な贈与の体制は、全世界的な法の体制によって支えられることになると思われる。前章では、この正義の理念を、『法の現象学』の最終節に見て取ることができるのではないかと考えた。以下、本書の論述はこの問題の考察に充てられるが、本章では、『法の現象学』において見出される、この著作全体にかかわるパラドクス（コジェーヴ自身はパラドクスとは考えなかったと思われるが）を指摘し、これを出発点にして本書における議論の概要を示すことにする。
　このパラドクスは、承認欲望、および承認を求める生死を賭けた闘争を原動力に展開するコジェーヴの歴史の哲学において排除されているものの存在

---

(1) Alexandre Kojève, *Esquisse d'une phénoménologie du droit*, Gallimard, 1981. 邦訳として、アレクサンドル・コジェーヴ『法の現象学』今村仁司・堅田研一訳、法政大学出版局、1996年。以下、同書からの引用・参照にあたっては、EPDと略記し、最初に原書の頁数を、その後に邦訳書の頁数を表記する。

を示唆する。以下で述べるように、それは、ポトラッチと女性性である。これらは、ピュラノのいう「盲点」と呼ぶにふさわしい。この排除されたものの存在がパラドクスを生じさせ、法の進化を裏から支え、そして歴史の終わりにおける法の支配の下で顕在化する。本章はこれを示そうとする。言い換えると本章は、パラドクスを中心にした『法の現象学』の論理の組み直しである。

1. 問題設定

『法の現象学』はパラドクスを抱える。それは、「承認を求める生死を賭けた闘争」によって、つまり政治的に創造された正義の理念が、第三者によって、政治的でない相互作用——主人どうしの、奴隷どうしの、または（旧＝）主人と（旧＝）奴隷との間の（純粋な主人と純粋な奴隷との間には相互作用は存在しない。なぜなら純粋な奴隷は純粋な主人にとっては物にすぎないのだから。したがって、主人と奴隷との間に相互作用が存在するとすれば、その場合の主人とは以前に主人であったもの、奴隷とは以前に奴隷であったもののことである）——に適用されることになるということである。政治的に行為する主人どうし、つまり主人としての主人どうしの間の関係、あるいは政治的に行為する奴隷どうし、つまり奴隷としての奴隷どうしの間の関係は政治的な友どうしの政治的関係である。また政治的に行為する主人と政治的に行為する奴隷、つまり主人としての主人と奴隷としての奴隷との間の関係は政治的な友と敵との政治的な相互作用である。これらの関係、相互作用が法の関係を生じさせることはない。非政治的に、いわば私的に行為する主人どうしの、または奴隷どうしの、または主人と奴隷との間の相互作用のみが公平無私の第三者の介入を挑発し、したがって法の関係を生じさせうるのである。

なぜ政治的関係から創造された正義の理念が非政治的な相互作用に適用されねばならないのだろうか。正義の理念または法のおかげで、主人は主人として生きることができるし、奴隷は奴隷として生きることができる。けれども、主人が生きて、他の主人と非政治的な関係（例えば家族的な、あるいは経済的な）をもつ場合、彼は、またこの他の主人もまた、主人として行為して

1. 問題設定

いない。なぜなら、主人しての主人とは、戦場で死ぬ存在であるからだ（cf. EPD 274/322）。生きるために行為する主人はもはや主人としての主人ではない。それなのに、なぜ、生きることを前提にした主人どうしの相互作用に、死を賭けて戦う存在として平等であることに由来する平等の正義の理念が適用されるのだろうか。（ピュラノは「主人は平等の価値を闘争そのものから切り離す」[(2)] と述べるが、なぜ切り離すことが可能なのだろうか。）この点についてコジェーヴは次のように言う（奴隷についても同様であるが、これについては後述する）。

> 彼ら〔主人たち〕が争うのは、個別的なものとして行為する場合のみである。なぜなら、彼らの普遍性は彼らを共同で敵に対立させ、したがって彼らを互いに連帯させるからである。したがって彼らが仲裁者を必要とするのは、個別的なものとしてのみであるだろう。そしてこの仲裁者は、彼らの争いにおいて十分に*没利害的＝無私的*（désintéressé）たりうる。なぜなら彼らは、その個別性において仲裁者と全く別物であるからだ。仲裁者が「利害関心をもつ」のは、（個別的な）動物性の否定による彼らの（普遍的）人間性の確認に対してのみであろう。そしてこれは、仲裁者が、彼らの争いに仲裁者として、さらに立法者、裁判官、または警察として介入するにあたって、自分の抱く正義の理念に応じて行為するだろうということだ。なぜなら彼らは、その（主人としての）人間性において彼にとっては*平等者*であり、したがって彼らの人間性（または主人性）を確認することは、彼にとっては、自然的不平等の否定により彼らの*平等性*を確認することにあたるからだ。（EPD 263-264/307-308）（強調は原文。以下も同様である。〔　〕は堅田による補足である）

しかし、個別者としての相互作用とは主人としての主人どうしの相互作用ではないのだから、どうしてそこに主人性＝人間性を確認するために他の主人＝第三者が介入するのか不明である。これに対しておそらくコジェーヴはこう答えるだろう。

> ところで、死とは現実存在そのものの包括的否定であるから、万人は死の下で完全に*平等*である。死は万人にとって同一であり、各人の生の個別的条件

---

(2) Teresa Pullano, «Kojève et l'Europe comme empire du droit», in *Philosophie*, numéro 135, septembre 2017, Minuit, p. 69.

とは無関係である。言い換えれば、主人たることは、(生命を賭けることのなかで) 平等を前提にするのと完全に相応して、(死のなかで) 平等に到達する。主人は、誕生したばかりの状態でまだ潜在的に現実存在するだけのときにも、あるいはその「存在」の絶頂に達し、その現実存在が (死として、また死のなかでかつそれによって) 完全に顕在化するときにも、全く同じく平等である。だから、厳密な意味での主人の現実的な実存、すなわち主人の潜在態の顕在化もまた完全に平等である。主人は、主人として捉えられるならば、いつでもどこでも平等である。実際、主人たることとは、承認を求めて、純然たる名誉を求めて生命を賭けることにある。ところでこの生命の危険は、全面的であるから、いかなる所与であろうと同じ仕方で否定する。この場合、否定の結果は否定されるものの性質に左右されない。この場合、人間的なものは、自然なもの、動物的なものの包括的否定である。(EPD 274-275/322-323)

　主人の動物性の否定の仕方は包括的かつ全面的である。主人とは動物性・自然性や所与を包括的・全面的に否定する存在である。主人としての生き方はただ一つ、戦場で死ぬことである。したがって主人に相違があるはずはなく、争いが生じるはずもない。ところがコジェーヴは、主人が「潜在的に現実存在する」と言う。これはいかなる意味だろうか。主人の人間性は承認を求める闘争において死の恐怖を克服することによって一挙に完成、顕在化するはずではなかっただろうか。それは、主人の真の存在は死において「完全に顕在化する」からである。承認を求める闘争において死の恐怖を克服して勝利した主人も、戦場で死なない限りはその人間性を完全に実現してはいない。つまり、主人が生きる限り、主人性 (主人としての人間性) が完全に実現することはありえない。つまり、主人が生きる限り、「個別」としての側面が温存されるのである。そうであるがゆえに主人どうしは相違し、したがって争いが生じうるのである。

　主人が生きる限り、主人どうしの差異は残る。差異の存在は貴族法における平等の正義の原理に反する。したがって貴族法は、この差異が顕在化しないように、主人どうしの「個別」としての、すなわち非政治的な相互作用 (差異があるから主人どうしの相互作用が生じるのである) を禁止することになる。つまり、法 (貴族法) とは、人間性の完全な実現である自己の死を生き

て実現しなければならない主人のパラドクスを顕在化させないために存在するのである。

2. ポトラッチの特異性

　主人が生きて相互作用を行うことに伴う今述べた矛盾が顕在化しないようにするのが貴族法の役割である。主人は自分の奴隷との関係で主人であり、この奴隷との関係で主人はすべての権利をもち、義務は一切負わない。義務を負うことは主人にとって奴隷であることを意味する。そして、このような主人として主人は平等なのである。つまり、貴族法は、主人としての主人はすべての権利をもち、義務は一切もたないことを原理とする。ところが、主人の間に相互作用が存在するならば、たとえそれが平和的なものであっても、主人は義務を負わざるをえなくなる。あるいは、相互作用は、その当事者が平等＝同一と見なされている現状を変更すること、つまり不平等を導入することである。したがって、貴族法は、「主人の間におよそ相互作用がないこと」を理想とする (cf. EPD 283/333)。つまり、貴族法の役割は、このような義務や不平等が顕在化するのを防ぐことである。およそ相互作用は、たとえそれが平和的なものであれ争いであれ、一切禁止され、犯罪とされる。コジェーヴは言う。

> 貴族法の理想は、主人の間におよそ相互作用がないことである。しかし、法が現実存在するのは、法が——第三者により——自分の正義の理想を社会的相互作用に、この場合には主人間の相互作用に適用する限りでのみである。だから次のように言いうる——貴族法の理想は、顕在的に現実存在しないこと、適用されないことである、と。ところで、これは何ら逆説的なことではない。なぜなら、貴族法が必要とされるのは、何よりもまず、平等を侵害する行為や対抗行為を取り除くためであろうからだ。だから、貴族法とは、とりわけ刑法であるだろう。ところで、刑法の理想が、できるだけ顕在的に適用されないことであるのは明らかだ。なぜなら、刑法の理想がまさしく違法行為を無効にすることであるならば、こうした行為が全く起こらず、刑法が行使されない方がなおもっとよいからだ。(EPD 283/333-334)

　さらにコジェーヴは、他の主人と相互作用（これは非政治的なものでしかあ

りえない）を行う主人は、もはや純粋な主人として行為してはいないとさえ言う。「たとえ消極的なものであれ義務が現実存在することは、厳密な貴族法の根本原理と矛盾する。そして実際、（他の主人と）平和的な相互作用を行う主人は厳密な意味での主人ではない。彼がそうするのは、主人としての資格においてではない」(EPD 284/335)。ところが、主人としての主人、すなわち政治的な資格で行動する主人が、同じく政治的資格で行動する他の主人との間で行う積極的な相互作用が存在する。それは、所有者としての主人どうしの交換、すなわちポトラッチである。これは、コジェーヴの主人（や奴隷）という概念では説明のつかない現象、つまりピュラノのいう「盲点」である。これはいかなることだろうか。

　貴族社会においては、主人たちは所有者として共存する。この場合、それぞれの主人は、自分の所有を他の主人たちに承認させるために自分の生命を危険にさらす覚悟がある。この覚悟は、承認を求めて死を賭けて戦う覚悟のなかにすでに含まれている。なぜなら、自らの所有の承認を拒否されることは、自分の人間＝主人としての承認を拒否されることでもあるからだ。ところで、もし他の主人たちが、ある主人の所有について、自らの生命を危険にさらすことを拒否するならば、彼らは彼の所有を承認したことになる。ところが、これによって、隷属の要素が導入される。なぜなら、他の主人たちがある主人の所有を承認するとき、彼らはこの所有のために自分の生命を危険にさらすことを拒否しており、したがって彼らはこの所有について、この主人との関係で奴隷と同じ立場にあるからである。この点についてコジェーヴは次のように言う。

> 　ところで、およそ法的義務は、たとえ純粋に消極的なものであってさえ、貴族法の根本原理に反する。その原理によれば、法的主体は、何の義務もない制限なき権利の主体である。だから貴族法は経済的交換、すなわち所有者または所有者として捉えられた主人の間の相互作用に反対する。なぜなら、まさしく所有がお互いから完全に遮断される場合にのみ、所有が互いに課しあう「奉仕〔隷属〕」が実際上はゼロに切り縮められるからだ。すなわち、これらの奉仕——そして隷属——は、所有間の相互作用の増加とともに（特に商業とともに）増加する。ところで、闘争（戦争）という相互作用に満足せず、所有者の資格で自分の同輩と相互作用を行う（そして広義における「商人」

になる）主人は、もはや主人でのみあるのではなく、このように隷属の（多かれ少なかれ拡張された）要素を含む公民である。(EPD 288/339-340)（〔　〕は邦訳書訳者による補足である）

ここで言われているように、「貴族法は経済的交換、すなわち所有者または所有者として捉えられた主人の間の相互作用に反対する」。にもかかわらず、ポトラッチにおいては、主人＝所有者が主人としての資格で相互作用を行う。そしてそれによって隷属の要素が導入されることもない。

ポトラッチはかなり貴族的現象である（現実の社会が貴族的である限りで）。ポトラッチは贈与である。貴族社会において贈与が意味をもつのは、贈与者と受贈者との平等を確立したり回復したりするとみなされる場合に限る。誰かに何かを贈与することは、与える人のほうが与えられる人よりも優越していると想定する、または信じさせることである。真実の主人たちはすべて平等だとみなされているのだから、彼〔受贈者〕は本来の意味で主人ではないことを贈与行為は暗黙のうちに認めている。だから、贈与を受け取った人は、自分の主人性すなわち人間性を証明するために、それに返礼しなくてはならない。(EPD 559-560/643-644)（〔　〕は邦訳書訳者による補足である）

コジェーヴによれば、ポトラッチは、第三者の介入を生じさせないから、「まだ法的な現象ではない」(cf. EPD 560/644)。しかし、それは平等の正義に立脚した現象である。

おそらくコジェーヴはポトラッチの用語で、当事者たちが自己の優位を示すために、富を競って破壊し合うような形態のものよりもむしろ、相互に贈り物を競い合うような形態のものを考えているものと思われる[3]。

---

(3) コジェーヴはポトラッチにおける返礼の拒否について次のような説明を与えている。「贈与を拒否することは、(1) 贈与者よりも多くもっていると思わせることで彼を悩ませるか、(2) 消費のために必要だから贈与に返礼できないことを暴露して恥をかくか、のいずれかである」(EPD 560 note 1/748（注164)）。もしポトラッチが法的な相互作用であれば、返礼としての贈与の拒否は、拒否された者の対抗行為を引き起こすはずだが、ポトラッチにはそれがないのである。なおコジェーヴは、マルセル・モースのいうポトラッチすなわち「競覇型の全体的給付」のことを念頭に置いていると思われる。Cf. Marcel Mauss, *Essai sur le don : Forme et raison de l'échange dans les sociétés archaïques*, PUF, 2012, p. 71. 邦訳として、マルセル・モース『贈与論（他二篇）』森山工訳、岩波書店（岩波文庫）、2014年、75頁。

3. 個人的所有と女性

　主人＝所有者の所有（の権利）の承認は、コジェーヴが「個人的所有（propriété personnelle)」と呼ぶ、自らの身体（およびその付属物）の所有（の権利）の承認を含んでいる（cf. EPD 537/619)。この自らの身体の所有の権利は女性にも認めることができる。なぜなら、女性もまた、自分の身体の所有を他のすべての者に承認させるために自らの生命を危険にさらす覚悟があるからだ。これによって、女性は人間的存在として承認されるのだと私は考える。

　この問題は後の諸章でも論じるが、ここでも少し述べておきたい。コジェーヴによれば、女性は承認を求める闘争を行わない、またはそれには不向きである（cf. EPD 308/363)。ところで、人間存在は承認を求める闘争から、またはこの闘争に由来する労働から、つまり「自然的または動物的なものとみなされた現実的所与の能動的否定」（EPD 258/301）から創造される。つまり、人間存在とは主人または奴隷であり、このいずれもが男性的なものである。ところで、女性は主人でも奴隷でもないのだから、人間存在ではないことになる。それでは、女性はなぜ人間存在として認められるのだろうか。コジェーヴの見解（cf. EPD 51/49, 487-488 note 1/734（注98), 500 note 1/737（注107））に反して、女性が人間的存在として承認されるのは、自分の身体の所有を他のすべての者に承認させるために自らの生命を危険にさらす覚悟があることによってであると私は考える。そしてこの覚悟は、少なくとも潜在的には、人間、とりわけ女性が直立するという事実にすでに含まれていると考える[4]。女性が直立することによって性器が隠され、女性は男性の性的要求

---

(4) Cf. Laurent Bibard, *La Sagesse et le féminin: Science, politique et religion selon Kojève et Strauss*, L'Harmattan, 2005, pp. 288ff. 邦訳として、ロラン・ビバール『知恵と女性性――コジェーヴとシュトラウスにおける科学・政治・宗教』堅田研一訳、法政大学出版局、2014年、525頁以下。ビバールは人間が直立するところに人間（女性のみならず男性も）の人間化の源泉を求め、コジェーヴの人間発生論を書き直す。これはきわめて興味深い試みである。邦訳書のなかの私の「訳者あとがき」も参照していただきたい。

を拒絶することができるようになる。これは、もし男性が性的関係を強制するならば命を賭けて戦うことを含んでいるだろう。

4. 奴隷と個人的所有

　奴隷としての奴隷が他の奴隷としての奴隷と行う相互作用は、主人のケースと同様に、政治的なものであり、法的なものではないはずである。奴隷が他の奴隷と非政治的な相互作用を行う場合、彼らは奴隷として行為していない。したがって、承認を求める闘争、すなわち主人と奴隷とを生じさせる政治的関係から生じる等価性の正義をなぜ奴隷どうしの非政治的相互作用に適用しうるのだろうかという疑問が生じる。ところが、奴隷としての奴隷どうしの非政治的な相互作用がありうるのである。いわゆる経済的な相互作用、とりわけ経済的な交換がそれである。（同様に、ポトラッチは、主人としての主人どうしの非政治的な相互作用であった。）これが可能になるためには、奴隷たちによって形成される社会、つまり経済社会すなわち市場が存在しなければならない。そして経済社会が存在するためには貨幣が存在しなければならない。（純粋な奴隷が社会を構成することはないから、経済社会または市場を構成する奴隷とは「ブルジョワ」であるだろう。コジェーヴはブルジョワを「主人なき奴隷」（または「奴隷なき主人」）と定義し、そうであるがゆえにブルジョワは「神や資本」のような「擬制的主人」を探し求めると言う（cf. EPD 296 note 1/708（注23））。）

　経済社会つまり市場において、奴隷は労働し、交換されるべき物（労働力やサーヴィス等も含む）、つまり商品を産出する。商品がその価値を実現するのは、それが交換される限りにおいてである。商品とは交換されなければ意味がないものであるから、こう言ってよければ、市場において奴隷は、自分が産出した物を交換するように強制されている、したがって交換のために労働し産出するよう強制されている。それでは、なぜ奴隷はこのように強制されるのか。それは、奴隷が、彼の主人によって、また死の恐怖によって労働するように強制されることに由来すると考えられる。奴隷の労働は、強制されたものでないと意味がない——人間発生的な意味がない——のである。市

場においては、奴隷またはブルジョワが産出する物は、交換されてはじめて意味をもつが、このことは、奴隷の労働の本性に由来するのである[5]。そしてこのことは、市場において労働し交換する奴隷は奴隷として、つまり政治的な資格で行動しているということを意味している。

ところが、奴隷としての奴隷の間の交換は、奴隷どうしが政治的な資格で行うものでありながら、政治的友として敵と闘争するためのものではないから、非政治的なものである。それは等価性の正義の原理によって規制され、かつこの原理を適用しようとする第三者の介入が可能なものであるから、法的な関係になりうる。

ところで、交換は、この交換の当事者＝奴隷の、交換される物に対する所有の権利、および自分の身体に対する所有の権利を前提にする。自分の身体に対する所有の権利をもたない者が交換をなす、つまり交換によって手に入れる物の所有者であることはできない（cf. EPD 555-556/639）。ところで、交換される物の所有の権利は、等価性の正義によって、つまりそれを得るために投入された、この所有＝有利と等価と見なされた労働＝不利によって正当化されるだろう。ところが、身体に対する所有の権利は等価性の正義によっては正当化されえない。それは、自分の身体の所有を守るために自己の生命を危険にさらす覚悟によって、つまりある種の主人的・貴族的原理によって正当化されるだろう。ところで、コジェーヴはこの自己の身体の所有（の

---

[5] この強制性の問題は少し複雑である。奴隷またはブルジョワは自己の労働の産物＝商品を貨幣的利益を得るために交換するように強制される、または交換によって貨幣的利益を得るために物を産出するように強制される。この強制は、奴隷的労働における自然的所与の否定、つまり「ここといま（hic et nunc）」からの抽象が交換として顕在化する傾向をもち、それが交換へと強制するのだということになる。この交換可能性の現われが貨幣である。したがって、奴隷的労働の産物は、貨幣的価値をもつこと、貨幣換算可能性を本質とする。そして、奴隷において自然的所与の否定、「ここといま」からの抽象が可能になるのは、奴隷が死の恐怖によって主人のために自分の欲望の充足を抑えて労働し、その産物を主人に供することに由来する。したがって、交換への強制は、主人による死の恐怖による労働の強制に由来する。

このような「ここといま」からの奴隷的な抽象をブルジョワ的な経済社会において行わせるのは、擬制的主人として立てられた資本である。したがって、資本が交換へと強制すると言うことができる。この問題は本書第六章で展開されている。

権利)、およびそれと密接に結びついたものの所有（の権利）のことを個人的所有と呼ぶ（「もし各人が自分の身体の所有者であるなら、彼は身体の付属物の所有者、身体を現実存在させて維持するに役立つ、身体に結びついたもの（衣服、食べ物、等々）の所有者であろう。（……）これらの付属物をもつ身体は個人の「個人的所有」になる」（EPD 576/661-662）。これがコジェーヴによる個人的所有の説明である[6]。所有一般についていえることだが、個人的所有は、権利として考えれば個人的所有権であり、所有の対象として考えれば個人的所有物である）。コジェーヴは、普遍等質国家、つまり「社会主義帝国」においてもなお経済社会、つまり市場は存続すると考える。そしてこの経済社会において行われるのは、個人的所有物の交換である。これは、奴隷的労働の産物の交換、つまり商品交換ではない。なぜなら、交換へと供される自己の生産物＝商品の所有は等価性の正義の原理によって正当化されるが、交換へと供される個人的所有物の所有は、自己の身体の付属物であるという理由で正当化されるからである。したがって、個人的所有物によって形成される経済社会は、奴隷的・ブルジョワ的な経済社会とは異なる。奴隷的・ブルジョワ的な経済社会においては、交換される物の所有は等価性の正義の原理によって正当化されるから、交換もまた——交換によって物を手に入れて所有することだから——等価性の正義の原理によって正当化される。これに対して、個人的所有物の所有は、生命を危険にさらす覚悟によってその所有が正当化される身体の付属物であるという、生命の危険に立脚する貴族的原理によって正当化される（身体そのものが、その付属物とともに個人的所有であるのだから、個人的所有を正当化するのは、結局のところ、自己の身体（それと一体となったものを含む）を守るために自己の生命を危険にさらす覚悟である）。したがって、個人的所有物の交換もまた、奴隷的・ブルジョワ的な等価性の原理ではなく、貴族的原理である平等の原理によって規制されるだろう。ここから、奴隷的・ブルジョワ的経済社会が個人的所有および貴族的原理を含んでいることがわかる。

---

(6) 貴族的所有についてではあるが、次のような説明もある。「この集団的所有と並んで「個人的所有（ペルソネル）」もたしかにある——まずはじめに身体、そしてこの身体と「一体になる」すべてのもの（衣服、武器、女性、等々）」（EPD 537/619）。

5. 個人的所有どうしの交換を規制する正義の原理

すでに述べたように、主人の所有は、自らの所有のために自らの生命を危険にさらす覚悟によって正当化される。そして、この所有のなかには自らの身体の所有が含まれる。貴族的所有は自己の身体（それと一体になったものを含む）の所有、つまり個人的所有を含むのである。個人的所有を含む自己の所有に属する物のやり取り（自己の威信を賭けた相互的な贈与）がポトラッチである。それは、平等の正義によって規制される。

したがって、自己の身体の付属物である個人的所有物の交換もまた、このような貴族的原理によって、つまり平等の正義によって規制されるものと考えられる。コジェーヴによれば、個人的所有物どうしの交換は、第三者が介入しうる法的な相互作用である。コジェーヴは、このような交換が等価性の正義の原理によって規制されると言う（cf. EPD 583/669-670）。けれども、この交換は平等の正義によって規制され、しかもこの平等の正義は第三者によって等価性の正義の名の下で適用されると考えられる。

6. 平等の正義と等価性の正義との綜合

すでに述べたように、奴隷またはブルジョワどうしの交換はそれぞれがその身体に対する所有権をもつことの承認を前提にする。もしわれわれが、交換される物を、自らの身体の付属物と見なすことができるならば、この交換を、個人的所有物どうしの交換として見なすことができるだろうし、したがって後者の交換を規制する正義の原理、つまり平等の正義の原理によって規制されると見なすことができるだろう。ここに、平等の正義と等価性の正義とを綜合する契機、つまり公平の正義を実現するための契機があるように思われる。現在の経済社会は、奴隷的・ブルジョワ的社会であり、確かに国家（現在でも国民国家が中心である）において理念的には奴隷性と主人性との綜合が行われ、理念的に国家の「公民」が存在してはいるものの、真の意味での公民性、つまり存在することのみによって共同体のメンバーとして承認さ

れ、共同体によってその生存に対する配慮がなされるような公民としての資格がすべての国民、すべての人々に認められているとは言えないだろう。つまり、現代の国家＝社会においては、等価性の原理によって、とりわけ等価性の原理によって規制された交換によって各自が自らの力で生存することが基本である。福祉国家の理念に基づく財の再分配によって公民としての存在がかろうじて保障されているが、近年ではこのような共同体のメンバーとしての生存保障も弱くなってきている。共同体のメンバーとしての生存保障とは、公民としての平等性の保障であり、それは平等の原理に従って行われる。この生存保障が弱いということは、等価性の正義と平等の正義との綜合が十分でないことを意味するだろう。この綜合のためには、等価性の正義が平等の正義と綜合されて公平の正義が実現する道筋を明らかにすること、言い換えると、等価性の正義に支配されたブルジョワ社会からコジェーヴ的な国家（その極限が普遍等質国家である）へと移行する道筋を明らかにすることが必要である。本書はこの道筋を解明することを課題としており、この綜合の契機が個人的所有の概念、および個人的所有とブルジョワ的所有との差異の把握にあるのではないかと主張する。

7. 主人と奴隷との間の相互作用

　純粋な主人と純粋な奴隷との間の関係は人間とその所有物（である動物）との関係であるから、そこに厳密な意味での相互作用、つまり人間存在どうしの相互作用はありえない。したがって、主人と奴隷との間に法的な相互作用もありえない。ところがコジェーヴは、主人と奴隷との間に法的な相互作用がありうることを認める。ただし、この場合の相互作用とは、純粋な主人でない主人と純粋な奴隷でない奴隷との間の相互作用である。これはどのようにして可能になるだろうか。コジェーヴはこの問題に対して、奴隷を人間存在として承認する主人はすでに真の主人ではないとは述べるが（cf. EPD 309/363)、なぜ主人が（奴隷が主人に対してもう一度闘争を行うことによって自己の人間性を承認させる場合でなく）奴隷を人間存在として承認するのか、なぜ奴隷と人間的、法的な相互作用を行うことができるのかについては説明し

ていないように思われる。ポトラッチによってこの説明をなしうるのではないかと考える。

　ポトラッチは、贈与のやり取りとも理解できるし、自己利益に主導された契約とも理解できるという点が重要になる（この問題については後述する）。主人と奴隷との相互作用が可能になるのは、ポトラッチのこの二つの側面によると考えられる。つまり、ポトラッチはもともと贈与のやり取りであるが、贈与者においては見返りを期待しての贈与になることによって、また受贈者においてはお返ししなければならないと思うことによって、それは自己利益のための契約へと変質しうる。その場合、それは等価性の正義によって規制されることになるだろう。こうして貴族社会に等価性の原理が導入されるだろう。こうなると、同じ等価性の原理に従う奴隷と相互作用を行うことができるようになるだろうし、奴隷にも法的人格を認めることができるだろう。したがって、奴隷も人間的存在として認めることができるだろう。ところが、ポトラッチから変質した契約と、純粋に奴隷的な等価的契約とは異なる。前者において交換される物の所有を正当化するのはこの所有のために生命を危険にさらす覚悟という貴族的原理であるが、後者の契約において交換される物の所有を正当化するのは等価性の正義という奴隷的原理であるからだ。交換される物の所有が等価性の原理によって正当化されるようになるとき、交換から主人性は一掃される。けれどもこれは、一掃された主人性を回復することも可能であることを意味するのではないだろうか。つまり、等価性の正義によって正当化される所有は、貴族的な原理によっても正当化可能であるということではないだろうか。

　物の所有が等価性の原理によって正当化されるとは、その所有（またはその所有の対象である物）を獲得するために提供された等価的労働によって正当化されるということである。ブルジョワ的所有においては、「所有は何よりも、それを獲得するために提供された労働の努力に等価でなくてはならない。あらゆる所有は所有者によって提供された等価の労働を前提するし、労働の努力はすべて等価の所有を産出する」（EPD 542-543/625）。ここで言われている等価性とは、所有される物の価値とその物の獲得のために提供された労働の努力との等価性ということであろう。

ここに貴族的要素を再導入するためには、自己の身体の所有を守るために自己の生命を危険にさらす男性的な覚悟（すでに述べたように、奴隷・ブルジョワもまた、自己の身体の所有においてこの覚悟をもっているし、したがって彼らが構成する市場もすでにこれを含んでいる）ではない、自己の身体の所有を守るために自己の生命を危険にさらす女性的な覚悟に訴える必要があるように思われる。この問題について少し考えてみよう。

　貴族社会においては、主人＝所有者どうしの相互作用は、すべての主人が平等である（と見なされている）現状を変更し、また義務を課することになるがゆえに、禁止される。所有者どうしの関係は犯罪としてしかありえない。これに対してブルジョワ社会においては、貴族的意味での所有は否定される。所有は必ず義務を伴うのであり、交換へと強いられる。ブルジョワ社会における所有とは貨幣的な価値の所有でしかない。けれども、どのような労働をなすか、また誰とどのような交換をなすかは奴隷＝ブルジョワが自由に決定しうるから、その限りで奴隷＝ブルジョワには主体性が認められている。この主体性とは自己の身体の所有に由来するだろう。この身体の所有は、すでに述べたように、自己の身体の所有を守るために自己の生命を危険にさらす覚悟という貴族的原理によって正当化される。しかし、奴隷＝ブルジョワにおいては、所有が認められる自己の身体とは、具体的なこれこれの物を生み出すことのできる身体ではない。それは、交換可能な物、貨幣的な価値をもつ物を生み出すことのできる身体である。この意味ではすべての奴隷において身体の所有は同一である。ところが、この自己の身体を、自己の具体的な、人それぞれに異なる身体と捉えるならば、同じ「自己の身体の所有を守るために自己の生命を危険にさらす覚悟」の名の下で、全く異なる事態が生じる。

　また主人においても、自己の所有のために自己の生命を危険にさらす覚悟は、自己の身体の所有のために自己の生命を危険にさらす覚悟をも含んでいるのであるが、この場合の身体もまた、具体的な身体のことではない。なぜなら、今問題にしている身体とはもちろん人間的な身体であるが、主人における人間性とは動物性の包括的・全面的な否定であり、したがって主人の人間的身体とは動物的身体の包括的・全面的否定という抽象的なものでしかな

いからである。主人の身体的所有が主人によって異なるということはないのである。

コジェーヴのいう「個人的所有」とは、人によって異なる、いわば自己の個性を形成する身体およびその付属物の所有のことである。そして彼は、この具体的身体を相違させるいわば個性のことを「特殊性（spécificité）」と呼ぶ。主人における身体の所有も、奴隷における身体の所有も、この個人的所有とは異なる。抽象的身体性を前提にする主人性と奴隷性とを男性的なものと呼べば、具体的身体性を前提にする個人的所有とは女性的なものと呼べるだろう。個人的所有とは、自己の具体的な身体の所有ではあるが、それは人間的な身体の所有である。この意味でそれは、主人における身体の所有や奴隷における身体の所有と同じである。

個人的所有である身体の付属物としての物の所有は、等価性の原理によってではなく、自己の所有である自己の具体的な身体の付属物であるという理由によって正当化される。承認を求める闘争を行う男性のみならず、この闘争を行わない女性もまたこの個人的所有をなしうることに注意する必要がある。何度も述べているように、個人的所有を正当化するのは、自己の身体の所有を守るために自己の生命を危険にさらす覚悟であり、これは人間、とりわけ女性が直立すること、立ち上がることに潜在的に含まれていると考えられる。この場合に所有が正当化される身体、その所有を守るために自己の生命を危険にさらすことになる身体とは、具体的な身体である。これは次の理由による。すでに述べたように、立ち上がることによって性器が隠されることで、女性は男性の性的要求を拒絶することができるようになり、男性が性的関係を強要するならば、女性は命を賭けて戦うだろう。このとき女性が守ろうとするのは、自己の具体的な身体（の所有）にほかならない。

普遍等質国家の実現（主人性と奴隷性との綜合）は男性性の実現であるから、女性性はこれから実現すべきものとして残されている。この女性性の実現のためには、女性が再び「立ち上がる」のでなければならない。それによって、具体的身体性が普遍等質国家に導入されることになるだろう。

個人的所有がこのように自己の具体的な身体の所有を守るために自己の生命を危険にさらす覚悟によって正当化されるのだとすると、個人的所有とは

貴族的所有（身体を含む自己の所有のために生命を危険にさらす覚悟によって正当化される）と同種のものだと考えられる。したがって、個人的所有である身体の付属物としての物の所有が正当化されるのも、自己の具体的な身体を守るために自己の生命を危険にさらす覚悟である。ここに、奴隷的・ブルジョワ的な交換とは異なる、主人的・ポトラッチ的な交換を回復する契機があるだろう。

コジェーヴは『法の現象学』の最終節において、主人性からも奴隷性からも排除されていたこの個人的所有を導入する。こう言ってよければ、主人性と奴隷性との綜合に、この両者からなる男性性と女性性との綜合がさらに加わるのである。または、主人性を回復するという形での主人性と奴隷性との綜合が、女性性を媒介として実現することになる。

私は本章の最初で『法の現象学』におけるパラドクスを指摘した。それは、承認を求める生死を賭けた闘争、つまり政治的闘争において生成した正義の理念が非政治的な相互作用に適用されるということであった。このパラドクスは、コジェーヴがポトラッチを考察の対象から除外したことに由来する（ポトラッチは、『法の現象学』の、最後から一つ前の節（第69節）においてはじめて重要な要素として登場し、最終節（第70節）での個人的所有の議論につながっていく）と考えられる。ポトラッチとは、主人としての主人、つまり政治的な資格で行為する主人どうしの（積極的な）非政治的な相互作用という、これまた逆説的な性質をもつ。貴族社会において平等の正義の理念によって規制される積極的な相互作用があるとすると――このような相互作用がないとおそらく主人たちは生存できないだろうから、このような相互作用は存在すると考えざるをえない――、それはポトラッチまたはそれに由来する相互作用であると考えられる。主人が主人として行う相互作用であるから、そこに政治的に形成された正義の理念を適用することが可能であるだろう。主人においては、人間であるとは主人であることを意味するから、この適用（ただし第三者による適用ではない）は、非政治的な相互作用が人間的なものであることを保障することであるだろう。この場合に適用されるのは平等の正義の理念であるだろう。

また、コジェーヴが明示的かつ詳細に扱う、奴隷またはブルジョワどうし

の経済的交換は、単なる非政治的相互作用ではなく、奴隷としての奴隷、つまり政治的な資格で行為する奴隷どうしの非政治的相互作用である。なぜそれが奴隷としての奴隷の相互作用かというと、その当事者は、自分の労働の産物を交換するように強制されているからである。この強制は、主人による奴隷の労働の強制に由来するのである。そして、ブルジョワ社会においてこの強制を生じさせるのは貨幣である。自分の物（の所有）は貨幣的価値を所有するというところに本質があり、この本質を実現するためには、自分の所有する物（自分の労働によってその所有が正当化される）は交換されなければならない、つまり交換へと強制されるのである。このような性質をもつ奴隷どうしの相互作用に、承認を求める生死を賭けた闘争において、つまり政治的に形成された正義の理念を適用することは可能であるだろう。この適用（これは第三者によって法として行われる）もまた、非政治的な相互作用が人間的なものであることを保障することであるだろう。ただし、奴隷にとって人間であるとは、奴隷であることと同時に主人であることを意味することから、この場合には等価性の正義の理念のみならず平等の正義の理念を適用することも可能であるだろう。

　今見たように、主人において、このような奴隷どうしの相互作用に対応するのはポトラッチである。ところがコジェーヴはポトラッチについてはごくわずかしか語っていない。さらに、奴隷またはブルジョワどうしの「個別的」、つまり非政治的と言われる相互作用における政治性についても語っていない（この政治性、つまり交換への強制性を形成するのは貨幣である。コジェーヴは貨幣については語っている）。さらにもう一つ、コジェーヴは女性について、とりわけ女性の人間性の源泉についてほとんど何も語っていない。ポトラッチ、女性性、そして奴隷どうしの相互作用の政治性、これらはコジェーヴの人間発生論、およびこれを前提にしたコジェーヴの法哲学における「盲点」である。ところが、これらの「盲点」こそが、絶対的正義である「公平の正義」の実現のための鍵となるのである。次章からは、これらの「盲点」について詳しく検討しながら、普遍等質国家の法の理念である「公平の正義」とは何かを示してみたい。

　非政治的な相互作用は生きるために必要な相互作用であるだろうから、そ

れが人間的なものであることを保障するとは、人間として生きることを可能にするということであるだろう。ここから、正義の理念を非政治的な相互作用に適用することは、人間的に生きることを可能にすることにほかならないことがわかる。つまり、正義の理念とは、ピュラノの言う通り、承認を求める生死を賭けた闘争における、「死の危険」から切り離された、人間生成的な側面に対応することがわかる。また、人間生成を「死の危険」から切り離すならば、承認を求める生死を賭けた闘争のみが人間生成的な意味をもつと考える必要はないはずである。人間生成的な意味をもった動物性・自然性の否定（この限りでは確かにある種の「死の危険」はあるのだが）とは何かを問うことができる。承認を求める闘争または政治的闘争の終わりにおいて、つまり普遍等質国家において支配する「公平の正義」とは何かを示そうとする場合、この問いが重要になるだろう。

第四章　貨幣と正義

1. 本章の課題

　アリストテレスにおいて、貨幣とは正義（等価性の正義）を可能にするものとして登場する（『ニコマコス倫理学』）。これは、貨幣が必要性を満たすための交換の単なる媒介として機能する場合である。また、エマニュエル・レヴィナスにおいても、貨幣とは正義を可能にするものとしての意義が与えられている。他方において貨幣は、これまたアリストテレスが指摘するように、単なる交換の媒介ではなくそれを求めることそのものが目的になるという倒錯の可能性を含んでいる。貨幣そのものを求めるとは、貨幣的取引によって利益（つまり貨幣）を得ようとすることであり、投機的取引を行うことである。この場合、貨幣とは投機の可能性であるが、それは自由の可能性でもある。ところで、この貨幣の投機的機能が行き過ぎを見せている現代のグローバル社会において、これを抑えるために、貨幣の前者の機能を何らかのかたちで回復させようとする主張が現われている（貨幣を廃棄することは問題にならないだろう。それは正義の廃棄、また計算可能性の廃棄であり、したがって無秩序状態の到来であるだろう）。本章の目的は、このような主張を意義あるものとして、その内容を検討することにある。取り上げるのは、岩井克人、レヴィナス、アレクサンドル・コジェーヴである。まず、この検討の前提として、アリストテレスによる貨幣と正義についての問題設定を明確化することから始める。

2. アリストテレスにおける正義、財獲得術、貨幣

　アリストテレスは、取引における正義を「比例関係に基づく応報」と呼

2. アリストテレスにおける正義、財獲得術、貨幣　85

び、これを次のように説明する。Ａを家職人、Ｂを靴職人、Ｃを家、Ｄを靴とする。今、家一軒が靴一足のｎ倍の価値をもつとすれば、Ｃ＝ｎＤ。したがって、一人の家職人は、一人の靴職人のｎ倍の価値をもつ。つまり、Ａ＝ｎＢ。したがって、家職人Ａはｎ個の靴Ｄに値し、またｎ個の靴を作る靴職人Ｂは、一軒の家Ｃに値する。したがって、ＡがｎＤを得て、Ｂが１Ｃを得るという応報が行われれば、この関係は「比例関係に基づく応報」にかなっており、したがって正義にかなっている[1]。そして、このような関係が、「交換」と「共同関係」とを成立させる。

> 一定数の靴と一つの家との関係、あるいはそれだけの食糧との関係は、家職人の靴職人に対する関係に対応していなければならないのである。実際、もしこの比例関係が成り立たなければ、「交換（アラゲー）」も「共同関係（コイノーニアー）」も成り立たないであろう。また、このような比例関係は、交換されるものが何らかの点で等しくなければ、ありえないであろう。それゆえ、今述べたように、何か「一つのもの」によって、すべてのものが計られねばならないのである。（『ニコマコス倫理学』・219-220頁）

この比例関係を成立させるためには、交換されるものが「一つのもの」によって計られねばならない。この「一つのもの」とは、「必要」であり、その代替物である「貨幣」である。

> その「一つのもの」とは、真実には、「必要（クレイアー）」なのであって、この必要があらゆるものを結びつけるのである。なぜなら、もし人々が互いに何も必要としていなかったり、あるいは同じ程度に必要としていなかったとすれば、そもそも交換というのはありえないか、たとえあるにしても、双方にとって同じ交換ではないであろう。しかるに、貨幣とは、人々の取り決めによって、必要のいわば代替物になったものなのである。（『ニコマコス倫理学』・220頁）

ここから、アリストテレスが「共同体」を、人々の必要によって生まれる

---

(1)　参照、アリストテレス『ニコマコス倫理学』朴一功訳、京都大学学術出版会、2002年、218-219頁。本文の説明においては、同書219頁の訳注2を参考にした。以下、同書からの引用・参照にあたっては『ニコマコス倫理学』とのみ表記し、その後に頁数を示す。

ものと考えていたことがわかる。これはプラトンの国家の起源についての説明と同じである。この必要を満たすためにはものの交換が必要だが、交換のためにはこの交換が等価的に行われねばならない。そのためには、貨幣が必要となる。つまり、すべてのものの価値を、貨幣という一つのものを尺度にして計る必要がある。

それでは、靴 n 足＝家一軒という交換の割合を決めるものは何か。言い換えると、物の貨幣的価値を決めるものは何か。この点について、訳者の朴氏は次のように言う。

> 「クレイアー」を多くの訳者は「需要（demand）」と訳しているが、アーウィンが指摘するように、不適切である。なぜなら、たとえば家職人にとっての靴の必要性は、市場における靴の需要の変化に左右されず、一定だからである。（『ニコマコス倫理学』・221 頁訳注 1）

もしこの指摘が正しいとすると、アリストテレスが問題にしていたのは市場における需要や価格ではないということになる。アリストテレスのいう「必要」とは、自給自足が行われる共同体の内や家族内における、つまり「家政術」における「必要」のことだと思われる。

アリストテレスはこの「家政術」に対して「商いの術（商人術）」を対置する。彼は『政治学』[(2)]において、財獲得術を二種類のもの——家政術と商いの術——とに分ける。まず前者について彼は次のように言う。

> 財獲得術の一つの種類は、自然に適っているから家政術の部分である。なぜなら、生きるために必要な、また国家共同体や家共同体のために有益な財の蓄積を形成するものを、あるいは備え、あるいは備えるべくその術が調達する必要があるからである。そして、まことの富とは、そうした財で成り立つように思われる。なぜなら、よき生のためにその程度の財産で自足できるとすれば、その自足は無制限ではないからである。（『政治学』・28 頁）

アリストテレスによれば、財の使用には二通りの仕方がある。「たとえば、履物なら、それを履くという使用と、それを他のものと交換するという使用

---

(2) アリストテレス『政治学』牛田徳子訳、京都大学学術出版会、2001 年。以下、同書からの引用・参照にあたっては『政治学』とのみ表記し、その後に頁数を示す。

2. アリストテレスにおける正義、財獲得術、貨幣　87

がある。たしかに双方とも履物を使用することでは変わりはない。というのは、履物を必要とする者に、金銭とか食糧とかと引き換えに履物を与える者は、履物であるかぎりの履物を使用しているからである」。しかしこのような使用は履物に固有・直接的な使用ではない。そもそも履物が生じたのは、交換を目的としたものではないからである。交換の術はすべての財に及んでいるが、その発端は、「自然に即した事態から、人びとがある財は十分な量よりも多く、他の財は十分な量よりも少なくもっていた事実によってはじまったのである」。このような「人びとにとっては十分なだけの分量の範囲で財を交換する必要があったにすぎない」交換術は、自然にかなったものであり、商いの術とは別物である（参照、『政治学』・29-30頁）。それでは、もう一方の商いの術としての財獲得術はどのようにして生じたのだろうか。

> かの財獲得術〔商いの術としての財獲得術〕が生じきたったのは、ほかならぬこの交換術からであって、それも理に適っているのである。つまり、人びとが不足していた物を移入し、余剰な物を送り出すにつれて、ますます生活の支えを国外に頼るようになったとき、必要にせまられて貨幣の使用が案出されたのである。（……）通貨がいったん供給されるや、必要欠くべからざる交換から、財獲得術のもう一つの種類──商いの術──が生じた。それが生じた当初は、おそらく単純な形態のものであったろう。それは次第に経験をつうじて、いっそう技術的なもの──どんな資源から、どのように取引して最大の利益をあげるかを追求する技術──となった。それゆえ、財獲得術はとりわけ貨幣にかかわる術であると思われ、その働きは多くの金銭を生みだす源泉を見抜くことができることと思われている。なぜならそれは富と財産を作る術であるからである。実際人びとは、財産獲得術や商い術が貨幣にかかわるがゆえに、富とは貨幣の多さであると、しばしば規定するのである。（『政治学』・31-32頁）（〔　〕は堅田による補足。また（……）は堅田による省略を示す。以下も同様である）

アリストテレスによれば、どんな富にも限界がなければならないようにみえるが、それとは反対の現象が起こる。それは、「財の獲得に携わるすべての人は貨幣を無際限に殖やそうとするからである」（参照、『政治学』・33頁）。これに続いて彼は次のように言う。

> その原因は、二つの種類の財獲得術がたがいに親近的だからである。いずれ

の財獲得術も同じもの——同じ財産——を使用する点で重なるところがある。ただし同じ観点からではない。一方の財産使用にはそれ自身とは異なる目的〔十分な食糧を得るという目的のような〕があるが、他方の財産使用にとっては殖産そのものが目的である。したがって、ある人びとの眼にはこの殖産が家政術の仕事にように映る。そして彼らは、動産を守らなければならないとか、際限なく殖やさなければならないと思ってやまないのである。(『政治学』・33頁)(〔 〕の補足は、『政治学』33頁の訳注5を基にした)

このように無限の富＝貨幣を求める人びとは、「よ・く・生きることでなく、ただ生きることに執着する（……）。その生きる欲望ははてしがないから、彼らはそれを満たしうる際限のない財を欲する」(『政治学』・33頁)（強調は原文。以下も同様である）。このような人びとは、アリストテレスによれば、「身体の享楽にふけるための財を求める。したがって、明らかにこの財もまた財産に含まれるから、彼らは金作りに専念する。第二の種類の財獲得術〔商いの術〕が台頭してきたのはこのゆえである。というのは、享楽は過剰に走るゆえに、過剰な享楽をもたらすことができる術を彼らは追い求めるからである」(『政治学』・34頁)。

ここで、交換的財獲得術の形態に関するアリストテレスの図式を辿っていこう[3]。まず、①物々交換。次に②貨幣を媒介とした、必要物どうしの交換。この二つは、家政術としての財獲得術に属する。さらに③財獲得のために貨幣を用いて物を買うこと。これは商人が貨幣で物を仕入れて、それを商品として売ることによって利益を挙げることであり、商いの術としての財獲得術に属する。そして、④貨幣を用いて貨幣を生みだすこと。つまり金貸し。さらに、⑤として、③の過程が無限に続くこと。これは資本主義における「貨幣の無限増殖」の過程である[4]。

---

(3) 以下の説明にあたっては、高橋広次「アリストテレスの取財術について (1)」、南山法学38巻1号、2014年、所収、を参考にした。以下、同論文からの引用・参照にあたっては「アリストテレスの取財術について (1)」とのみ表記し、その後に頁数を示す。

(4) 参照、岩井克人（聞き手＝前田裕之）『経済学の宇宙』日本経済新聞出版社、2015年、410-411頁。以下、同書からの引用・参照にあたっては『経済学の宇宙』とのみ表記し、その後に頁数を示す。

2. アリストテレスにおける正義、財獲得術、貨幣

利益を挙げること、投機の要素が入るのは③からである。ところで、アリストテレスは次のように述べている。

> すでに述べられたように、財の獲得術には二種類のもの——商いの術と家政術——がある。後者は必要欠くべからざるもので、かつ称えられてよいものだが、前者の交易術は咎められるのが正当である。なぜならそれは自然に適ったものでなく、人間同士のあいだから財を得るからである。(『政治学』・36頁)

この記述は、「商いの術」に対する非難である。「商いの術」は、「人間同士のあいだから財を得る」ところに問題がある、と。それでは、「商いの術」をアリストテレスが非難する理由について詳しく見てみよう。ここで参考になるのはカール・ポランニーのアリストテレス論[5]である。ポランニーは、アリストテレスの経済論について、それが常に社会全体と結びつけられていると指摘して、次のように言う。

> 現に動いている組織としての集団は共同体（コイノニア）を形成しており、その成員は善意（フィリア）の絆により結ばれている。家（オイコス）にも都市（ポリス）にも、それぞれのコイノニアに特有の、ある種のフィリアがあり、それを離れては集団は存続できないであろう。フィリアは、互酬行動（アンティペポントス）、つまりお互いに交代ですすんで負担を引き受けたり、共有したりすることによって表現される。共同体を存続させ、維持するのに必要なことは、その自給自足（アウタルケイア）を含めて、それがなんであれ、「自然」なことであり、本来的に正しいことである。(ADE 79/287)

---

(5) Karl Polanyi, «Aristotle Discovers the Economy», in Karl Polanyi, Conrad M. Arensberg, and Harry W. Pearson, eds., *Trade and Market in the Early Empires*, The Free Press, 1957.（この論文は、後にジョージ・ドールトンが編集したポランニーの論文集 *Primitive, Archaic and Modern Economies : Essays of Karl Polanyi*, Edited by George Dalton, Beacon Press, 1968 に、冒頭の5パラグラフを除いたうえで再録された。本論文は本書第六章注（17）、および第七章注（10）でも参照されているが、いずれもこのドールトン編の論文集からの参照である。）邦訳として、カール・ポランニー「アリストテレスによる経済の発見」、カール・ポランニー『経済の文明史』玉野井芳郎・平野健一郎編訳、筑摩書房（ちくま学芸文庫）、2003年、所収。以下、同論文からの引用・参照にあたってはADEと略記し、最初に原書の頁数を、その後に邦訳書の頁数を表記する。

次に、アリストテレスの交易と価格に関する見解について、ポランニーは次のように述べる。

> 外界との交易が「自然」なものになるのは、それが共同体の自給自足性を支えることによって、共同体の存続に役立つ時である。拡大家族が人口過剰となり、その成員が分散して住まなければならないようになるや否や、このことが必要になってくる。今や、自分の余剰から一部を与える（メタドシス）という行為がなければ、成員の自給自足は全面的に崩れることになるのである。分け与えられるサービス（すなわち、最終的には財）が交換される比率はフィリアの要請、すなわち成員間の善意が持続すべきであるという要請によって支配される。なぜなら、フィリアがなくなれば、共同体自体が停止する。したがって、公正な価格はフィリアの要請から生じるのであり、このフィリアはあらゆる人間共同体の本質である互酬性（reciprocity）というかたちで表現されるのである。（ADE 79-80/288）

ここから、公正な価格とは何かが導かれる。今引用した箇所に続いて、ポランニーは次のように述べる。

> これらの諸原則から、アリストテレスはまた、商業的な交易を非難し、交換の等価物（exchange equivalencies）、すなわち公正な価格（just price）を設定せよと断言する。すでにみたように、交易は、自給自足性がそれを要請するかぎりにおいて「自然」なのである。価格は、共同体の成員の地位に一致して定められれば、公正に定まり、またそうすれば、共同体の基盤である善意を強化する。財の交換もサービスの交換にほかならない。それは自給自足性に規定された財の交換であり、公正な価格によって、お互いに分有する形をとって実施される財の交換である。このような交換には利得は含まれない。（ADE 80/288-289）

すなわち、自給自足性を維持・回復するのに役立つ交易が自然に合致する、したがって正しい交易であり、またその場合の価格は、共同体の紐帯を強化するようなものでなければならない。そしてそのような価格が「公正な価格」だということである（cf. ADE 82/293）。この公正な価格は、「交換比率」という形で「設定」されねばならない。そしてこの設定は、共同体の自給自足性を維持するという観点から、「共同体の成員の地位に一致して定められ」ねばならない。

交換比率は、共同体を維持していくようなものでなければならなかった。ここでも再び、個々人の利益ではなくて、共同体の利益が支配原理であった。異なる地位の人々の技術は、おのおのの地位に比例した比率で交換されなければならなかった。たとえば、建築師の仕事は靴直しの仕事の何倍かの物と交換された。そうでなければ、互酬性が損なわれ、共同体は保持されなかったのである。(ADE 88/303-304)

設定価格は、その公正さのほかに、自然な交易を不自然な交易から区別する利点を提供した。自然の交易の目的はもっぱら自給自足性を回復することにあり、設定価格はもうけを排除することによって、その目的を達成させるのである。したがって、等価物（equivalencies）——以後設定された比率のことをこう呼ぶことにしよう——は「自然な」交易を保証する役割を果たす。(ADE 89/305)

設定された「公正な価格」は「もうけを排除する」。それは「等価」な価格である。それは、「取引価格」が、「当事者の一方を犠牲にして他方に利潤をもたらし、したがって、共同体を強固にするどころか、その緊密性を破壊するもの」になることを防ぐのである（cf. ADE 89/305）。それでは、この等価性とは何か。

等価物交換の制度は、すべての家長が、その時たまたま所有している基本物資と引き換えに、一定比率で、必要な基本物資に対する分有権をもつことを保証するためにつくられたものである。(……) 物々交換の目的は、すべての家長に対して、生活必需品を自給自足の水準に達するまで供給することであり、すべての家長が義務として、余剰を、たまたまその必需品に不足しているほかの家長のだれに対しても、求めに応じて、その不足分だけ、しかも、必ずその限度内で、渡すことが制度化されていたのである。そして、その交換は、相手の家長がたまたま供給分をもっていた基本物資によって、確定した比率（等価性）にもとづいてなされたのである。(ADE 90/307)

つまり、等価性とは、ある家族がある生活必需品に不足した場合に、その不足分を、それを供給できる家族に対して、この家族が不足している生活必需品と交換的に要求する場合の、設定された交換比率である。

したがって、アリストテレスのいう「価格」とは、需要と供給によって決まる市場価格とは全く別物である。また、ここで言われている「物々交換」

が貨幣によって媒介されてもかまわないものと思われる（もちろんそれは、利潤を求めるもの、自給自足性維持の要求やフィリアに基づく共同体の理念に反するものであってはならない）。つまり、ある人（A）が自分の必要性を満たすために、まず自分の物を貨幣と交換し（この交換相手（B）も自己の必要性を満たすために自分の貨幣をAの物と交換するものとする）、その得た貨幣で必要な物を交換によって手に入れる（この交換相手（C）も自己の必要な物を手に入れる目的で自分の物をAの貨幣と交換するものとする）ような場合である。そして、この場合こそが、貨幣が単なる価値の尺度として機能する場合であると考えられる。

　以上から、「商いの術」がなぜ非難されるのかがよくわかる。それはまさしく利潤を求めるものであり、自給自足体制やフィリアに基づく共同体に反するものであるのだ。一方（A）が必要のために、他方（B）が商人として利潤を挙げるために取引するという事例を考えてみよう。Aが、必要のために商人Bの商品を買うとしよう。あるいは、Bが、Aの物を高く転売するために、Aが必要とする（つまり、必要なものと交換するための）貨幣と交換にこの物を手に入れる（買う）としよう。これらは、まさしく、非難されるべきものであるだろう。なぜなら、いずれの場合も、Aの犠牲によって商人Bが利益を得ているからである。商人Bの利益がなければ、Aはもっと安く買い、またはもっと高く売ることができたはずである。つまり、いずれの場合も、「当事者の一方を犠牲にして他方に利潤をもたら」すものであるから、正義にかなっていない。アリストテレスが非難するのは、まさしくこのような事例であったと思われる。

　それでは、交換の当事者がいずれも商人（「商いの術」を行う者）である場合、つまり利潤目的の取引を行う場合はどうだろうか。それは、もはや自給自足を原則とする「家政術」の範囲を超えており、したがって「自然に適ったもの」ではないという意味では非難されるべきである。またその交換は、アリストテレスのいう意味での等価性にかなってもいない。さらに、彼らは、「よく生きることでなく、ただ生きることに執着」しているとも非難できるだろう。しかし、そこに不正はあるだろうか。これは、アリストテレスが扱わなかった問題だと考えるべきだろう。

2. アリストテレスにおける正義、財獲得術、貨幣

また、現代の消費者は、必要を満たすばかりでなく、少しでも自己に有利になるような仕方で物を買うだろう（例えば、安値の時を見計らって買う）。ここには利益を求める投機的側面がある。それは一種の「商いの術」とも言えるだろう。

岩井克人は、アリストテレスが貨幣について、単なる異なるものの比較の基準、そして等価交換の媒介としての役割を超えて、それ自体が欲望の対象になることを正面から見据えたと評価する。

> 「ポリスの思想家」アリストテレスは、みずからがポリスの内部に発見した商人術＝資本主義を、無限性という不自然さそれ自体を求めてしまう「悪」として断罪することになります。（……）実際、ひとたび商人術＝資本主義が生まれてしまうと、本来ならばポリスに勝利や健康をもたらすための軍事や医術でさえも、貨幣を増やすための手段になってしまうと、アリストテレスは嘆くのです。（……）本当に意味があるのは、「ポリスの思想家」アリストテレスが、ポリスのあり方について最も深く思考したがゆえに、資本主義に対する本能的な嫌悪にもかかわらず、「資本主義の思想家」にもなってしまったということです。／しかも、ポリスと資本主義という、全面的に対立しているはずの二つのシステムの間の、本質的に逆説的な関係を見いだしてしまったのです。最高の共同体としてのポリスの自足性を維持するために不可欠な媒介として導入された貨幣が、その貨幣の無限の増殖を求める資本主義を必然的に生み出し、ポリスの自足性それ自体を掘り崩してしまう。ポリスの存立の可能性を生み出す貨幣が、同時にポリスそれ自体を崩壊させる可能性を生み出してしまうという逆説——アリストテレスは、この根源的な逆説から決して目をそらさなかったのです。（『経済学の宇宙』・413-414 頁）（／は改行を示す。以下も同様である）

貨幣がもつポリスを崩壊させてしまう可能性をいくら非難しても、貨幣がもつ、他のものとの交換可能性は、人間の自由の可能性であり、人間が一度それをもってしまうと決して手放すことはないだろうと岩井は考えていると思われる。

> ひとたび人間が貨幣を受け入れると、人間同士の交換関係は貨幣を媒介とした売買関係になります。それは、それぞれの人間が貨幣という形で交換価値それ自体を持ち運ぶことを可能にし、好きな時間に好きな場所で好きな相手と交換できる自由を個人個人に与えることになるのです。／もちろん、「自由」

こそ人間の本性です。(『経済学の宇宙』・470-471頁)

　また、そもそも「家政術」としての財獲得術と「商いの術」としての財獲得術とを、したがって単なる正義の可能性としての、また交換の媒介としての貨幣の使用と、利潤を挙げるための、投機のための貨幣の使用とを完全に区別することはできないように思うのである。後者を排除して前者に立ち戻ることは不可能である。したがって、「商いの術」＝資本主義、および投機としての貨幣の使用を前提にして、その行き過ぎを防ぐことが重要だと考える。

　岩井の考え方はまさしくこれではないだろうか。そして、この行き過ぎ防止策こそ、「信任関係」の導入だと思う。一方（A）が必要のために、他方（B）が商人として利潤を挙げるために取引するという事例をもう一度考えてみよう。この形態の取引は、岩井のいう「自己契約」（商人Bの）になる可能性がある。なぜなら、Aからすれば、Bの商品についての情報はBに頼らざるをえないからである。つまり、Bの商品については、Aが素人、Bが専門家という立場に立つからである。Aは専門家であるBを信頼して取引せざるをえない。したがって、この信頼に応えてBが行為することを法によって担保しないと、この契約はBの「自己契約」になってしまうだろう。私は、この岩井の立場が適切ではないかと考える。

3. 岩井克人における資本主義と信任関係

　今述べた岩井の考え方を一般的な形で定式化しよう（『経済学の宇宙』を参照せよ）。岩井によれば、資本主義においては、差異こそが利潤の源泉であり、永遠に差異をつくり出すこと、つまり永続的なイノベーションがその原動力である。この原理は、ある場所で安価な価格で仕入れて別の場所で高く売るという重商主義（商業資本主義）に由来する。それは、投機の考え方である。資本主義的な経済活動はこの投機の要素を含み、そしてそれを可能にするのは貨幣である。この場合の貨幣とは、まさしく「商いの術」としての貨幣である。このような貨幣が存在する限り、資本主義は永遠に持続する。

3. 岩井克人における資本主義と信任関係　95

　他方において、貨幣（とそれによる投機の可能性）とは自由の可能性である。それは、貨幣の自己循環論法（「貨幣とはそれが貨幣として使われることによって貨幣としての価値をもつ」（『経済学の宇宙』・431頁））に由来する。

> 言語と法と貨幣の媒介——それは、個々の人間にとっては、「自由」の条件です。／言語も法も貨幣も、まさに自己循環論法の産物であることによって、物理的性質にも遺伝子情報にも血縁地縁にも還元されない意味や権利や価値として、歴史の中で人から人へと受け渡され、社会の中に蓄積されてきました。（……）だが、個人にとっての「自由」の条件は、同時に、人間社会にとっては「危機」の条件でもあるのです。／なぜならば、言語や法や貨幣を支える自己循環論法は、まさに物理的性質にも遺伝子情報にも血縁地縁にも根拠を持っていないことによって、しばしば自己目的化したり、自己崩壊したりするからです。（『経済学の宇宙』・470-471頁）

　（投機の可能性としての）貨幣の廃棄は自由の廃棄を意味する。したがって、人間が自由を欲する限り、資本主義は持続する。このような資本主義は、すべての人が人として認められること、つまり自らは物を所有できるが自らは所有されないこと、つまりすべての人が法的人格を認められること、そしてこのような平等な法的人格が自由な意思に基づいて交換＝契約を行うこと、つまり等価交換を行うことによって実現される。したがって国家とその法は、この関係が実現するように保障する。

　ところが、岩井によれば、資本主義には、これでは把握されない関係が見出される。それは、専門家と素人（例えば医師と患者）との間の契約のような、交渉力や情報量において決して対等にはなりえない者の間の関係である。つまり、契約の自由の原則に委ねてしまうと、一方による自己契約になってしまうような関係である（参照、『経済学の宇宙』・365-367頁）。これを岩井は「信任関係」と呼び（「一方の人間が他方の人間のために一定の仕事を行うことを信頼によって任されている関係」『経済学の宇宙』・355頁））、信頼によって仕事を任された方が、信頼によって仕事を任せた方の利益のみを考えて行動するように、つまり自己利益を抑えて行動するように法によって強制しなければならないと考える。（これに対して、通常の、対等者の間の契約は、自己の利益をめざすものである。）

岩井のいう信任関係論は、「商いの術」としての財獲得術を前提にして、「家政術」としての財獲得術を、したがって善を復権させようとする試みだと解釈することができるかもしれない。

4. レヴィナスにおける貨幣と正義

レヴィナスは、『貨幣の哲学』[6] において、「内存在性の利害 (intéressement) としての貨幣から内存在性の利害を超脱する (désintéressement) 貨幣への移行」を提唱する (cf. ELSA 75/105-106)。そして彼の貨幣についての考察は、アリストテレスと同様に、正義についての考察と結びついている。

私は他者（の顔）に対する無限の責任を負う（レヴィナスのあまりに有名な定式だ）。「他者の顔、それはつねに要求である。それは極度の弱さと可死性によってなされる物乞いであるが、この顔のうちにはまた、彼をその境遇のうちに見捨て、ただ一人で死なせ、病ませ、飢えさせることを——飢えさせ、病ませ、死なせることを禁じる権威がある。他者を生かし、他人に責任を持てという命令、これが自我の他なる人間に対する立場であり、(……)「汝殺すなかれ」の真の意味なのである」(ELSA 72/101)。「他人に責任を持つこととは、その命に責任を持つことであり、かくしてほかならぬその物質的欲求に責任を持つことであり、かくして貨幣を与えることである」(ELSA 73/103)。これは、「内存在性の利害を超脱した、慈悲 (miséricorde) と慈愛 (charité) の人間性」の問題である (cf. ELSA 74/103-104)。ところが、私が対面する他者の隣りに、第三者、つまり他の他者が存在する。しかもこの他の他者は複数である。私はすべての他者に（無限の）責任を負うことはできない。したがって、「私が義務を負う最初の他人である者を発見するという

---

(6) Roger Burggraeve (éd.), *Emmanuel Levinas et la socialité de l'argent*, Peeters, 1997. 邦訳として、エマニュエル・レヴィナス（ロジェ・ビュルグヒュラーヴ編）『貨幣の哲学』合田正人・三浦直希訳、法政大学出版局、2003年。以下、同書からの引用・参照にあたっては、ELSA と略記し、最初に原書の頁数を、その後に邦訳書の頁数を表記する。

選択の問題」がのしかかる。レヴィナスによれば、これこそが「正義の問題」である（cf. ELSA 74/104）。レヴィナスは言う。

> 他者に対するあの無媒介的な債務とは逆に、正義は比較の問題として現れる。それは、正義の裁きを求める要求であり、またかくして比較を求める要求にほかならない。そこには、自発性に対する、つまり内存在性の利害の超脱全体に対する、最初の暴力が存在している。この最初の暴力は、唯一性が比較によって突如異議申し立てを受ける際にもたらされる。唯一性に対して、私の責任はほかならぬ〈他者のため〉の聖者性（sainteté）を表明し、〈自己のため＝対自〉すなわち存在への固執の中断を表明するのだが、この唯一性が異議申し立てを受けるのである。正義のうちには、経済に回帰する必要性が含まれているのだ。（ELSA 74/104）

つまり、複数の他者を前にして、どの他者への配慮を優先するのかに関する基準が必要となるのだが、この基準が正義の基準である。それは、他者への無限の責任が、複数の他者の存在によってやむをえず形を変えたものである。これは、言い換えると、どの他者にどのように配慮すればよいのか、財を、したがってすべての財と交換しうる貨幣をどのように分配するのが正しい（正義にかなう）のかという問題である。したがって、比較不可能な、唯一性をもった他者たちを比較しなければならない。この比較を可能にするのが貨幣である。つまり、すべての人が貨幣によって計られうること、つまり価格をもつことが、比較不可能な他者どうしを比較可能な者どうしに変えるのである（例えば、法的人格へと還元された人々は比較可能である。貨幣による人間の測定と法的人格への還元とは結びついているように思われるが、この問題は今後の課題としたい）。レヴィナスを引用すると、「他なる人間は、その行いと能力の値を貨幣によって評価される。人間は経済的システムへと統合され、経済的発展のさまざまな段階において値段を付けられる」（ELSA 83/116）。このような貨幣による同一化を前提にして、どのように財や貨幣を分配するのが正義にかなうのかという問いが立てられ、この回答を与えるものとして正義の基準が立てられる。ここでレヴィナスが語っているのは、「計算可能性としての貨幣の価値への回帰」である。これは、アリストテレスが語っていた、交換における等価性の正義を可能にするものとしての貨幣

の役割への回帰をめざしたものと思われる。

> こうしてわれわれは、正義の名において、再び貨幣へと、運用されるべき貨幣へと、他者のために運用されるべき貨幣へと、価値を有するもの一切の同質性へと、かくして正しい計算であり続けるある種の正義の可能性へと導かれた。それは、計算可能性としての貨幣の価値への回帰である。正義によって実行される正しき計算が、計算可能な要素を再発見する場であるような貨幣への。(ELSA 74-75/105)

　他方において、貨幣には別の可能性がある。これをレヴィナスは「貨幣の両義性」(cf. ELSA 69/95)(これは『貨幣の哲学』に収録されたレヴィナスの講演のタイトルである)として語っている。それは、「内存在性の利害としての貨幣」である。これは、ビュルグヒュラーヴの言葉を借りれば、「自己の存在に固執する存在」としての自我の存在を可能にする貨幣だと言えるだろう(cf. ELSA 1-2/11)。これは、このような自我を前提にした資本主義的な経済活動を支える貨幣と考えてよいだろう。そしてこれは、アリストテレスのいう「商いの術」としての財獲得術における貨幣に対応すると考えられる。アリストテレスと同様にレヴィナスもこれに対して批判的であって、これのいわば封じ込めを考える。自我が、自らが存在すること自体を、つまり無際限に自己同一的に存在することを目的とするならば、この存在を支える貨幣の蓄積も自己目的化し、無際限のものになるだろう。レヴィナスは自我について考え直し、それに対応して貨幣の役割をも考え直そうとする。そして、貨幣の蓄積がそれ自体目的となるのを防ごうとする。

　まずレヴィナスは、自己の存在に固執する自我のあり方を批判し、他者への私の無限の責任、あるいは他者への慈愛に訴える。ところが、第三者＝他の他者たちの存在によって、自己が対面する他者への無限の責任がやむなく正義への要求に取って代わられる。しかしながら、他者への無限の責任を忘却して、機械的にある正義の基準に従うならば、そのような正義の基準をも計算に組み入れることによって、自己が存在することへの利害関心、この意味での自己利益の追求を行うことが可能になる。したがって、正義の基準が他者への無限の責任のやむをえない代理物であることを自覚しつつ、なおこの無限の責任を果たそうとすること、そのために絶えず正義の基準をより正

義にかなうものになるように吟味し直すこと、これによってレヴィナスは、正義が自己利益の追求の中に組み込まれることを防ぐ。これによって貨幣の正義にかなった他者たちや自己への分配が可能になり、貨幣獲得が自己目的化することはなくなるだろう。それどころか、貨幣は他者の「行いと能力の値」を評価することを可能にし、正義の基準を立てる、つまり正義を正しく計算することを可能にする。このようにしてレヴィナスは、他者への配慮の実現としての貨幣（貨幣を与えて他者を援助すること）の機能を維持しつつ、正義を実現しようとする。そしてこれは、「計算可能性としての貨幣の価値への回帰」である。

しかし私は、アリストテレスについて述べたのと同様に、レヴィナスにおいてもこのような封じ込めが実際に可能であるか疑問に思う。そもそもこの二つの貨幣の役割を厳密に区分することなどできないと思うのである。あるいは、自己利益とは完全に切り離された、純粋な他者への配慮が、理念としてはともかく、現実に存在することはないと思われる。

ところで、レヴィナスは、アリストテレスにはない貨幣の機能について語っているように思われる。それが、貨幣による犯罪の贖い、または犯罪の贖いを可能にするものとしての貨幣である。レヴィナスは、例えば犯罪を貨幣によって解決することについて次のように言う。犯罪に対する貨幣による贖いは、「復讐や全面的な赦しが引き起こす地獄のような循環や悪循環」に代わることができる。（ここに「全面的な赦し」が入っていることが奇妙に思われるかもしれないが、レヴィナスによれば、犯罪を全面的に赦すことは「犯罪を奨励することであり、したがって第三者が恐れを抱くことにもなりうる」。）しかし、貨幣による贖いによって犯罪が完全に贖われることもない。それは、人間を一種の商品として扱うことに等しいだろう。「金銭的な贖い（……）とそれが贖うべき犯罪とは同等ではない（inégalité）」。しかしながら、これに続けてレヴィナスは言う。「それでもこの比較しえぬ犯罪の贖いのうちに、赦しによる不処罰や残酷な復讐とは別のものを探し求めるためには、慈愛もまた必要なのである」（cf. ELSA 76/106）。つまり、金銭的な贖いは、贖われるべき犯罪とは不同等であり続けるものの、暴力の連鎖を乗り越えるためには必要である。そして、それが可能になるためには「慈愛」もまた必要なのであ

る。

　このようにレヴィナスによれば、殺人に対する貨幣による贖いは本来は不可能である。けれども、それは必要であり、被害者側に、またおそらくは社会構成員すべてに「慈愛」を求めることでこの贖いが可能になる。ところで、そもそも貨幣がこのような機能をもちうるのは、貨幣が人の価値をも測定するものであるからだろう。レヴィナスは言う。「貨幣のうちには、また、経済生活のその他の派生物のうちには、犯罪に対して死とは異なる贖いを見つけだすことで、暴力を乗り越える可能性があるいは含まれているのではないか、と私は考えている」(ELSA 75/106)。

5. 貨幣の追求と虚栄心、承認欲望

　岩井は、「商人術」、あるいは資本主義における、貨幣を求める欲望について次のように言う。

> 貨幣とは、一般的な交換手段であることから、どのようなモノでも手に入れる〈可能性〉を与えてくれる存在です。貨幣それ自体を目的とするとは、したがって、個々の具体的なモノに対する欲望には還元できない、まさにこの〈可能性〉それ自体を欲望するということになります。／ところで、具体的なモノに対する欲望には、当然、限りがあります。人びとの生活の必要さえ満たしてしまえば、解消されてしまう。ですから、家政術の一部としての財獲得術が求めるモノの大きさは、「有限」です。これに対して、〈可能性〉に対する欲望は満たされることはありません。なぜならば、人間に想像力がある限り、人間は〈可能性〉を無限に想像することができるからです。したがって、〈可能性〉それ自体としての貨幣――その貨幣に対する欲望には、限りはありません。(『経済学の宇宙』・410頁)

　つまり、貨幣を求める、貨幣を欲望する、貨幣それ自体を目的とするとは、無限の可能性(この無限の可能性を生みだすのは人間の「想像力」である)を欲望することである。人間は無限の可能性の実現を願い、または可能性そのものを追い求め、そのために貨幣を際限なく求める。貨幣をもつことは(潜在的に)すべてをもつこと、すべてを自分に服従させることである。

ところで、レオ・シュトラウスは『ホッブズの政治学』[7]において、ホッブズの中心問題が「虚栄心（vanity）」であることを基軸にしてその読解を行っている。シュトラウスは、ホッブズがこの問題をアリストテレスから学んだと考える。シュトラウスによれば、アリストテレスが情念論によって考えていた問題をホッブズは「虚栄心」問題として受け継ぎ、これをヘーゲルが承認欲望問題として引き継いだ[8]。

> ホッブズ政論の出発点となる対立は、一方における自然的欲望の根源としての虚栄心と、他方における、人間に道理を弁えさせる情動としての暴力による死への恐怖との対立である。（……）人間の自然的欲望は虚栄心であるというとき、それは以下のことを意味している（……）。すなわち、人間というものは、すべての他人に優越していること、および自らの優越性がすべての他人によって承認されることを自然により追求し、そうすることで自己満足に耽ろうとするものなのである。つまりかれは自然によって、全世界が自分を恐れそして自分に服従することを欲する。（……）自らの想像の世界に生きていると、人間は他人に対する自分の優越性を確信するためには、何も現実に行なう必要はなく、ただ自らの行為を思い描きさえすればよい。というのは、本当に「かれに対して全世界が服従する」この世界では、すべてがかれの願望どおりに実現するからである。（PPH 18-19/23-24）

ここに描かれている虚栄心の構造は、貨幣を欲望することと同じである。なぜなら、際限なく貨幣をもちたいと思うことは、「すべてが」自分の「願望どおりに実現する」ことを欲すること、自分に「全世界が服従する」ことを欲することだからである。そしてこれは、前に述べたように、自我が自己の存在に固執すること、自己同一性をもって無際限に存在しようとすることでもある。

シュトラウスのこのホッブズ論は、彼自身が示唆しているように、アレク

---

(7) Leo Strauss, *The Political Philosophy of Hobbes : Its Basis and Its Genesis*, The University of Chicago Press, 1952. 邦訳として、レオ・シュトラウス『ホッブズの政治学』添谷育志・谷喬夫・飯島昇藏訳、みすず書房、1990年。以下、同書からの引用・参照にあたっては、PPHと略記し、最初に原書の頁数を、その後に邦訳書の頁数を表記する。

(8) 参照、堅田研一『法・政治・倫理――デリダ、コジェーヴ、シュトラウスから見えてくる「法哲学」』成文堂、2009年、81-82頁。

サンドル・コジェーヴの承認欲望の概念を土台にしてホッブズの読解を行ったものである（cf. PPH 57-58, 58 note 1/80, 253（注60））。シュトラウスが問題にした虚栄心は、コジェーヴの承認欲望を引き継いでいる。そしてコジェーヴの承認欲望論は、ヘーゲルの承認欲望を発展させたものである。

コジェーヴのいう承認欲望とは、欲望を欲望すること、自分が相手の欲望の対象になることを欲望すること、つまり自分を相手が承認することを欲望することである。それは、自分の優越性が他のすべての者に承認されること、つまり自分に「全世界が服従する」ことを欲望することである。貨幣を欲望することもまた、このことを欲望することである。なぜなら、貨幣さえあればいかなる生産物、つまり労働（労働するのは奴隷だから、奴隷的労働）の産物も手に入れることができるからである。そして、労働の産物を手に入れることができるということは、労働するすべての者、つまり他のすべての人間によって承認されていることを意味する。したがって、欲望を欲望することと、貨幣をもつことを欲望することとは同類だといえる。したがって、コジェーヴの承認欲望論は、近代性、貨幣をもつことを欲する近代的な経済的人間を前提にした理論なのではないかと考えることができる。つまり、承認欲望をもった人間とは、アリストテレスのいう「商いの術」としての財獲得術を行う人間にほかならないのではないか。

『法の現象学』[9] においてコジェーヴは、法の源泉としての二つの正義の理念を提示する。「平等の正義」と「等価性の正義」である。しかしコジェーヴは、この二つの正義の理念の導出にあたって、承認欲望をもち、その満足を追求する人間を前提にしているから、「家政術」としての財獲得術における正義は考慮に入れられていないと思われる。とりわけ、彼のいう「等価性の正義」である。例えば契約の両当事者において、それぞれの条件における有利と不利とが補い合うときに「等価性の正義」が成立している。この場合、この有利と不利とは、この契約に対する「第三者」にとっては等しい。

---

(9) Alexandre Kojève, *Esquisse d'une phénoménologie du droit*, Gallimard, 1981. 邦訳として、アレクサンドル・コジェーヴ『法の現象学』今村仁司・堅田研一訳、法政大学出版局、1996年。以下、同書からの引用・参照にあたっては、EPDと略記し、最初に原書の頁数を、その後に邦訳書の頁数を表記する。

けれども、契約の当事者にとっては、契約する方が自己の利益になっている。つまり、そこには自己利益の観念が働いているのである[10]。この自己利益とは、交換する方が、自分が貨幣的利益を得るためにプラスになるということ、このような意味での貨幣的利益のことである。ところで、資本主義的な契約＝取引とはまさしく、このような貨幣的利益を得るための手段、投機の手段となっている。したがって、この取引は、コジェーヴのいうような等価性の正義によって規制されるものである。（もちろん、この等価性の正義は、すでに述べたアリストテレス的な、「家政術」としての財獲得術において作用する等価性の正義とは全くの別物である。）

　これとは対照的に、家政術における財の獲得は有限であり、貨幣は必要物の交換の単なる媒介にすぎない。ところが、近代的な経済的人間像を前提にしているように思われるコジェーヴの正義論のなかに、これに適合する記述が存在する。それが、『法の現象学』における「個人的所有（物）」または「個人的財産」（いずれも原語は propriété personnelle）の記述である。つまり、コジェーヴには、「平等の正義」および「等価性の正義」とは別の正義の観念があるのである。おそらくこれは、コジェーヴが、この二つの正義の綜合だと考える「公平の正義」の問題にかかわるだろう。この問題を家政術の観点と関連させて考えてみよう。

---

(10)　ポランニーの次の記述は、この問題と関連づけると興味深い。これは、物々交換において働く等価性の原理、つまり互酬性に関する記述である。「アリストテレスは、『倫理学』〔『ニコマコス倫理学』のこと〕のなかで、交換される財は等価であっても、当事者の一方、すなわち、取引を提案せざるをえなかった方が利益を得ることになることを強調した。しかし、長期的には、つぎの機会にもう一方が利益を受ける番になることもあるから、この方法は結果として相互分与になった。「国家の存在そのものが、このような比例的な互酬性〔応報〕(reciprocity) の行為によっているのであって……それが行われなければ、分与などは生じえないが、われわれを互いに結びつけているのもその分与行為なのである。それゆえ、われわれは公の場所に美徳の女神の神殿を建立し、親切は受けたら返すことを人々の胸に銘じさせるのである。というのは、他人からの奉仕に返礼するだけでなく、つぎには自分から進んで奉仕をすることが義務であることからして、親切を返すことこそが美徳の際立った特徴となるからである」〔これは、『ニコマコス倫理学』1132b-1133a からの引用である〕。私はこの説明ほど互酬性の意味をよく示しているものはなかったと思う」(ADE 90/307-308)（引用文中の……は原文における省略である）。

6. コジェーヴの正義論と個人的所有論

　岩井のいう法の自己循環論法、つまり法の無根拠性――法はそれが法として受け入れられているがゆえに法である――とは、例えば突然新たな法が受け入れられて、自分が法的人格として認められなくなるとか、所有権を奪われるとか、等価的とは思われなかった取引を等価的として強いられたりする可能性があるということである。新たな法が受け入れられるとは、よりよい法が受け入れられることであるかもしれない。それは、コジェーヴの場合、平等の正義と等価性の正義とが拡大することである。しかし、それとは逆方向の法が受け入れられる可能性も考えられる。例えば女性を法的人格として認めない（または男性と同じ法的人格として認めない）などである。このような可能性があるということは、男性と女性とを同じ人間として見なす必然性はないということである。つまり、同じ人間として平等であるということは、平等と認めるがゆえに平等であるということである。ある物が別の物と等価であるのは、等価であると見なされるからである。例えば、物の価格に従った取引が等価である（等価性の正義にかなっている）のは、それが等価だと（等価性の正義にかなっていると）見なされるからである。例えばある芸術作品の売買において、その作品についた価格による売買は等価性の正義にかなっていると見なされるだけであり、本当に等価性の正義にかなっているかどうかは疑わしい。したがって、不等価と見なされる可能性がある。

　コジェーヴは、法がこのように進化とは逆方向に向かうということを考えていない。それはなぜかというと、コジェーヴの人間＝法的人格とは、自己の生命を闘争によって全面的に危険にさらすという動物性の否定の仕方（これは一つの仕方しかない）、つまり男性的な否定の仕方を前提にするからである。人間が人間であらねばならないとすると、このような仕方で自己の動物性を否定せねばならないということになり、このような否定を可能にするための平等の正義（闘争の最初における条件の平等に由来する）や、否定の結果が人間的なものであることを保証する等価性の正義（闘争の二人の当事者が闘争を終わらせる――一方は主人になり、他方はその奴隷になる――際の、その

それぞれの条件において有利と不利とが補い合っているという等価性に由来する）が実現されねばならないということになる。人間が人間であるためにはこの「ねばならない」を達成しなければならない。この「ねばならない」は、人間が人間であろうとするならば、歴史において必然的に実現するはずである。これの未達成は、人間が（部分的に）動物的であることを意味し、人間が人間であろうとするならばそれはありえないということになる。

　しかしながら、この未達成が、人間が動物性にとどまることを意味するわけではないと思われる。なぜなら、自己の動物性のこの男性的な否定の仕方とは異なるいわば女性的な否定の仕方があるだろうからである。後者の否定の行為もまた、人間性をつくるものなのではないだろうか。このような否定の仕方を、コジェーヴのいう「特殊性（spécificité）」に見たい。つまり、自己の身体を守るために生命を危険にさらす覚悟、およびそれに由来する自己の身体の所有にこそ、男性的な人間性とは異なる、この意味で女性的な否定の仕方、人間性があると考えたい。さらに、男性的な否定の仕方は、自分の身体を守るために自己の生命を危険にさらす覚悟を含んでいる。つまり、男性的な否定の仕方は女性的な否定の仕方を含むのである。ただし、現実には男性性が優位しているから、この女性的な否定の仕方は、男性的＝人間的なものの「脱構築」という形で考慮に入れられることになるだろう。

　このような女性的な否定の仕方があるとすると、どのような否定の仕方の人間を人間として平等と見なすかについては、人間として平等と見なすから平等であるとしか言えない。また、このように平等と見された人間の間の財の交換は、主人と奴隷との関係に由来する等価性によって規制されるわけではない。この交換は、互いに平等（現実には、交換される物は異なるから、平等ではなく等価）であると見なすから平等（等価）である。そこには、有利と不利との等価という基準は働いていない。コジェーヴの法論においては、先に述べた法の無根拠性は、この「特殊性」という、承認を求める闘争における「死の危険」とは別の形の人間性の源泉を認めることによって理解できるのである。

　「特殊性」とそれに由来する「個人的所有」についてのコジェーヴの説明を見てみよう。

もし各人が自分の身体の所有者であるなら、彼は身体の付属物の所有者、身体を現実存在させて維持するに役立つ、身体に結びついたもの（衣服、食べ物、等々）の所有者であろう。ところで、空間＝時間的な物質的本体がすべて違っているように、身体は必然的に相互に異なっている。それらは、それぞれのここといま（hic et nunc）の「これ」によって異なる。だから身体の付属物もまた異なる。それらは、異なる身体の機能すなわち「体質」、「性格」、「趣味」等々の機能として異なるだろう。これらの付属物をもつ身体は個人の「個人的所有」になる。そしてこの所有が分離可能である限りで、それは交換に提供され、交換を要求することさえするだろう。これらの所有物は互いに異なるのだから。（EPD 576/661-662）

　この身体的差異のことをコジェーヴは「特殊性」と呼ぶ。彼はさらに次のように言う。

　所有〔個人的所有のこと〕はつねに所有者の人格（personne）に結びついている、すなわち結局は彼の身体（の特殊性）に結びついている。それは彼の身体の「付属物」である。たしかに、個人的財産はＡの身体から分離できるが、しかしＢの身体に直接的に結びつけられるためにのみ分離されるのである。だから、個人的所有は、「資本」や私的（privée）所有（「人格的——すなわち身体的——支えを奪われた（privée de support personnel）」）の現実存在に匹敵する自律的な現実存在をもたない。（EPD 582/668）

　個人的所有の交換（……）は物々交換の性質をもつだろう。所有は所有者から分離されて、別の所有者に「直接的に」結びつけられる。（EPD 583/669）

　このような特殊性または女性性、およびそれに由来する法の無根拠性は、承認欲望を前提にした平等の正義と等価性の正義、および両者の綜合である公平の正義から成る男性的な法体系——その行き着く先が「普遍等質国家」である——のなかに潜んでいる。コジェーヴの次の記述がそれを示している。

　次のように一般に認めよう——公平の正義は、まだこの正義の理想に完全には合致していない所与の社会のなかで適用される、と。また次のように認めよう——ある所与の時期においては、一定の仕方で行為する存在、例えば平時に何もしない戦士が人間存在とみなされる、と。平等の原理を拠り所にする場合には、同じ仕方で行為するすべての存在が、かつこうした存在だけが

人間とみなされるだろう。しかし、等価性の原理を拠り所にするならば、当該の行為とは異なる行為も当該の行為と等価たりうるから、この異なる行為を行う存在をも人間とみなしてよいことが確認できるだろう。したがって、例えば、社会のために労働するという事実は、社会的政治的観点においては、武器を手に社会を防衛するという事実と等価でありうるし、子供、すなわち未来の公民を社会に与えるという顕在的行為は、労働するという顕在的行為や戦争するという顕在的行為と等価でありうる。だから労働者や女性は、人間存在として、戦士と同じ資格において承認されるだろう。しかし、彼らの行為の相違を考慮して、彼らには異なる「身分」が付与されるだろう。しかし、承認された人間存在を目の前にし、かつ平等の原理を受け入れる場合には、彼らの平等化、つまり彼らの行為の平等化が図られるだろう。例えば、戦士が平時に労働したり、労働者が戦争に参加することが要求されるだろう。しかし、女性に関しては、いかんともしがたい相違にぶつかる。つまり、男性は子供を産むことができない。したがって、等価性の原理を維持しつつ、いかんともしがたい生物学的相違の人間的（「社会的」）結果をできる限り取り除こうと努めざるをえない。実際には、母たることと兵役との完全な等価性を設定しつつ、それ以外のすべての点で男性と女性とを平等にしようと図られるだろう。(EPD 315-316/372-373)

　コジェーヴによれば、人類は普遍等質国家の実現に向けて進化する。その進化の過程で、女性は「戦争する」ことがないため、子供を産む、つまり「未来の公民を社会に与える」行為がそれと同等（つまり等価）と見なされる。これによって男性と女性とは同じ人間と見なされ、そこに平等の原理が適用され、これによって男性と女性との平等化（彼らの行為の平等化）が図られる。しかし、ここで男女の生物学的な相違にぶつかる。それは、男性が子供を産めないという事実である。したがって、この相違を取り除くために、「母たること」と「兵役」との等価性を維持しつつ、それ以外の点で両者を平等にしようと図られることになる。しかしながら、「戦争する」ことと「未来の公民を社会に与える」こととを同等（等価）と見なすこと、あるいは「母たること」と「兵役」とを同等（等価）と見なすことは、擬制である。したがって確実な根拠がなく、崩れる可能性がある。これを契機にしてこの法体系が、進化とは逆方向に向かい、無根拠性を露呈する可能性がある。

これは平等に関する擬制の問題であるが、今度は等価性に関する擬制について考えてみたい。コジェーヴのいう等価性の正義における等価性は、交換の当事者の自由な合意によって確証される。例えば、一軒の家とn足の靴の交換は、それぞれの当事者が自分の条件を相手の条件と等価であると思うがゆえに、すなわち自分の有利と不利とが補い合っており、相手においてもまた同様であると思うがゆえに、正義にかなっている。そしてそれは、この交換が当事者の自由な意思によって行われたことによって示されている。ただし、両当事者は、交換をすることが自分にとって利益になると思うから交換を行うのである。この利益とは貨幣的利益のことである。

アリストテレスにおいては、例えば家をつくることと靴をつくること、つくられた家と靴とは同じではないから、それらの価値を計る尺度が必要になる。この尺度が貨幣であるが、貨幣的に同等と評価された一軒の家とn足の靴とが交換されるならば、それは正義にかなっている。つまり、貨幣的評価と正義とが結びついているのである。前述のように、ポランニーによれば、この両者が結びつくのは、交換によって、交換の当事者がそのメンバーである共同体の自給自足性が維持される限りにおいてのみ、すなわちこのメンバーの必要に応じて交換が行われる限りにおいてのみである。この条件が満たされない場合には、貨幣的評価と正義とは切り離される。貨幣的評価による交換は必ずしも正義にかなうものとはならない。

したがって、交換に自己利益（自己の貨幣的利益）や投機の要素が入れば貨幣的評価と正義とは切り離される。ところで、コジェーヴのいう等価性の正義とは、取引の両当事者がこの取引を自己の貨幣的利益になると思うから行うときに機能する。したがって当事者の双方または一方が自己の貨幣的利益のためではなく、必要のために取引するならば、コジェーヴ的な等価性の正義によって規律すべきではない。ところで、両当事者が必要のために取引する場合とは、共同体の自給自足性の維持という問題を措いておくならば、アリストテレスの想定するタイプの取引である。このタイプの取引をコジェーヴ的な等価性の正義によって規制しようと思うならば、両当事者が自己の貨幣的利益のために取引すると擬制しなければならない。次に、一方が必要から、他方は自己の貨幣的利益のために取引する場合もまた、コジェーヴ的

な等価性の正義によっては規制すべきでない。例えば、消費者が必要のために商人から商品を買うような場合である。確かに消費者がより安いときにより良質な商品を買おうとする限りにおいて自己の貨幣的利益の要素が入ってはいるものの、やはりそれは必要に基づくという要素が強いだろう。これに対して商人は自己の貨幣的利益を求めて取引を行う。この取引をコジェーヴ的な等価性の正義によって規制しようとするならば、消費者もまた自己の貨幣的利益を求める存在だと擬制しなければならない。また、患者と医師との医療契約を考えてみると、この問題が一層明らかになる。つまり、この契約をコジェーヴ的な等価性の正義の観点で捉えるならば、患者も医師も自己の貨幣的利益のために契約を行うのだと見なされてしまうのである。したがって、この種の関係についてもコジェーヴ的等価性の原理は根拠を失っており、ここにもコジェーヴ的法の無根拠性の源泉がある。

　コジェーヴの等価性の正義は、主人性とともに人間性を形成する奴隷性に由来する。つまり、奴隷は、承認を求める闘争において、自己の承認よりも自己の生命を選んだのであり、確かに隷属と生命の維持とは等価関係にあるが、奴隷にとっては奴隷として生命を維持することの方が自己の利益となる。奴隷は生きるために奉仕しなければならない存在であり、いわば近代的な奴隷である労働者が生きるために商品（労働力商品を含む）を作り、それを交換しなければならないのもこれに由来する。ところが、今問題にしている取引は、このような等価性の正義によっても、またそれと表裏一体の主人の平等の正義によっても規律できない。これは、人間性が、コジェーヴ的な主人性と奴隷性だけでは把握できない側面をもっていることを示している。

　まさしくこの側面をコジェーヴは、『法の現象学』の最終節において「特殊性」をもって捉えようとしたのだと考えられる。したがって、コジェーヴが「普遍等質国家」と、この「特殊性」に由来する「個人的所有」によって形成される経済社会との綜合をめざすのは正しいし、この問題を受け継ぐ必要がある。この「特殊性」とそれに基づく「個人的所有」からいかなる社会関係が形成されるのか。この問題を考えるとき、アリストテレスの正義論と貨幣論が有効であると考えるのである。

　これは、考えてみれば理由のあることである。なぜなら、コジェーヴの承

認欲望とは、アリストテレスのいう「商いの術」としての財獲得術に対応し、近代においてそれは全面展開するからである。つまり、アリストテレスのいう「家政術」としての財獲得術は、近代的観点から排除されており、コジェーヴのいう「特殊性」もまた、近代性の行き着く先である「普遍等質国家」から排除されているからである。アリストテレス的「家政術」としての財獲得術とコジェーヴ的「特殊性」（および「個人的所有」によって形成される経済社会）とを近づけて考えてみる価値はあると思われる。

7. 個人的所有の取引と正義

　コジェーヴのいう個人的所有（物）の取引について考えてみよう。取引の当事者の一方（A）は、自己の身体と密接に結びついた物（例えば自分が楽しみのために描いた絵）を、自己の貨幣的利益を求めることなく他方の当事者（B）に譲渡する。Bはこの物を、自分の身体に直接に結びつけるために得たのである。つまり、自己の必要を満たすために得たのである。したがってBは、自己の貨幣的利益を求めるためにそれを得たのではない。Bは、Aに対して、この絵と引き換えに例えばお金を支払う。そもそもAもまた、自己の貨幣的利益のためにこの取引を行っているわけではないのだから、得たお金を自分の貨幣的利益を求めるために使うわけではない。したがってそのお金は、自分の必要を満たすために使われるはずのものである。したがって、個人的所有（物）の取引は、必然的に個人的所有（物）どうしの取引にならざるをえない。

　この場合、アリストテレスの考えるような、両当事者の必要によって取引が行われている。けれどもそれは、この両者の属する共同体の自給自足を維持するためのものではない。けれども、Aが自己の身体と密接に結びついた物を自己から分離する、それも分離するように強制されるわけではなく分離するのは、他人のためである。そうでなければ分離する必要がないだろう。ここには、アリストテレスが言うような人間の本性的な社会性、あるいはレヴィナスの言うような他者への配慮と同じような考え方があるように思われる。

これらのことを基にして、個人的所有物どうしの取引を規律する正義の理念とは何かを考えてみよう。このヒントとなるのは、やはりアリストテレスの交換についての考え方である。この問題を、高橋広次の整理に従って考えてみよう。

高橋は言う[11]。

> アリストテレスは「国の維持されてゆくのは比例的な仕方でお互いの間に『応報』の行われることによってなのである」と言う。「交換」という言葉に連動するこの「応報」という言葉のニュアンスをもっと掘り下げて考えねばならない。彼は、応報がきちんと正しく行われていることが国が維持されていくうえで重要なことだと述べている。不正を被ったならば、これに甘んぜずに報いを返すことが大切なことであって、さもなければ、それは奴隷的な態度に等しい。こうした不随意的な交渉において、懲罰を与えることは国を維持するうえで正しい。ならば随意的交渉、すなわち交易的な共同関係においても、それに対応した「正」が考えられてしかるべきである（……）。この「正」が「交易的な共同関係」において異なった人びとを結合する絆となる（……）。（……）好誼を尽くしてくれたひとに対しては率先してこれに報いることが対応給付における交換的正であり、この交換者間の正義は、他の特殊的正義の形式に優先する。なぜならポリスの生活において、他のいかなるものよりも基礎にある友愛（ピリア）の形式を提供するからである。ポリス内に、否ポリスの成立以前でさえ、二人の間に人格的対他関係があるなら、交換的正義が現れる。応報的正が、友愛の侵害に対する回復として現れるなら、交換的正は友愛をもとに契約を誠実に履行することに現れる。（「アリストテレスにおける交換的正の諸問題」・107-109頁）

高橋は、以上のような考え方を要約して、「交換の基礎には友愛があり、互酬を共同の目標としていた」（「アリストテレスにおける交換的正の諸問題」・109頁）と述べる。この「互酬」について高橋は、カール・ポランニーの説明を援用しながら次のように述べる。

K. ポランニーによれば、市場経済への転換期にあったアリストテレス時代の

---

(11) 高橋広次「アリストテレスにおける交換的正の諸問題」、南山法学37巻3・4号、2014年、所収。以下、同論文からの引用・参照にあたっては「アリストテレスにおける交換的正の諸問題」とのみ表記し、その後に頁数を示す。

古代ギリシアでは、交換は必ずしも経済的意味のものではなく、AがBに対して報酬となる財を提供すれば、BはAに対して返報する義務を生じるといった社会的意味のものであった。ある家族が、その特技をもって生産した財を、それを必要とする他の家族へ分与する。後者の家族が前者の家族の必要な財を持っていれば同時に物々交換が行われるが、持っていなければいつか見返りがあるだろうという信用のもとに一方的な贈与があるのみである。しかし共同体の不文律に従って、恩恵を受けた家族はある程度の時差を経たのち、感謝の気持ちをもって、贈与してくれた家族の必要なものを作りお返しをする。彼はこれを「互酬性」の原理と呼んだ。(「アリストテレスの取財術について (1)」・83-84頁)

このような互酬性の原理がアリストテレスの物々交換を支える原理であるというのがポランニーの解釈であり、高橋もこれを支持する。コジェーヴは、「個人的所有の交換（……）は物々交換の性質をもつだろう。所有は所有者から分離されて、別の所有者に「直接的に」結びつけられる」(EPD 583/669) と言う。コジェーヴのいうこのような個人的所有物どうしの交換とは、アリストテレス的な物々交換と同様のものだと考えることができるように思われる。もしそうだとすると、互酬性または互酬性に準じるものがそれを規律する正義の原理だということになろう。

ところで、コジェーヴのいう個人的所有物どうしの交換においては、貨幣が個人的所有物でありうる（「分離可能な個人的財産〔個人的所有物〕すなわち貨幣」(EPD 579/664)）。ところで、今述べたアリストテレス的な互酬的取引を行う一方当事者が貨幣を提供するということが考えられるだろうか。物々交換を貨幣が媒介する場合、つまり自分の物をまず貨幣に交換して、その交換で得た貨幣によって自分の必要な他の物と交換する場合に、初めの交換および後の交換において行われていることは互酬的取引だろうか。この場合の貨幣はおそらく物々交換に割って入った単なる媒介であろうから、これらの交換のそれぞれは互酬的なものではないと思われる[12]。それでは、互酬的

---

(12) ただし、高橋広次が指摘するように、貨幣の純然たる媒介作用が現実に存在しうるかは疑問である。「財を生産して市場に行き貨幣と交換する目的の中に、より多くの貨幣を得ようという目的は一緒に入っていないであろうか」(「アリストテレスの取財術について (1)」・87頁)。

取引において貨幣が用いられることは考えられるだろうか。アリストテレス自身がどうだったかはわからないが、ポランニーはこの可能性を考えていたように思われる[13]。また、レヴィナスからもこの可能性を引き出すことができるように思われる。ここではレヴィナスについて述べる。

すでに述べたように、レヴィナスは、貨幣による贖いが正義の実現であると言う。この贖いの正義が、交換の場合にも作用すると考えることができるのではないだろうか。この場合、この贖いが（正当な）贖い（つまり犯した罪や、受け取った財と等しい）として認められるためには、贖いをなす方と受ける方の双方が（正当な）贖いとして認めるということが必要である。交換の場合には、相手から財を与えてもらうことは、その財を与えた者に犠牲を求めることであると考えるならば、財と引き換えに支払った貨幣はその財＝犠牲の贖いであり、その貨幣額が、その財の価値を表す。コジェーヴにおける、貨幣を個人的所有物とした個人的所有物どうしの交換をこのようなものと考えることができるのではないだろうか。

さらに、この犠牲とそれへの贖いという考え方は、個人的所有物どうしの交換一般を規制する正義の原理として捉えることができるように思われる。このようなレヴィナス的な犠牲＝贖いの関係をアリストテレス的な意味で互酬的なものと考えてよいかどうかは問題である。とりわけアリストテレスにおける互酬的取引、およびそれを規制する等価性の正義は自給自足性の維持を前提にしているが、レヴィナスの場合にはこの前提がない。しかしこの前提をはずして互酬性を考える場合、レヴィナスの考え方は示唆に富む。

ところで、贖いが犠牲と等しいかどうかは計算されねばならない。このような計算のための道具として貨幣が用いられる場合においても、「計算可能性としての貨幣の価値への回帰」があるのだと言えるように思われる。そして、この計算における等しい贖いを、当事者たちは正義にかなったものとして納得するのである。貨幣による贖いは、この計算された等しい贖いを貨幣

---

(13) Cf. Karl Polanyi, «The Semantics of Money-Uses», in Karl Polanyi, *Primitive, Archaic and Modern Economies : Essays of Karl Polanyi*, Edited by George Dalton, Beacon Press, 1968, pp. 181-183. 邦訳として、カール・ポランニー「貨幣使用の意味論」、『経済の文明史』（前掲注5）所収、90-94頁（「貨幣の支払い機能」の項目）。

そのものによって行う場合であると考えることができる。(ところで、レヴィナスに関して述べたように、貨幣による贖いが可能になるためには、貨幣によって人の価値が評価されること、つまり人が価格をもつことが必要である。ところで、価格をもつ人間とは奴隷である。したがって、貨幣による贖いやそのようなものとしての交換が可能であるためには、人が奴隷である必要がある。しかしながら、奴隷は人間ではなく、物と同じ次元にある。したがって、単なる奴隷が贖いの対象となることはない。それが可能になるためには、贖いの対象である人間は、奴隷性を含んだ人間でなければならない。ここに、コジェーヴが人間を、主人性と奴隷性との綜合としての「公民」として定義したことの意義を見て取ることも可能である。)

　個人的所有物どうしの交換は（貨幣が個人的所有物となっている場合もそうでない場合も）、自己の経済的利益、貨幣的利益をめざすもの、つまり投機的なものに転化しうる。交換の双方が自己の貨幣的利益をめざしている、投機的であるとしよう。その場合にも、両者が等価的であるとして同意すれば、それは等価的である（正義にかなっている）と言わざるをえない。この場合には、コジェーヴのいう等価性の正義は適用されない。なぜなら、個人的所有物とは、コジェーヴが楽しみのために描いた絵を個人的所有物と見ていることから示唆されるように (cf. EPD 578/664)、それをつくるための労働または苦労（奴隷的な不利）が問題とならないものであり、したがって有利と不利との等価性が機能しないからである。(レヴィナスのいう「贖い」もまた、奴隷的な不利のことではない。)コジェーヴの場合、この取引がどの程度正義にかなうものとして認められるかどうかは、それが普遍等質国家の公民の地位と両立しうるかどうかにかかっていると思われる。

　すでに述べたように、個人的所有物どうしの取引は、両当事者の必要を満たすために行われる。この点ではアリストテレスの考える等価的な取引と同様である（ただし、アリストテレスの場合には、この取引は共同体の自給自足を維持するための、その共同体のメンバーどうしの取引であった）。そして、個人的所有物どうしの取引は、レヴィナス的に、犠牲とそれへの贖いとして捉えることも可能であるかもしれないと述べた。それでは、取引の一方当事者は必要から、他方当事者は自己の貨幣的利益をめざして取引する場合は、どの

ような正義の原理によって規制されるだろうか（コジェーヴ的な等価性の正義によって規制すべきでないことはすでに述べた）。

　まず、医師と患者との医療契約を考えてみよう（これは岩井が信任関係と捉える事例である）。患者は治療という必要のためにお金を払い、医師はその対価として医療行為を行うのだが、それは自己の貨幣的利益をめざした営利活動でもある。けれども医療行為は本来は営利活動ではない。したがってそれは本来的には商品ではない。それは患者の必要を満たすためのサーヴィス、つまり個人的所有物であると考えることができる。個人的所有物が個人的所有物であるのは、その物（サーヴィスを含む）が、その所有者の人格と結びついているからである。したがって、この結びつきが保証されるという条件で（この保証は国家によって行われることになるだろう）、例えば医師が自己の貨幣的利益の追求を抑えて患者のためにベストを尽くすことが保証されるという条件で、両当事者が納得して契約するならば、その契約は正義にかなっていると言えるのではないだろうか。（この問題は本書第六章でも論じている。）

　消費者が必要を満たすために商人から商品を買う場合についても同様のことが言えるだろう。商人が消費者のために自己の貨幣的利益の追求を抑えて行為すること、例えば商品について消費者によく説明することが保証されるという条件で、両当事者が納得して契約するならば、その契約は正義にかなっていると言えるだろう[14]。

　最後に、第二章でも述べたように、コジェーヴにおいては、普遍等質国家の実現は、完全に首尾一貫した言説＝「知の体系」の完成でもある。しかしこの完全な言説には、語られないという形で、語られざるものが含まれている。つまり完全な言説は沈黙を前提にしており、この意味で無根拠である。したがって、岩井における貨幣・法・言語の無根拠性の問題とコジェーヴの議論とを関連づけることは十分に意味のあることだと考える。

---

(14)　この問題については、次の拙書を参照していただきたい。堅田研一『法の脱構築と人間の社会性』御茶の水書房、2009年。

第四章　貨幣と正義

（※）本章で参照した高橋広次氏の論文のうち、注（11）の「アリストテレスにおける交換的正の諸問題」は、その後、高橋氏の著作『アリストテレスの法思想――その根柢に在るもの』成文堂、2016年、に再録された（第二部第3章）。本書の問題意識とも関連する優れた著作なので、ぜひご参照いただきたい。

第五章　問題設定としての普遍等質国家論
　——グローバリゼーションの理解のために

1. 問題設定

　アレクサンドル・コジェーヴは人間を「無」として定義する（「存在〔自然〕のなかで無化する無」[1]）。したがって無である人間が自己を認識するためには他者を介して自己を認識する、つまり他者を自己の鏡にするしかない。これは他人との関係では「承認欲望」となる。つまり、他人が私を承認すること、言い換えると私の欲望を他人が自らの欲望とすること、他人が私を絶対的な価値として承認することを私が欲望することである。このような承認欲望をもつ二人のホモ・サピエンスが互いに相手を自分の鏡にしようと闘争することが「承認を求める生死を賭けた闘争」である。人間的世界の一切がここから生まれるとコジェーヴは考える。人間的世界とはいわば無の展開である。この展開の終わり＝完成において「普遍等質国家」が生じる。この無の展開としての人間的世界との関係でのみ自然は意味をもつ。つまり、自然とは、（なるほどそれなしには人間的世界は存在しないものの）人間的世界によって形を与えられ、支配されるだけの、それ自身は固有の価値をもたないものと捉えられることになる。

　ところが、この普遍等質国家の原理によっては把握できない分野が残る。それは家族社会と経済社会である。この両者はそれぞれ普遍等質国家と互いに前提し合う関係にあり、普遍等質国家はこれらを維持することに利害関心をもつものの、これらはいずれも普遍等質国家とは別物である。コジェーヴ

---

[1] Alexandre Kojève, *Introduction à la lecture de Hegel*, Gallimard, 1947, pp. 168-169. 邦訳として、アレクサンドル・コジェーヴ『ヘーゲル読解入門』上妻精・今野雅方訳、国文社、1987年、54頁。引用文中の〔　〕は堅田による補足である。以下も同様である。

の『法の現象学素描』[2]（本章では、『法の現象学』を、原題に忠実に、『法の現象学素描』と呼ぶ）によれば、普遍等質国家は、第三者を通じてこの二つの社会に自らの正義の理念を適用しようとする。しかしながら、なぜ普遍等質国家の正義の理念を、それとは別の、つまりそれとは別の原理をもつ社会（家族社会の原理は存在への愛であり、経済社会の原理は自然的所与を否定する労働である。このような労働は奴隷的・ブルジョワ的労働も含んではいるものの、「死の危険」（後述）によることを必ずしも必要とはしないから、やはりそれとは区別されるべきものである。さらにこれらの社会は、承認を求める闘争もそこから生じる労働も行わない女性をメンバーに含んでいる）に適用しなければならないのだろうか。また、もし適用することが正当化されるとしても、この適用は、普遍等質国家の正義の理念を修正しつつの適用になるのではないだろうか。

　コジェーヴは法による普遍等質国家の実現をめざした。今挙げた彼の『法の現象学素描』（以下、『素描』ともいう）は、まさしくそのための道筋を描いている。ところで、現代の社会において、いわゆるグローバリゼーションによる、一国民国家のみでは対処できないさまざまな問題が噴出していることを考えるとき、一種の世界国家をめざしたコジェーヴのこの構想は引き継ぐに値するものだと考える。『素描』の英訳者であるロバート・ハウスとブライアン＝ポール・フロストもまたそう考えている。彼らは、この英訳書の「導入的試論」[3]において、コジェーヴのこの構想がどのようなものであり、それがいかにして実現可能かを考察している。本章は、まず彼らの議論を追いながら、彼らによる『素描』の解釈、および彼らの描き出す普遍等質国家

---

(2) Alexandre Kojève, *Esquisse d'une phénoménologie du droit*, Gallimard, 1981. 邦訳として、アレクサンドル・コジェーヴ『法の現象学』今村仁司・堅田研一訳、法政大学出版局、1996年。以下、同書からの引用・参照にあたっては、EPDと略記し、最初に原書の頁数を、その後に邦訳書の頁数を表記する。

(3) Robert Howse and Bryan-Paul Frost, «Introductory Essay : The Plausibility of the Universal and Homogenous State», in Alexandre Kojève, *Outline of a Phenomenology of Right*, Edited by Bryan-Paul Frost, Translated by Bryan-Paul Frost and Robert Howse, Rowman and Littlefield Publishers, Inc., 2000. 以下、同論文からの引用・参照にあたっては、IEと略記し、その後に同論文が収められている *Outline* の頁数を示す。

像を取り出し、検討する。私は、彼らの解釈に共感する部分が多い。しかしながら、彼らの解釈には、今述べた問題、つまり、なぜ普遍等質国家の正義の理念が、それとは異なる原理をもつ家族社会や経済社会に適用されるのかという問題が残り続けるように思う。私は、この問題に対する回答を、フランスの優れたコジェーヴ研究者ロラン・ビバールによるコジェーヴ解釈のなかに見出すことができるのではないかと考えている。そこで、次に、ビバールのコジェーヴ解釈を検討しながら、この問題に対する回答を考えてみたい。この考察の過程で、コジェーヴとハンナ・アーレントとの思想的な類似性、とりわけ法の概念の類似性を見出すことになった。そこで、この類似性についても検討しながら、コジェーヴの法論の意義について考えてみたい。

以上の考察の前提として、コジェーヴの哲学における、『ヘーゲル読解入門』との関係での『素描』の意義を、ハウスとフロストに従いながら述べることから始めたい。

2. 『法の現象学素描』の意義

コジェーヴによれば、法とは、AとBという二人（の人間存在）の当事者の間の相互作用に対する公平無私（impartial et désintéressé）の第三者Cの介入である。例えば、AがBを殴ろうとしたところ、そこに第三者CがそのAの行為を止めさせようと介入したとする。この場合、Bは殴られない権利、Aは殴ってはならない義務をもつことになる。「公平」というのは、AとBとを取り替えてもCの介入の仕方は変わらないということであり、「無私」については、Cが任意の誰であってもその介入の仕方が変わらない場合、そのようなCの介入は「無私」であることになる。このような第三者Cの公平無私の介入がある場合、そしてその場合にはじめて、二人の当事者の間の関係は法または権利（droit）の関係になる。

ところで、公平無私の第三者の介入とは、第三者が自己の利益を実現するための行為ではない。それは、当該の相互作用に正義の理念を適用する行為、正義の理念の実現の行為である。つまり、正義の理念を実現するということ以外の動機をもたない第三者の介入が公平無私の介入なのである。ま

た、第三者（の介入）が公平無私である場合、必然的に、この第三者は、正義の理念の実現をめざしているのである。二人の当事者の間の相互作用に対する公平無私の第三者による正義の理念の適用を、コジェーヴは法と呼ぶ。

ところで、コジェーヴが、人間存在の完成＝終わりとして「普遍等質国家」を主張したことは有名である。コジェーヴによれば、人間とは歴史的存在であり、歴史の過程において自らの潜在的能力、つまり可能態を顕在化させるのであるが、原理的に考えると、この過程には終わりがある。この終わりとは人間が自らの可能態を完全に顕在化させること、つまり人間性の完成である。そしてこれは、普遍等質国家の到来によって実現する。普遍等質国家とは、すべての人間存在が、その個別性（particularité）において、つまりその独自の存在において普遍的に（つまり他のすべての人間存在によって）承認され、かつその各自の存在の条件が全員において等しくなるということが実現した国家である。

コジェーヴが最初に普遍等質国家論を主張したのは、『ヘーゲル読解入門』（以下、『入門』ともいう）においてであった。そこでは、自己が他者によって承認されることを欲望する「承認欲望」をもった二人のホモ・サピエンスが、自己の人間性の承認を求めて生死を賭けて闘争することによって人間的存在が発生すると考えられている。この人間発生論については第一章第２節で述べたが、本章の理解にとっては重要なところなのでここでもう一度繰り返しておく。

この人間発生的闘争において、闘争の当事者は、承認のために自己の生命を危険にさらす、つまり自己の動物性を克服する覚悟を示すのだが、この闘争を最後までやり遂げる覚悟のある者は、死の恐怖に屈して闘争を放棄した者に勝利する。この闘争の放棄において、敗者は勝者を人間的存在として承認したのである。また敗者は、自己が動物性を克服できなかったもの、つまりまだ人間的存在ではないものであることも認識する。この承認によって勝者は「主人」、敗者はこの主人の「奴隷」となる。主人はこの闘争によって自己の人間性を承認されるのであるが、この承認によって自己の承認欲望が満足させられることはない。なぜならそれは、自分がその人間性を承認しない者による承認であるからだ。そのような承認は、動物による承認に等し

いから、人を満足させることはない。人を満足させる承認とは、自己が承認するに値する者による承認、つまり「相互承認」でなければならない。ところが、主人は、主人である限りにおいて、この相互承認を実現することはない。なぜなら、相手を承認するとは自分がその相手の奴隷になることを意味し、これは主人にとっては受け入れられないことであるからだ。したがって、主人は自己の承認欲望を完全に満足させることができない。コジェーヴによれば、この承認欲望の満足、つまり相互承認の実現こそが人間性の実現なのであるが、主人は歴史のなかでこれを実現することができず、袋小路に陥り、歴史から消え去る。奴隷のみが、相互承認を実現することができる。歴史とは、奴隷による相互承認の実現の過程にほかならない。

　主人の奴隷になった奴隷は、主人のために労働する。奴隷は自己の産出した物を自ら消費することができず、それを主人の消費のために提供しなければならない。つまり奴隷は、自己の動物的欲望の満足を断念せざるをえない。これによって奴隷は、自らの動物性を克服するすべを学ぶ。また、奴隷は、労働によって自然に働きかけ、それを変形して物を産出するのであるから、所与の自然を否定する。こうして奴隷は人間化される。ところが、このような部分的な人間化では奴隷は満足しない。奴隷はあくまでも自己の承認欲望の満足を求める。自己の承認欲望を満足させるためには、自己が承認するに値する他人に自己を承認させる必要がある。ところで、奴隷はすでに主人を承認している。したがって、奴隷が承認欲望を満足させるためには、自己の主人に自己を承認させるだけでよい。この承認を求めて奴隷が主人に対してもう一度闘いを挑み自己を承認させるとき、相互承認が実現し、人間性が完全に実現される。この相互承認を実現する奴隷は、端的な主人になるのではない。彼は主人にして奴隷、戦士にして労働者になる。これをコジェーヴは「公民（Citoyen）」と呼ぶ。この相互承認が実現するとき、人間性は完全に実現し、このとき歴史が終わる。これは、自らの個別性が万人によって承認されることであり、これは普遍等質国家において実現されるのである。

　コジェーヴの「承認を求める生死を賭けた闘争」という考え方は、カール・シュミットが政治的なものの本質と考えた「友・敵」論に基づいている（cf. EPD 144, 144 note 2/161, 695（注87））。したがって、普遍等質国家は、政

治的なものの展開の結果として生じる。ところが、コジェーヴによれば、この普遍等質国家とは、前に述べた意味での法または権利によって完全に支配される国家である。つまりそれは、シュミット的な人の支配、つまり「主権者」の支配ではない。それは、シュミット的な政治が完全に消滅した国家である。また、普遍等質国家が生成する過程でも、法または権利が、政治的闘争と並んで、決定的に重要な役割を果たす。普遍等質国家における法の問題を提起したのが、コジェーヴの『法の現象学素描』である。これは、『ヘーゲル読解入門』においては欠落していた法、および法と政治との相互関係の観点から普遍等質国家を描き直した作品である。コジェーヴからすれば、政治や政治的関係のみでは社会的秩序や国家は存続できないのである。したがって、コジェーヴの政治哲学（それは普遍等質国家論に極まる）は、『法の現象学素描』抜きには理解できない。

　『法の現象学素描』の英訳版の訳者であるロバート・ハウスとブライアン＝ポール・フロストは、この英訳書の「導入的試論」において、コジェーヴの理解のためには、とりわけその普遍等質国家論の理解のためには『法の現象学素描』の理解が決定的に重要であり、フランシス・フクヤマのような政治的理解だけではコジェーヴ理解にとって不十分であると主張する (cf. IE 1-3)。そして、コジェーヴの法の強調は、シュミットの政治哲学に対する反論の意味があるのだとして、その独自の意味を浮かび上がらせようとする。『素描』の日本語版の訳者の一人である私も彼らの主張には賛成である。そこで、次節では、まずはハウスとフロストの理解に沿いながら、『素描』の政治哲学的な意義を浮かび上がらせてみたい。次に、「男性性」と「女性性」の観点から独創的なコジェーヴ論を展開するロラン・ビバールの理論によって彼らの議論を補足したい（本章で主に取り上げるのは、彼の新著『テロリズムとフェミニズム』である(4)）。なぜなら、私見によれば、彼らの議論には、ビバールのいう「女性性」への配慮が不十分であると思われるからである。

　ハウスとフロストの考え方と女性性の問題とをつなぐことができるのでは

---

(4) Laurent Bibard, *Terrorisme et féminisme : Le masculin en question*, Éditions de l'Aube, 2016. 以下、同書からの引用・参照にあたっては、*Terrorisme et féminisme* と表記し、その後に頁数を示す。

ないかと私は考える。その概略を示せば次のようになる。彼らの考える普遍等質国家、つまり平等の正義と等価性の正義との綜合としての公平の正義によって支配される社会とは、生まれや境遇のような偶然的な要因を排除した上で市場における自由競争が行われるような社会であると考えられる。彼らのいう偶然的要因には個人の生まれつきの才能が含まれるだろう。生来の才能を否定してすべての者が同じスタートラインに立てるように、例えば才能ある者にハンディキャップを課するような社会は、マイケル・サンデルが指摘するように、自由を完全に否定した悪しき平等の社会であるだろう[5]。この問題を踏まえてジョン・ロールズは、生来の才能の不平等の是正と市場競争とを両立させるために格差原理を主張した。ハウスとフロストはこの問題について、つまり生来の才能の違いを含む偶然的要因による格差の排除と自由競争とをどのように両立させるのかという問題について、後述するように、不正な格差を排除すればよいと考える。しかし、それによっていかなる競争が生じるかについては述べていない。この点について考えてみたい。

彼らは彼らの普遍等質国家の構想を、コジェーヴに従って「社会主義的」と呼ぶ。普遍等質国家、つまり「社会主義帝国」において (cf. EPD 575/660) 一切の私有財産、したがって自由競争は否定されるように思われるが、コジェーヴはそうは考えない。社会主義帝国にもある種の私有財産は残るのである。それをコジェーヴは「個人的所有（個人的財産）(propriété personnelle)」と呼ぶ。これに対して、社会主義帝国において否定されるのは「私的所有」または「私有財産」である。コジェーヴによれば、社会主義帝国、つまり普遍等質国家においても経済社会、つまり市場は残る。そしてそれは個人的所有を基礎にする。この問題については後で詳しく検討するが、ハウスとフロストが否定する偶然的な要因に基づく（市場競争において生じる）格差とは、コジェーヴからすれば、普遍等質国家において否定される格差であり、彼らが考える、偶然的な要因を排除した上で行われる自由競

---

(5) Cf. Michael J. Sandel, *Justice : What's the Right Thing to Do?*, Farrar, Straus and Giroux, 2009, pp. 155-156. 邦訳として、マイケル・サンデル『これからの「正義」の話をしよう――いまを生き延びるための哲学』鬼澤忍訳、早川書房（ハヤカワ・ノンフィクション文庫）、2011 年、247-248 頁。

争とは、個人的所有を基礎にした経済社会に対応すると考えることができるように思われる。偶然的な要因を排除した上で行われる自由競争とは、（普遍等質国家において否定されるべき格差と両立する）生来の才能ではなく、ある種の個性を基礎にした競争だと抽象的には言えるだろう。この生来の才能でない個性とは何を意味するのかは十分に検討する必要があるが、この問題はコジェーヴにおいても存在すると思われる。これは、コジェーヴが、奴隷的・ブルジョワ的経済社会——自由競争とそれによる格差を認める、したがって偶然的な要因である才能による格差を認めると思われる——とは区別された、個人的所有を基に構成される経済社会を基礎づけるものを「特殊性(spécificité)」と呼んでいることから示唆される。ところで、個人的所有に基づく経済社会とは、普遍等質国家とは別物であるから、両者の相互関係について考えることができる。ハウスとフロストも、社会主義帝国においても経済社会は残ると考えている。したがって彼らもまた、この両者の相互関係を考えざるをえない。そして、彼らの考えるこの経済社会とは、コジェーヴのいう個人的所有に基づく経済社会のことだと考えざるをえないし、またそう考えるのが正しいと思われる。そして、私の考えでは、ビバールのいう女性性は、個人的所有を基礎づける特殊性と本質を同じくする。そしてビバールは、経済社会や家族社会と切り離された、それ自体としての、いわば無の展開としての普遍等質国家をグローバル化する社会と捉え、男性性（正確には「マッチョ主義」）として特徴づけるのだと考えられる。つまり、ビバールのいう男性性と女性性との関係とは普遍等質国家と、特殊性に由来する個人的所有に基づく経済社会（およびそれと結びついた家族社会、つまり家政的な家族社会）との間の関係のことである。そうだとすると、ビバールのいう男性性と女性性という問題設定はハウスとフロストにもあるし、この問題設定を用いて彼らの考え方をさらに展開することができるのではないかと考える。彼らは、経済社会とはグローバルなものであるから、それを規制する普遍等質国家もグローバルなものにならざるをえないと考え、さらにこのグローバルな普遍等質国家は法的な統合によって生じることが可能だと考える。この彼らの考え方は、非常に興味深い——とりわけ、ロールズの格差原理が主に国内法によって実現されるべきものであることとの関係でも非常に興味

深い——が、この考え方を展開するうえでも、ビバールのいう男性性と女性性という問題設定は有用だと考える。

3. ハウスとフロストによる『素描』の解釈

ハウスとフロストは、『素描』の意義について次のように言う。

> 『素描』は普遍等質国家を、僭主政治や帝国を通じてではなく、国家間の法的統合——この統合は、結果として、一種の超国民国家的な憲法的秩序を生じさせ、そしてこの秩序には、唯一の、決定的な正義の概念が浸透しており、それによって統合されている——を通じて達成されるべきものとして提示する。この最終的秩序の住民たちは、動物やニヒリストや遊戯にふけるスノッブでさえあるどころか、公民であり、労働者であり、家族のメンバーである。彼らは、これらの人間的役割にふさわしい相互的な権利と義務とをもち、その人間特有の欲求（needs）は、労働における承認および家族のなかの愛によって満たされる。この最後の秩序は、人の支配の、法の支配による完全な置き換えという超＝リベラルな目標と呼んでいいようなものの達成であるだろう。実のところ、カール・シュミットの意味における政治的なものや国家はもはや現存しないだろう——すべての経済的・社会的諸関係は、伝統的に主権国家間の関係として考えられてきたものでさえ、法的に（juridically）秩序づけられるだろう。さらに、この普遍的な法(ジュリディカル)的秩序が自らを実現する基礎となる正義の概念は、市場のブルジョワ的正義の諸要素と社会主義的平等主義の諸要素とをともにもたらす、一種の綜合であるだろう。(IE 3)

この記述は、『入門』における普遍等質国家論を基にコジェーヴを論じるのでは不十分であることを示すためのものである。コジェーヴは人間を自己の自然または動物性の否定として定義する。その否定は生死を賭けた闘争と、その結果としての労働によって行われる。ところが、普遍等質国家においては、もはやこのような意味での闘争も労働もない。したがって、普遍等質国家において人間がどのようにして人間として生きることができるのかという問題が、『入門』に対して提起された。これに対してコジェーヴは、『入門』の第2版において追加された注において、普遍等質国家が実現した際には、つまり「歴史の終わり」においては、人間は動物性に回帰するか、さも

なくば、つまり人間であり続けるならば、日本的なスノッブとして生きることになると述べたのだが、彼らの記述はこれを前提にしたものである。コジェーヴの解釈者の多くは、この『入門』におけるコジェーヴの記述を取り上げ、肯定したり批判したりするが、歴史の終わり、つまり普遍等質国家における人間のあり方は、むしろ『素描』においてより具体的に描かれており、したがって『素描』に言及しないで普遍等質国家について論じるのは不十分であると彼らは主張するのである。

　今引用した彼らの記述には注目すべき点がいくつかある。まず、普遍等質国家の公民の「人間特有の欲求」は、「労働における承認および家族のなかの愛」によって満たされるという点である。いわゆる主人と奴隷の弁証法に由来する相互承認によって満足するとは考えられていないのである。次に、「この普遍的な法的秩序が自らを実現する基礎となる正義の概念は、市場のブルジョワ的正義の諸要素と社会主義的平等主義の諸要素とをともにもたらす、一種の綜合である」という点である。彼らは、奴隷またはブルジョワたちによって構成される社会を「市場 (market)」と特徴づけ（この点ではコジェーヴも同じである (cf. EPD 528/610)）、この市場と社会主義的平等主義とが綜合されることによって一種の市場が残ると考えているのである。そして第三に、市場を支配するブルジョワ的正義と社会主義的な平等主義的正義との綜合としての正義の概念によって支配された普遍等質国家においては、シュミットの意味での政治的なものも政治的な国家も消え失せるという点である。そこにあるのは、「労働における承認」を可能にする経済社会、および「家族のなかの愛」を可能にする家族社会、そしてこれらの社会におけるメンバー間の相互作用（およびメンバーとその社会との相互作用）に絶対的な正義の概念を適用するために介入する第三者、そしてこの第三者の介入を抵抗しえない形で強制するものとしての国家的な装置である。

　シュミット的な意味での政治的なものが消滅しているとすると、生死を賭けた闘争に由来する奴隷的な労働もなくなっているはずである。したがって、普遍等質国家においても存続する経済社会とは、奴隷から構成される政治的な経済社会（なぜ「政治的」かというと、「奴隷」の概念は、それが闘う「主人」の概念を、したがって「友」と「敵」との闘争を、したがって「死の危

険」を前提にしているからである）とは区別されねばならないだろう。

(1) コジェーヴ的承認の解釈

ハウスとフロストによれば、コジェーヴにおいて重要なのは生死を賭けた闘争ではなく、それによる承認の方である。そしてこの承認は法的に実現される。

> コジェーヴによれば、人間存在はさまざまな政治以前的または超政治的諸社会のメンバーとして生活を送り、また自分自身を実現しようとする。これらの社会のなかで最も重要なのは（少なくとも普遍等質国家の潜在力の理解のためには）、家族社会と経済社会とであるように思われる。法＝権利（right）とは、これらのさまざまな社会の内部における諸関係——当該社会全体に対する個人の関係を含む——への所与の正義の原理の、第三者による適用である（167頁）。国家がこの図式に現れるのは、第三者の介入の抵抗不可能性の保証者としてである。(IE 13)（この引用文中の頁数の指示は、Outline の該当頁数の指示である）

彼らによれば、「諸集団どうしの対立」、例えばシュミット的な政治的なもの、つまり友-敵の政治的闘争は、人間の永続的な欲求の対象にはなりえない。また、「いわゆる「人種」、「言語」等々の根拠に基づく諸個人相互の統合は、まったく慣習的なものであり、普遍等質国家をこれまで達成できていないことの関数である」(IE 13)。

彼らによれば、重要なのは闘争における生命の賭けまたは死の危険・恐怖ではなく承認であるというのがコジェーヴの考えである。彼らは言う。

> したがってコジェーヴによれば、人間は最初に暴力的闘争を通じて自分自身を人間化し、まずはこのような仕方で承認を追求する一方で、このようなかたちで顕示され設定される恒常的な人間的欲求とは、闘争を求める欲求ではなく、承認を求める欲求である（211-12頁）。(……) 人間存在を最終的に満足させる承認は法的に達成される。つまり、国家がその政治的性格を失い、単にある決定的な正義の概念に基づく法＝権利の普遍的な保証者になる場合に達成される。いったんこのような保証が行われるならば、法＝権利は、普遍的な人間的満足を求める個人的欲求の承認を確かに与えることができる（474-79頁）。(IE 13-14)（強調は原文。(……) は堅田による省略を示す。

以下も同様である)(引用文中の頁数の指示は、*Outline* の該当頁数の指示である)

したがって、コジェーヴによれば、「いったんすべての諸関係が正義によって規定されるならば、政治的闘争はもはや必要でなくなるか、可能でなくなる」(IE 14) ことになる。

それでは、法によって達成される、人間を完全に満足させる相互承認はどのようにして実現するのだろうか。ハウスとフロストによれば、それは法による公平の正義の保障の下での労働によって実現される。彼らは、相互承認を実現できないという主人の袋小路を描いた後、次のように述べる。

> (……)労働——最初は主人のための——を通じて、奴隷は自ら人間的になる道を見出す。それも、闘争による死の危険なしにである。奴隷は、労働に必然的に伴う自然そのものの支配を通じて動物的実存を否定する (431-33 頁)。闘争を放棄することによって、奴隷は、主人の平等者として見なされたいという自らの主張を放棄する。主人は、闘争を最後まで戦い抜く覚悟のあった他の主人たちのみを平等者として承認するのだ。しかしながら、奴隷の観点からは、自分の生命と労働との交換のなかに等価性——一種の契約的正義——が存在する。ところがこの等価性は、主人たちからなる貴族的社会によっては正義として承認されえない。というのも、奴隷の労働を人間的なものとして、ある種の取引(一種の平等性を含んでいる)の産物として承認することは、貴族的社会の原理そのもの——人間的承認への主人のみの権利——を掘り崩すだろうからだ (223-24 頁)。したがって闘争は次のような結果を生じさせた。すなわち、等価性を正真正銘の正義の原理として確立すること、また究極的には、社会主義的公平において、つまりコジェーヴが公民の正義と呼ぶものにおいて等価性の正義と平等の正義とが綜合されること、を可能にする結果である。
>
> したがって、原初の闘争が、労働を通じて承認される人間性の可能性に導くからこそ、それは人間的満足の手段を与えるのである。このような承認は、等価性の正義に基礎を置いてはいるものの、平等を含む。なぜなら、ある決定的な意味において、ある者を、たとえ等価性を基礎にしてではあれ人間として承認することは、その者を平等者として承認することであるからだ(奴隷が主人と不平等であるのは、奴隷の承認されざる人間性のゆえにである)。労働は、相互的で普遍的な承認に至りうるのであるから、闘争や主人性そのものと比較すると、人間的満足に至るより適切な道である。普遍等質国家の

> ポスト歴史的条件においては、理にかなったことに人々は労働したいと思うだろうが、闘争したいと思うまたは闘争する欲求を感じることはないだろう。というのも、労働への欲望が、自分の生命を維持したいという欲求によって制限されることはないからである。労働は新しい欲求を創造しもする（433、477頁）。(IE 15)（改行は原文のまま）（引用文中の頁数の指示は、*Outline* の該当頁数の指示である）

この記述によれば、相互承認は次のようにして実現される。等価性の原理が法によって実現されるとき、この法が適用される者たちは、それが主人と奴隷であってさえ、同じ人間として承認されており、それは平等者としての承認を含んでいる。これによって等価性の正義と平等の正義とは綜合されることになるだろう。つまり、公平の正義を実現する決定的な法が生じるだろう。この法によって承認されている人間性とは、生命を危険にさらすことによる動物性の否定としての主人的人間性ではなく、労働による自然・動物性の否定としての奴隷的人間性である。国家（普遍等質国家）が法による公平の正義の実現の保証者になることにより、人々はもはや政治的な闘争を行おうとは思わなくなるだろう。なぜなら、人々はこの法における公平な条件の下での労働によって相互的で普遍的な承認に至ることができるからだ。人々は労働とそれによる承認を求めるようになるだろう。

以上は労働を通じた人間化と承認であるが、ハウスとフロストは、家族における人間化と承認（人間的存在として愛されること）についても語る。

> コジェーヴによれば、人間は自らの行為において承認されたいという欲求があるばかりでなく、自分が現にそうであるものにおいて愛されたいという欲求がある。この第二の欲求は、自らの有限性、自らの死すべき運命についての人間の意識とある特有な仕方で結びついている。人間は、動物的存在としての自らの死を超えて、愛され、存在しようとする。したがって、家族のなかでは、繁殖は、単に動物の産物ではなく、特有の人間的欲求でもある（408-13頁）。家族を通じての人間化は、何よりもまず、人間の粗暴なまたは動物的なセクシュアリティの一種の征服または克服である。したがって、労働を通じての人間化が非人間的な本性＝自然（nature）の支配または飼いならしを伴うとすると、家族における人間化は、人間が自分自身を抑制することを含む。すなわち、実際、家族内での人間的教育は、何よりもまず、もろもろのタブーまたは制約の教えとして現れる（403-4頁）。（……）実際、自己抑

制がないとすると、正義と法＝権利を通じた承認はどのようにして可能になるというのだろうか。自己抑制または自己克服の要素がないとすると、人間たちが、暴力的闘争に戻るよりもむしろ自分たちの争いを、その権威が承認されている第三者の介入に服させるということは容易には想像できないのである。事実、この抑制は、主人たちが、単に死に至るまで闘争を続けるよりはむしろ彼ら自身の間に進んで正義を適用しようとすることにおいてすでに開示または顕示されている。そしてこれこそが、コジェーヴによれば、貴族社会における（平等な）所有の権利の起源なのである（245-49頁）。（IE 15-16）（引用文中の頁数の指示は、*Outline* の該当頁数の指示である）

家族生活において動物的な性的欲望の自己抑制を学ぶことによって主人たちは、自らの闘争を第三者の介入に服させるようになる。この主人の自己抑制によって法が生じ、この法によって主人たちの社会が可能になる。つまり、この家族生活による自己抑制が法の起源なのである。（この考え方は、ビバールの考え方と一致する。ビバールは、人間の直立によって女性の性器が隠されたこと、それによって女性が性交渉を拒否し、その拒否を男性が受け入れるところに、根源的な人間化を見た[6]。）

以上の彼らの記述によると、人間としての承認の源泉である動物性の克服は、自然・動物性の否定としての労働というかたちで行われてもよいし、家族のなかでの教育による「動物的なセクシュアリティ」の克服というかたちをとってもよいことになる。おそらく、闘争による動物性の克服、あるいは死の危険・恐怖による労働というかたちでもよいだろう。つまり、これらの人間化はすべて等価であり、主人的な、または奴隷的な人間化、つまり「死の危険」に基づく人間化を特権化する必要はないことになる。

しかしながら、人間どうしの相互作用に適用される正義の理念は、コジェーヴによれば、承認を求める生死を賭けた闘争と、その結果としての主人とその奴隷との形成から生じる。このような正義の理念が、このような闘争から生じる「死の危険」とは関係のない例えば家族社会のメンバーの間や家族

---

(6) Cf. Laurent Bibard, *La Sagesse et le féminin : Science, politique et religion selon Kojève et Strauss*, L'Harmattan, 2005, Deuxième partie, Chapitre 4. 邦訳として、ロラン・ビバール『知恵と女性性――コジェーヴとシュトラウスにおける科学・政治・宗教』堅田研一訳、法政大学出版局、2014年、第二部第四章。

社会そのものとそのメンバーとの間の相互作用になぜ適用されることになるのだろうか。(自然・動物性の否定としての労働によって形成される経済社会についても同じことが言える。) この場合、正義の理念は修正されながら適用されると言わざるをえないように思われる。この修正的適用をどう考えればよいのだろうか。この問題を考えるにあたって、男性性と女性性というビバールの問題設定が有効であると私は考えるのである。

(2) コジェーヴのいう普遍等質国家＝「社会主義帝国」に関する解釈

ハウスとフロストは、平等の正義と等価性の正義とが公平の正義の下で綜合される事態を次のように描く。まず彼らは、コジェーヴの『素描』の次の一節を引用する。

> 二人の人物に夕食のための食糧を分けるとする。一人は昼食を食べたが、もう一人は食べていないとする。このとき、昼食を食べていない方がより多く受け取る場合、分け方は正当であるとわれわれは言うだろう。また、大人のものより大きなケーキ片を子供に与えることは正当であるとわれわれは言うだろう。弱者の荷物を強者より軽くすることもまた正当である。スポーツにおいてハンディキャップをつけることが生まれたのは、ある正義の理想からである。こうしたことから一歩を踏み出すだけで、次のように主張しうる――ある物を最も強く欲望する者にそれを与えることは正当である、と。また一般に次のように言われる――ある物を最も強く必要とする者にそれを与えることは正当である、と。(必要＝欲求 (needs, besoins) に応じて各人に、という「共産主義」社会の原理を参照せよ。) あるいはまた次のように言われるだろう――物を得るために最も努力した者にその物を与えるのは正当である、と。(功績に応じて各人に、という「社会主義」社会の原理を参照せよ。) 等々。
>
> これらすべての場合において、主人は、出発点の不平等という不正義に憤慨するだろう。したがって、貧しいが誇り高い人間は、平等の正義だけが適用されるよう、自分が昼食を食べていないという事実を隠しうるだろう。また弱者は、誇りや自尊心によって(ブルジョワなら虚栄心によってと言うだろう)、強者と同じ重さのものをかつぎうる。同様に子供は、何よりも「大人として」扱ってもらいたいと思う場合には、自分に有利な分け方にむっとすることがありうる。また、等価性の正義の要求により他者にハンディキャップが課せられる試合は拒否する方がいいと思うスポーツマンがいる。要する

に主人は、等価性、つまり自分と他者との不平等の埋め合わせを考慮することなく、平等を要求しうる。これに対しブルジョワまたは奴隷は、条件の不平等は考慮することなく、条件の等価性で満足するだろう。(EPD 295-296/349-350)(IE 21)(改行は原文のまま)

このコジェーヴの記述について彼らは次のように言う。

> 平等としての正義と等価性としての正義との間のこの緊張関係がある種の綜合において解決されうる仕方が、この一節のなかでは、「功績に応じて各人に」という「社会主義的」アイディアによって示唆されている。この観念は等価性を具体化する。なぜなら、異なる人々に異なる分け前を、平等な機会と共に、与えることは正当でありうるからである。(とりわけ労働における)条件と報酬に関する前者の差異は、生まれという偶然や他の偶然的事情によって根本的に影響を受けてはいないと確信しうる場合にのみ、功績の差異によると見なされうる。したがって、平等の社会主義的綜合は、チャンスまたは機会を平等にすることによって異なる条件や報酬がそれらの等価性において正当であるような場合に、可能である。機会の平等(社会主義的国家における公民の「身分」の問題)を保障するための平等な資格(教育、等々)がない場合には、平等と等価性との間で、多かれ少なかれ厳しい緊張関係が常に残るだろう。(IE 21-22)

つまり、生まれや他の偶然的事情によって影響されないという意味で「機会の平等」が保障されている状況の下で自由競争が行われ、労働の条件や報酬が決まるとき、それは「功績に応じて各人に」という正義の理念にかなっている。そしてこれが、平等の正義と等価性の正義との「社会主義的」綜合なのである。彼らは、夕食に関する事例を再び取り上げるコジェーヴの次の一節を引用しながら、この考え方をジェンダーの問題にも当てはめる。

> 平等の原理は、権利所有者に平等な取り分が分配されることを要求し、それ以上の配慮は行わないだろう。しかし等価性の原理は、これらの平等な取り分が本当に等価であるかどうか問いただすだろう。ある人々が他の人々よりも空腹であることが確認されるならば、全くそうなっていないことがわかるだろう。この場合には、取り分が食物に対する各人の必要に比例するよう、違った形の分配がなされるだろう。この原理がこうして満たされれば、人はそれで満足するだろう。しかし、もう一方の原理は、この分配の不平等にショックを受け、この不平等を除去しようとするだろう。ただし、等価性の原

理にショックを与えないよう、関係者の不平等を除去せねばならないだろう。したがって、なぜある人々が他の人々よりも空腹であるかが問われるだろう。この違いが、一方の人々は昼食を食べ、他方の人々は食べなかったという事実の結果であると確認されるならば、今後は全員が昼食を食べられるよう配慮がなされるだろう。(EPD 315/371-372) (IE 22)

したがって、形式的な平等を是正する等価性の原理を用いながら男女間の機会の平等を実現すること、そしてこの条件の下で男性と女性とが競争することが、平等の正義と等価性の正義との綜合だということになる。

彼らによれば、コジェーヴの正義の理念が適用されるほとんどの領域は家族社会と経済社会であるが、現在グローバル化している経済社会における問題、とりわけ格差の問題を解決するために、コジェーヴの正義論は有効であるという。そして、この場合には、このような正義の理念を適用するために、普遍的な国家が必要となる。彼らによれば、例えば市場競争の結果を操作することによってグローバル化している市場を機能喪失させることは解決にはならない。「たぶん人は端的に次のことを認識するだろう。すなわち、多くの場合、ある安定的で正義にかなう解決が達成されうるのは、市場の結果を操作することによってではなく、むしろ諸個人が市場にもたらすチャンスまたは機会を平等化することによってである、と」(IE 23)。

さらに彼らは次のように言う。

> 人は、例えば、中国やミャンマーにおける奴隷労働のためにグローバリゼーションを非難する。けれども、グローバリゼーション以前に、それについて何かをなす実効的能力をもって、誰が実際に配慮を行っていたというのだろうか。経済社会は、こうした慣行の不正義をすでに認識するに至っている諸国家とそうではない諸国家との双方のメンバーをますます含むようになっているのだから、人は、社会主義的法＝権利のグローバルな普及の一つの現実的基礎があることを見て取ることができる。もう一度言うが、この普及は、市場から、結果におけるすべての差異を除去しようとするまたは除去する傾向をもつのではなく、単に正義にかなう差異のみを保存しようとするまたは保存する傾向をもつのである。いずれにせよ、平等と等価性との綜合を進行させ、また普遍化させているところの動力学についてのコジェーヴの理解と一貫しない、または矛盾することはこれまで何も起こっていない。(IE 23)

134　第五章　問題設定としての普遍等質国家論

　これが、ハウスとフロストの考える、正義と法によって実現した普遍等質国家の姿である。しかしながら、すでに述べたように、人間の間の相互作用に適用される正義の理念は、コジェーヴによれば、承認を求める生死を賭けた闘争と、その結果としての主人とその奴隷との形成から生じる。このような正義の理念が、これらとは別個の原理をもつ、またこのような闘争（とその結果としての奴隷的労働）を行わない女性を含む家族社会や経済社会のメンバーの間の相互作用（メンバーとこれらの社会そのものとの間の相互作用を含む）になぜ適用されることになるのだろうか。この場合の「適用」とはいかなることを言うのだろうか。この問題に回答するためには、ビバールのコジェーヴ解釈を参考にする必要がある。

4. ビバールによるコジェーヴ解釈

　すでに述べたように、政治的なものである普遍等質国家において存続する、それとは異なる原理をもつ二つの社会、つまり「死の危険」と直接には結びついていない労働、つまり自然的所与の否定としての労働によって形成される、この意味で奴隷的ではない経済社会、および家族社会のメンバーの間の相互作用に適用される正義の理念とは、生死を賭けた闘争、すなわちシュミット的な政治的なものに由来する。したがって、政治的なものに由来する正義の理念が、政治的ではない相互作用に適用されることになる。これはいかなることだろうか。また、生死を賭けた闘争＝政治的なものに由来する相互承認によってはじめて十全に満足するとされた人間が、ハウスとフロストによれば、政治的なものの消え去った普遍等質国家においては「労働における承認および家族のなかの愛」によって、人間に特有な欲求＝必要性を満足させられるという。このようなことがどうして可能なのだろうか。これらの問いを考えると、普遍等質国家または政治的なものと、非政治的な（つまり、生死を賭けた闘争における「死の危険」と直接には結びつかない）経済社会および家族社会との間には関係があると言わざるをえない。コジェーヴもこの関係性を認識しているが、彼においては、生死を賭けた闘争によって人間化された主人＝夫を介した関係づけである。例えば、人間化された夫によっ

てタブーを強制されることにより人間化される女性＝妻である。また、家族に奴隷が含まれることによる、家族的労働の人間化である。

ヘーゲルの場合、「否定は肯定と同一であり、肯定をその真の存在において実現するだけである」。つまり、否定を通じて肯定的なもの、最後には絶対的なものが現象するということになる[7]。ところが、コジェーヴの場合には、自然の否定、つまり政治的な関係が人間的諸関係においていわば主権的な地位にある。つまり、肯定するための否定ではないのである。この意味で、シュミットの影響が強いと言える。しかし、それだけではない。政治的関係に主導されながら、政治的関係と非政治的な関係とが関係し、その関係を媒介するのが法である。

この関係を考えることが、コジェーヴ理解にとって決定的に重要だと私は考える。そして、この関係を考察の対象にしているのがビバールである。彼はこの考察を、男性性と女性性というタームで行う。私は彼の考察を参考にしながら、そこに法という問題を加えたい。

(1) 「無性的男らしさ」または「マッチョ主義」

ビバールによれば、自然を単なる物または人間のための手段と見なすという近代や現代の社会に特有の思想は、ルネサンスのヨーロッパ人文主義＝人間主義 (humanisme) から始まった (これを彼は「自然に対する人文主義者の反乱」と表現する (cf. *Terrorisme et féminisme* 54))。

> 西洋 (Occident) においては、女性的セクシュアリティや男性的セクシュアリティに対するある特異な関係が現実に存在する。この特異な関係は、人間が「自然の主人かつ所有者のようなもの」になるようにするという人文主義的決断に基づくもろもろの著作のなかの一つのタイトルによって示されている。それは、哲学者フランシス・ベーコンの『時代の雄々しい誕生 (*Production virile du siècle*)』である。このタイトルは、男が女を支配し所有するように自然を支配しようとする断固としてかつ意識的に「男らしい (virile)」意図を示している。このような暗喩が、政治的次元における決定

---

[7] Cf. Gwendoline Jarczyk, Pierre-Jean Labarrière, *De Kojève à Hegel : Cent cinquante ans de pensée hégélienne en France*, Albin Michel, 1996, pp. 67-68 (1948年10月30日付のチャン・デュク・タオによるコジェーヴへの返信).

著作である『君主論』の最後においてマキアヴェリによっても反復されるだろう。

　しかしながら、ここで問題になっている「男らしさ」は、その権利を回復しようとする彼ら自身によって、おそらく（男の）人間の古典的男らしさとして考えられていたにもかかわらず、よく見てみると、もはや通常の古代的な男らしさではない。古典的な男らしさは、何よりもまず闘いを通じて表出され実現される。男らしい男性とは、結局のところ、勝利が勝者に与える名声以外のものは求めることなく闘争において自分の生命を危険にさらす者である。

　もちろん、「自然」は敵対者と見なされうるし、科学や技術によって自然を征服することは、結局のところ、闘牛の際に雄牛を登場させるときのような男らしい行為の系譜にある。けれども根本的に言うと、一方において男性による女性に対する勝利は一般に、力の一般的な自然的関係からみて大して名誉なことではなく、それどころか臆病に近いことであり、他方では、闘いの目的や方法は変化する。人は新しい男らしさについて語ることができる。それは（男の）人間の間で行われる闘争に基礎を置いてではもはやなく、人間の自然に対する労働に基礎を置いて仕立てられるものである。

　最後に、「自然の支配と所有」はその原理において、とりわけご婦人方の関心をひくことができる——それによって健康を気にかけることができるようになるという理由によって、あるいは（例えば避妊による月経サイクルの支配によって）これまでにない性的自由の可能性が彼女たちに与えられるという理由によってでしかないにせよ——ということを指摘することによって、人は次のように言うことができる。すなわち、ヨーロッパにおけるルネサンスにおいて問題になった新しい「男らしさ」とは、男の男らしさではなく、男性的でもあれば女性的でもあると見なされる男らしさ、つまり男性と同時に女性の関心もひくような男らしさである、と。「自然を支配し所有する」ことができるようにするという意図的に行われた、意識的かつ自発的な決断は、なるほど、すぐれて意志主義的であるがゆえに「男らしい」決断ではあるが、もっぱら男らしいわけではない男らしさの決断である。それは、二つのセクシュアリティの下にある人類全体にかかわる男らしさである。こう言ってよければ、問題は無性的な、または「中性的な」男らしさである。（*Terrorisme et féminisme* 57-59）（改行は原文のまま）

ホッブズやロックは人文主義者たちのこの決断を引き継ぐ。

　「西洋」は、「自然を支配し所有する」という人文主義的決断によって能動的

に定立された文化なるものまたは文明なるものとして自らを課する（……）。この決断は、「自然状態」——これが理論の上で設定されるのは、克服されるためでしかない——というフィクションによって政治的なものに接近しようというトマス・ホッブズの決断と不可分のものである。言い換えると、ホッブズにおいてもまた、持続する「自然」という理念はない。後に見るように、彼の後継者であるイギリス人哲学者ジョン・ロックにおいても、労働の問題については同じことである、それどころかもっと徹底的である。／ところで、この決断はこれ以降、全世界的な効果をもち、もはや誰もこの効果から容易に逃れることはできない。われわれは、人間的なものによる自然の「コントロール」という文化——徐々に全世界的になっている——の地平のなかで生きる。これこそが、本書の最初からわれわれが探し求めていた「西洋」（引用符つきの）である（……）。(*Terrorisme et féminisme* 63)（／は改行を示す）

ビバールは、このような「西洋」の行き着いた先を「無性的男らしさ (virilité asexuée)」または「マッチョ主義 (machisme)」と呼び、これがテロリズムにつながる極端主義の源泉であると言う。彼は、この無性的男らしさとしてのグローバル化が、女性性 (le féminin) を排除し、かつ男性性 (le masculin) をも排除することを問題視する。そして、男性性と女性性との関係の構築こそがグローバリゼーションの問題性、とりわけテロリズムの問題を解決する鍵であると考える。

(2) 男性性と女性性との平衡状態

ビバールは、「無性的男らしさ」が優位する現代世界におけるヒエラルキーを逆転させようとする。彼は、女性が子供をこの世に与えうることを充実と捉え、男性をその欠如、無と捉える。(コジェーヴは人間＝ホモ・サピエンスを、自然の無、欲望の欲望として捉えるのだが、このように言うことによってビバールは、なぜコジェーヴがそう捉えるのかも考えているのである。)

> 女性 (le féminin) とは、たぶん解剖学的次元においては、ペニスの「不在」または「欠如」であるけれども、こう言ってよければ、母と全く同じことをなしうることの確実性の横溢 (saturation) そのものである。言い換えると、これは、自分が「立ち去った」もの、したがって実際には立ち去っておらず、それどころか、このことが授けうる全能の感覚のなかで、誕生と生とを与える根本的可能性として確認されたもの、を継続すること、または継続しうる

ことである。「男性」(le «masculin») とは根源的に、その存在の次元においては欠如であり、解剖学的次元においては性的充実である。これに対して「女性」は、存在論的には根源的な充実であるが、解剖学的次元においては性的な「空虚」である（……）。(*Terrorisme et féminisme* 105)

ビバールによれば、男性は欠如（母親のように子供を産むことができない）であるがゆえに、子供時代にはさまよい、大人になると安定を求める。男性は、安定を求め、例えば哲学者として不変の原理を探求しようとする。女性は、充実（母親と同様に子供を産むことができる）であるがゆえに、子供時代には安定的であるが、大人になると未知なものへの開けを求めるようになる。

　　男性（le masculin）とは始原的な不確定性さらには「彷徨」(その「真理」は、われわれがすでに遭遇したような「知恵」の探求(「愛＝知(philosophie)〔哲学〕」)のなかにある)であることを想起することにより、また女性（le féminin）はといえば始原的な確実性（その「真理」は、自分が知らないものへと開かれていることにある）であることを今や指摘することにより、次のように言うことができる。すなわち、もし男性が、堅固な確実性や、永遠の知識や、秩序とヒエラルキーといったものの獲得の努力であるとすると、女性とはその逆である、と。生の持続の確実性を「もつ」ばかりでなくそのような確実性であることによって、女性は、大人としては、自分が知らないまたはまだ認識していないものへの根本的な開け——もちろんリスクのある——である。大人の男性が安定と確実性への欲望であるとき、大人の女性とは、開けへの欲望——そのリスクがどんなものであれ——である。逆に、子供の男性が始原的な不確定性であるとき、子供の女性は生の——こう言ってよければ（生ける）存在の——継続性への根源的確実性である。

　したがって、孤立的に捉えられた男性と女性とがそれぞれそうであるような能動的緊張関係は、それらが互いとの関係で考察されたならば、ことごとく矛盾する。男性と女性というそれぞれの緊張関係は、自らの作動において、他方の達成の手段を表している。子供の時代の女性は、緊張関係のなかで自らを「大人として」達成することへと向かう男性にとって、確実性なるものを表出すると同時に象徴する。他方、子供の男性は、立ち上がろうとする大人の女性にとって、開けなるものを表わし、かつ実現する。

　この考察の単純かつ問題を孕んだ帰結は次の通りである。すなわち、男性も女性も、それぞれの欲望の満足において、互いに「他方」をその「子供状

態」に留め置き、他方が自己の完成へと向かう運動を潜在的に禁止するのだ、と。(*Terrorisme et féminisme* 135-136) (改行は原文のまま)

したがって、大人の女性は子供の男性に似ており、大人の男性は子供の女性に似ている。この類似から、およそ男性もまた女性的なものを、またおよそ女性もまた男性的なものをもち合わせている。

> われわれが大人の女性と子供の男性との間に、また大人の男性と子供の女性との間に見て取った微妙な近さに比例して、人は女性であると同時に「男性的」でありうるし、また男性であると同時に「女性的」でありうる。(*Terrorisme et féminisme* 140)

これによって、男性であれ女性であれ、自分のなかで男性性と女性性との平衡状態を実現するための手がかりがあることがわかる。ただし、この自己のなかでの平衡状態の実現は、社会における男性性と女性性との平衡状態の実現なしには、実現しないであろう。問題は、男性性と女性性との間に平衡状態を実現することである。男性性と女性性との間の関係が歪むとき、つまり平衡状態が達成されないとき、病理的な現象が現れる。そしてこの平衡状態の達成においては、一方の性が他方の性の完成を阻止しようとするという問題がある。

> われわれは今や、人文主義の意図といくつかの帰結とをコメントするときに出会った現実的で支配的な「無性的男らしさ」が、なぜ、いかなる程度において、大人の女性を、過去に起こったこととの関係で、解放する傾向にあるのか、という問いに答えることができる。なぜなら、人文主義は、あらゆる個人を、その「自然的」な諸規定――そのなかにはとりわけ、性的な規定が含まれる――から独立的に考察する可能性を開くからである。けれども、より一般的に、人文主義は、人間――類的に理解された――が、自然(それが何であれ)の観念との関係でいかなるものであるかの考察を解放することに貢献する。このような見方は、女性の「大人の」動力学と根本的に一致する。それは開けである――そして女性の性化された役割である再生産に対する構造的無関心である。この点をさらにニュアンスをもたせて展開するまでもなく、次のように言うことができる。すなわち、「自然の支配と所有」の可能性が、まさしくあるとき、私がすでにほのめかしたように、避妊の可能性になった。そして、性的出会いの結果には無関心の「マッチョ」の善意に結

局のところ従属することのないある種のセクシュアリティの可能性を解放した。十分でないことは明らかだが、この例示だけでも、いかなる点で「無性的男らしさ」が、大人の女性の現代における展開に適しているかを見て取るには十分である。

　意図して子供時代にとどまりたいと思う者はいない。子供時代は、大人の時代のために自らを去ることを、「緊張関係」としてまた目的として、常に抱えている。そしてあらゆる個人にとって、子供時代にとどまることは「自然に反する」。それぞれの男女にとって、自分の真理または展開に向かうがままにすることは、いわば「自然」であり、ふさわしいことである。

　しかしながら、事物の客観的現実は問題を孕んでいる、というのも、もしわれわれが男性のセクシュアリティと女性のセクシュアリティとの動力学を考察するならば、次のことが確認できるからだ。すなわち、一方のセクシュアリティの生成または展開は、傾向として、他方のセクシュアリティの隷属化または子供状態の維持を経るのである。言い換えると、個人的および集団的生活のなかには、二つのセクシュアリティの間の可能な最良の平衡状態へと向かっていくために作動すべき（……）ある種の恒常的弁証法が存在するのである。おそらくこのようなことこそが、それ自体として捉えられたあらゆる政治的生活のすぐれた意味での賭金である。（*Terrorisme et féminisme* 137-138）（改行は原文のまま）

　この文章から、二つの問題を見て取ることができる。
①大人の男性と子供の女性とは安定性という点で類似するが、この関係において男性は女性を子供の状態に留め置こうとする。また子供の男性と大人の女性とは変化という点で類似するが、この関係においては女性が男性を子供の状態に留め置こうとする。
②ビバールによれば、グローバリゼーションとは子供的男性性やマッチョ主義が突出していることによって特徴づけられる。子供的男性性と大人の女性とは類似するから、これは大人の男性、およびそれと類似する子供の女性の排除を意味する。

　ところで、ビバールによれば、「マッチョ主義」とは男性的な「欠如」または「無」の突出にほかならない。またコジェーヴの普遍等質国家（正確に言うと、家族社会や経済社会と切り離された――つまり自らの政治的原理をこれら二つの社会に押しつける――政治的な普遍等質国家そのもの）とは、「欲望の

欲望」、つまり「無」の展開にほかならない。したがって、コジェーヴの普遍等質国家そのものとは、「マッチョ主義」を表現するものと考えることができる。

したがって、コジェーヴの図式を用いて、グローバリゼーションに対処する方策を考えることができる。②の問題については、次のように考えられる。子供の女性とは充実（母と同じく子供を与えることができること）によって特徴づけられる。これに類似する大人的男性性とは、自分の身体と密接に結びついている個人的所有物を産出し交換に供することができるということであるだろう。したがって、大人的男性性（＋子供的女性性）を回復すること、つまり個人的所有を普遍等質国家と関係づけることが、グローバリゼーションにおける子供的男性性（＋大人的女性性）の突出を抑えることになり、グローバリゼーションにおいて生じる諸問題を解決することにつながるだろう。

したがって問題は、子供的男性性（＋大人的女性性）の突出＝普遍等質国家そのものと、大人的男性性（＋子供的女性性）＝個人的所有から構成される経済社会（＋出産と子供の教育、さらには家政を中心にして構成される家族社会）とを関係づけることである。（①の問題については、おそらくこの関係づけを考えることから、対処の道筋を見出すことができるように思われる。したがってここでは、②の問題を主に扱うことになる。）

この関係づけを可能にするのは法である。コジェーヴのいう普遍等質国家の法とは、公平無私の第三者（普遍等質国家によって支持された）による、公平の正義の理念の、個人的所有から構成される経済社会、および家族社会への適用である。これはつまり、男性性と女性性との平衡状態を実現しようとすることにほかならない。

この平衡状態をどう実現するか、つまり普遍等質国家と、個人的所有から構成される経済社会や家族社会とを法によってどう関係づけるかの問題を考える前に、今述べた、個人的所有と、生を与える女性の能力とを類似のものと考えてよい理由を次の節で考えてみたい。そのヒントはハンナ・アーレントの「出生性」の概念にある。

その前にこの考察がもつ意義についてもう一言述べておく。ビバールは次

のように言う。

> これ〔男性は「母なる自然」を、それも現実の母ではなく、母なる「自然」に由来する「真なる」真理を表わし実現するものを探求するものだということ〕こそが、男性によって探求されているものである。それは、何らかの仕方で、起源的子宮としての「世界」の外に「投げ出された」というルサンチマンでもある。(*Terrorisme et féminisme* 113)

この「ルサンチマン」こそが、「無」または「欠如」として自己を展開することの原動力になると考えられる。そしてこの展開がマッチョ主義を生じさせる。したがって、これを解消することは重要な問題である。女性は、自分の母親と同じことをなしうる、つまり誕生を与えることができるがゆえに、存在論的に無ではなく、このような「ルサンチマン」をもたない。したがって、男性もまた、これに類似する、誕生を与える能力をもつことがわかるならば、この「ルサンチマン」も解消することだろう。このような能力が実際に存在する。これが「個人的所有」を生み出す能力(「特殊性」)である（もちろん、この能力は女性にもある）。両者は、アーレントのいう「出生性」において共通する。この出生性に適切な位置を与えるとき、つまり個人的所有と男性的な政治的関係（主人的闘争＋奴隷的労働）との間に適切な関係を設定するとき、この「ルサンチマン」も消え去ることだろう。

5. アーレントとコジェーヴ

(1) 活動的生

アーレントは、『活動的生』[8]（有名な『人間の条件（The Human Condition）』のドイツ語版）において、彼女が「活動的生」と呼ぶものを構成する三つの活動（労働、制作、行為）について、これらの「三つの活動はど

---

[8] Hannah Arendt, *Vita activa oder Vom tätigen Leben*, Piper, 1981. 邦訳として、ハンナ・アーレント『活動的生』森一郎訳、みすず書房、2015年。以下、同書からの引用・参照にあたっては、VAと略記し、最初に原書の頁を、その後に邦訳書の頁数を表記する。なお、英語版からの翻訳との関係での訳語の問題については、邦訳書の「訳者あとがき」を参照していただきたい。

れも、出生性に定位している」と述べる。それは、「労働にしろ制作にしろ行為にしろ、将来のことを気遣うという責務を有している」からである（cf. VA 18/13）。この世界に誕生した人間は、自身が誕生、つまり新しい始まりをもたらすべく運命づけられている。人間はこのような「出生性」によって条件づけられている（cf. 18/13-14）。したがって何か新しいものをこの世界にもたらすように、つまり自分も何かを出生するように、したがって世界を永続させるべく気遣うように運命づけられている。このアーレントの考え方は、女性による子供の出産と、個人的所有物の産出とを同じ性質のものと捉えるための示唆を与えるように思われる。

コジェーヴによれば、そもそも純粋な主人は戦場で死ぬしかない。主人が生きて主人たちによる社会をつくることができるのは法によってのみである。つまり法の出発点である貴族法は、主人を、そしてまずは主人から出発する人間存在を生きさせ、人間的世界を永続させるためのものである。これは、法とは人間が活動する（とりわけ政治的に活動する、すなわち「行為」を行う）ための場、つまり舞台をつくるものだというアーレントの考え方と一致する（「ギリシア人にとって、立法者とは、都市の城壁の建造者と同じであった。その仕事が一たび為され、それきりで終わってはじめて、真に政治的な生が、それに固有の活動とともに始まることができたからである」（VA 244/250））。法を作成するという行為自体が人間的世界を永続させるという気遣いの下でなされるし、法によって可能にされる活動（とりわけ「行為」）もまた、このような気遣いをもって行われる。

アーレントは「労働する動物の勝利」について批判的に語る。「労働する動物はめざましい勢いで躍進を遂げ、近代世界を席巻してきた」（VA 407/417）。ビバールもまた、奴隷性に由来する労働こそが、確実性を求めて「自然のコントロール」をめざす近代社会を支配する「無性的男らしさ」の源泉であると言う。

(2) 活動的生と法

このようにコジェーヴの思想とアーレントの思想とを接ぎ木するならば、コジェーヴのいう公平無私の第三者が人間的相互行為に介入するのは、確か

に正義の理念を実現するためだが、そればかりでなく、正義の理念を実現することによって、人間が社会において人間として生存すること（社会なしには人間は人間として生存しえない）、人間的世界を永続させることをめざしてであると考えることができる。そうなると、介入する第三者は、自らの正義の理念を実現するためだけでなく、介入する社会を存続させるためにも介入することになり、そのために、自らの正義の理念とは異なる正義の理念を、とりわけその社会が正義だとみなしている理念を、自らの正義の理念と両立しうる限りにおいてではあるだろうが、適用することもありうる。つまり、正義の理念とは、人間を人間として存続させる、人間的世界を永続させるためのものでもあるということになる。

　普遍等質国家が、したがってそれを支える社会が存続するためには法が不可欠である。この法（の制作）自体が、人間的世界を永続させるという気遣いをもち、かつ法によって、このような気遣いをもつ人間の活動が可能になる。法によって人間は、アーレントの言葉を使えば、労働する動物の勝利がつくる「人類という動物種全体のこの生命プロセス」（VA 409/419）から逃れることができるだろう。それは、とりわけ労働が、人間のこの生命プロセスを維持するだけではなく、人間的世界を永続させるという気遣いをも有すること（そして法によってこの様相が可能になること）である。この後者の様相において捉えられた労働のことを、コジェーヴは「特殊性」または「個人的所有」に基づくものと捉えたのだと考えることができる。実際、このような労働をコジェーヴは、楽しみのために絵を描くという例を使って説明するが（cf. EPD 578/664）、アーレントもまた、マルクス的な商品交換による、生命プロセスをつくる労働の世界を逃れる労働の産物の例として「芸術作品」を挙げている。そして次のように言う。芸術作品と呼ばれるものは「非常に比類なきものであるため、原理的に取り換え不可能であり、したがって貨幣その他の公分母で表わせるような「価値」をおよそもたない。それらの物は、市場に現われるときには、なるほど価格を付けられるが、この価格はもはや、当の物の「価値」と釣り合ったものでは全然なく、まったくもって恣意的なものにすぎない」（VA 201/203-204）。

6. 法の意義

　ビバールが問題視する「マッチョ主義」の問題性は、奴隷的労働の突出、および子供的女性性、つまり新たな生を誕生させる能力の排除にあった。アーレントに基づいて考えれば、女性性と特殊性とは、人間性を出生性によって捉えるならば、本質を同じくするものと捉えることができる。アーレントは、人間の本質としての出生性の隠蔽・抑圧を問題視する。

　コジェーヴの法論に基づいてこの問題を定式化し直すならば、問題は、私的所有を生み出す奴隷的労働と、個人的所有に基づきかつそれを生じさせる特殊的労働との同一視、または奴隷性と特殊性との同一視、または闘争および「死の危険」に由来する奴隷性と闘争を行わない女性性との同一視である。しかもこの同一視は、奴隷性のカテゴリーに他方を包摂する形での同一視である。この同一視は、公平無私の第三者による正義の理念の適用がなされうるためには、つまり法が存在しうるためには必要ではあるが、本来同一ではないものを同一視しているため、問題が生じる。

　他方では、このような女性性および特殊性と奴隷性との同一視は、まさしく法の存在のためには不可欠のことである。なぜ法においてこのような同一視を行うことが不可欠であるのか考えてみよう。その理由は二つある。一つは、法の進化とは奴隷的な法の進化であるからというもの。もう一つは、正義の理念を適用する第三者の「公平性」にかかわる理由である。

(1) 法における奴隷性と女性性・特殊性との同一視

　主人が主人として生きるならば、他の主人と相互作用を行わざるをえない。しかしながら、「(他の主人と) 平和的な相互作用を行う主人は厳密な意味での主人ではない。(……) 彼は、もはや真正な主人ではないのだから、自らの貴族法と、等価性の理想を基礎とするブルジョワ法とを綜合する傾向をもつだろう」(EPD 284/335)。こうして、法によって生きる主人は奴隷性と主人性とを綜合しようとする。まず最初に正義の理念を適用しようとするのは主人としての第三者であるが、この第三者は、奴隷性を帯びた主人に正

義の理念を適用するのであるから、すでに奴隷的な観点をもっているのである。したがって、平等の正義だけでなく等価性の正義もまた適用しようとするだろうし、奴隷と主人との相互作用にも正義の理念を適用しようとするだろう。つまり、奴隷を法的人格として、したがって人間存在として認めるだろう。ところで、主人としての第三者が主人と奴隷とを主人としての資格で同じ法的人格として認めることはない。主人と奴隷とを共に法的人格として認める場合、彼は両者を奴隷的な人間存在としての資格で法的人格として認めるのである。けれども主人としての第三者が主人と奴隷との平等を認めることはないだろう。つまり、主人と奴隷とが共に法的人格として認められても、両者の相互作用に適用されるのは等価性の正義の原理であるだろう。

また、そもそも奴隷は、生存して自らを主人たらしめよう、つまり自らの奴隷性と主人性とを綜合しようとする。奴隷としての第三者が奴隷どうしの相互作用に等価性の正義の理念を適用するとき、奴隷は法的な人格として、つまり人間存在として認められている。奴隷的第三者は、すでに人間存在として認めている主人にも正義の理念を適用するだろう。この場合、奴隷としての第三者が主人と奴隷とを同じ法的人格として認める場合、彼は両者を奴隷的な人間存在としての資格でそう認めるのである。つまり、主人としての第三者にとっても、奴隷としての第三者にとっても、法的人格として主人にも奴隷にも正義の理念を適用する場合、奴隷的な人間存在として主人と奴隷とを捉えているのである。ところで、自らを法的人格と見なす奴隷は完全な奴隷ではなく、すでに主人の立場に身を置いている。したがって、法的人格として平等であることを確認することよって、奴隷的第三者は貴族的な平等の正義の理念をも適用しようとすることになる。コジェーヴによれば、これが法の進化である。つまり、法の進化とは奴隷的・ブルジョワ的な法の進化である。

> 真の主人が現実に非主人になる理由はない以上（なぜなら真の主人は、そうなるよりも死ぬ方を選ぶからだ）、真の主人が非主人の観点を受け入れ、とりわけそのブルジョワ法を受け入れる理由もない。したがって、貴族法が任意の仕方で進化する理由は何もない。（……）奴隷やそのブルジョワ法の状況はこれとは全く別である。奴隷は最初から主人の人間性を承認する。したがっ

て奴隷は、自分自身を法的人格として、すなわち人間存在としてみなすことにより法をつくり上げる場合には、主人を法的人格として承認しないことはありえない。したがって奴隷は、自分と主人との不平等を認めることにより、等価性の原理を基礎としてのみ法を創造しうる。ところで奴隷が、自分は法的人格、すなわち人間存在であると言うのは、彼がもはや真にまたはもっぱら奴隷であるのではないからである。そう言う限りで奴隷は、非奴隷、つまり主人でもある。彼は主人の観点に身を置き、精神的に主人の立場に立つ。だから彼が、貴族的正義や貴族法の根本原理をも受け入れるのは当然である。したがって、ブルジョワ法の進化があるだろう。(EPD 310/364-365)

したがって、綜合的な法を実現するのは、奴隷化した主人、または主人化した奴隷である。ただし、法を進化させて完全な綜合的法を実現するのは後者である。ところが、主人的でも奴隷的でもない相互作用が存在する。主人的あるいは奴隷的、あるいは両者の綜合としての公民的なことを、承認を求める闘争における「死の危険」に由来するという意味で政治的と呼べば、非政治的相互作用が存在する。それが、前に述べた、家族社会のメンバーどうしの、またはこのメンバーと家族社会との相互作用、あるいは「死の危険」に直接由来するのでない所与の自然の否定そのものに基づく、または個人的所有に基づく経済社会のメンバーどうしの、またはこのメンバーと経済社会との相互作用である。それでは、なぜ非政治的な相互作用に政治的な正義の理念が適用されるのか。それは、正義の理念を適用する第三者は主人的でも奴隷的でもない、つまり政治的ではないからである。

> この第三者は、公平であるばかりでなく、無私的でもなければならない。すなわち第三者は、その法的活動において、裁かれるべき者の法とは無関係な人格を考慮に入れないのと同様、自分の利害関心や法とは無関係な人格も考慮に入れてはならない。ところで、主人たることと奴隷たることとが「社会的」現象であり、第一次的な法的現象でない限りで、第三者としての第三者は、自分が主人や奴隷であるという事実を考慮からはずすことが十分できる。(EPD 270/317)

問題は、第三者は公平でもなければならないということである。つまり、相互作用の二人の当事者は相互交換可能でなければならない。これによって、「裁かれるべき者の法とは無関係な人格を考慮に入れない」ことが可能

になる。主人は主人たる限りで相互交換可能である。これに対して、奴隷は、価格をもつという点で等価であり、それ以外の人格的要素は捨象されるという意味で相互交換可能である。

> 主人は平等であり、互換可能である。そして仲裁者は、主人をそのようなものとして取り扱うだろう。これに対し、奴隷は互換しえない。BがAの奴隷であるならば、BはA'の奴隷でもA"の奴隷でもない。そしてAの奴隷はBであり、B'でもB"でもない。しかし奴隷は、互換不可能ではあるけれど、ある奴隷の価値を他の奴隷の価値と比較したり、それによって評価しうる、という意味で等価である（奴隷には価格がある）。したがって、主人たる仲裁者が公平であるのは主人を互換可能な平等者として取り扱うからであるとすると、奴隷たる仲裁者が公平であるのは、奴隷を等価な人格として取り扱うからだろう。(EPD 265/309)

ところで、非政治的な相互作用に正義の理念を適用するためには、相互作用の当事者は、主人として互換可能、または奴隷として等価でなければならない。今述べたように、綜合的な法、つまり現実的な法は、奴隷的な人間性に基づいて法的人格性を認める。したがって、非政治的な相互作用の当事者を法的人格と認めて正義の理念を適用する場合、この当事者は奴隷的なものとして、したがって価格をもつものとして捉えられている。ここに、本来は奴隷的でない者、例えば女性を奴隷として扱う必要性がある。つまり、価格をもたない者もまた価格をもつものと見なされるのである。こうして、奴隷的でないはずの女性、そして特殊性において捉えられた人間も価格をもつものとされるのである。こうして、女性性や特殊性の領域に正義と法とが導入される。しかしながら、女性や特殊的なものの領域に適用される正義とは、政治的な正義（主人的な平等の正義、奴隷的な等価性の正義、両者の綜合としての公平の正義）とは異なるという点に注意しなければならない。女性や特殊的なものは、価格をもたないにもかかわらず、価格をもったもの、この意味で等価なものと見なされている。つまり、奴隷的でないにもかかわらず奴隷的なものとして扱われ、政治的な正義の理念が適用されるのである。したがって、本来は政治的でない人間的存在である女性性や特殊的なものの特性に基づいて、政治的な正義の理念を修正して適用する必要がある。

(2) 同一視の問題性

このような異なるものの同一視を行わざるをえないにもかかわらず、法は、人間的世界が存続するためになくてはならないものである。主人たちからなる社会において、主人たちが生きるためには法が存在しなければならない。この法によって主人たちは奴隷的観点に身を置くことができるようになり、奴隷を法的人格として認めるようになる。それによって奴隷は人間的存在として認められ、同じ人間的存在として主人と奴隷との平等化が求められるようになる。これによって、主人性と奴隷性との綜合が行われ、公民が生じる。そして、公民性の実現は普遍等質国家の実現を要求する。この実現は法的に行われる。

ここで、本来異なるものを同一視したことの問題性が浮かび上がる。この同一視を維持するために女性性および特殊性の隠蔽・抑圧を続けるとき、ビダルのいうような「無性的男らしさ」としての普遍等質国家となる。この抑圧が生じる場は、綜合的な（つまり、主人性と奴隷性とを綜合する）法における法的人格の基礎となる奴隷性である。この奴隷性には、本来的な、政治的な（承認を求める生死を賭けた闘争における「死の危険」に由来する）奴隷性と、本来は奴隷的でないもの（女性性と特殊性）とが含まれていることを認識しなければならない。今述べたように、前者の意味で奴隷的な関係には政治的な正義の理念が適用されるが、後者の非本来的な奴隷的関係には、政治的な正義の理念を適用するという名の下でそれとは異なる正義の理念が適用されねばならない。（このような正義の理念とは、「互酬性」と呼ばれているものだと思われるが、この問題については章を改めて検討したい。）

7. 結　語──政治的な正義の理念の修正

ハウスとフロストによれば、法の起源とは、家族生活における性的欲望の自己抑制、およびそれによって主人たちが自己抑制を学び、「死に至るまで闘争を続けるよりはむしろ彼ら自身の間に進んで正義を適用しようとする」ところにある。すなわち、法の起源とは「貴族社会における（平等な）所有の権利」を可能にする貴族法である。貴族法、つまり（貴族的）第三者によ

るまずは平等の正義の理念の適用は、すでに述べたように、戦場で死ぬしかない主人に社会を構成させ、この人間的社会を永続させようとする。そしてこの永続のためには、奴隷（と家族）から構成される経済社会を永続化させねばならないし、人類の再生産を可能にする家族社会を永続化させねばならない。

ところで、奴隷的社会、すなわち（政治的な）経済社会が永続するためには、等価性の正義の理念が適用されねばならない。等価性とは奴隷が生き延びるためのものであるからだ。したがって貴族的第三者は、奴隷から構成される経済社会を永続させるためには、等価性の正義の理念を適用せねばならない。

人間的な家族社会が永続するためには、家族構成員の、性的欲望の自己抑制による、また教育による人間化が必要である。コジェーヴによれば、このような人間的な家族を永続させるために法、したがって正義の理念が適用される。しかし、この適用される正義の理念とは、承認を求める生死を賭けた闘争に由来する。ところが、家族には、このような闘争の要素はない。

闘争と人間的家族に共通するものは動物性の否定である。人間的家族とは、性的生活における動物性の否定なのである。コジェーヴは言う。

> 人間は、闘争と労働によって主人および奴隷として、すでに人間化されている。主人たちまたは奴隷たちによって、あるいは（……）主人または奴隷とその配偶者（その子供たちを伴う）によって、形成される「つがい」はもはや動物的つがいではない。それは人間的家族である。ところで、主人であることと奴隷であることは、友‐敵関係を生み出し、またそれを含んでいる。もし人間がまずは主人として顕在的に人間化されるならば、主人たちの結合はまずは政治的な（人間）社会、すなわち（広い意味での）国家である。だから家族は国家を前提すると言うことができる。国家の内部ではじめて動物的つがいは家族に変換される。しかし他方では、主人と奴隷は、現実存在するためには動物として生まれなければならない。そして彼らは、動物的つがいのなかで、またそれによって、生まれる。したがって、国家はつがいを前提する（……）とも言うことができる。（……）家族におけるつがいと国家における群れの同時的で平行的な人間化があるのだとも言えるだろう。主人の闘争は動物的争いを人間化し、それを政治的相互作用に転換させ、このようにして動物的な集まり、つまり群れは政治的社会になり、ついには国家にな

7. 結　語——政治的な正義の理念の修正　151

る。この社会の内部で、奴隷の労働は食糧獲得生活を人間化し、経済社会を創造する。そして国家と経済社会のなかで、性生活の人間化によって家族社会が構成される。アリストテレスとともにこうも言えよう——家族は、両親、子供および奴隷から構成されると。なぜかと言うと、家父長は奴隷を所有する主人であり、彼は夫であり家族の長であって、雌や仔をもつ動物的雄ではないからである。(EPD 486-487/567-568)

さらに、これだけでは家族の理解には不十分である。コジェーヴによれば、「人間的愛が何であるかを知らない限りは、家族の人間的内容を実際に理解することはできない」(EPD 493/574)。そして、家族のあるメンバーが他のメンバーを家族として愛するためには、抽象が必要である。例えば母親が自分の息子を愛するのは、その息子の行為のゆえではなく、息子であるからである。この限りで母親は、自分の息子を息子として現実の「ここといま」から分離し、息子という抽象的本質として愛しているのである。そして、この抽象が可能であるためには、また抽象的なものを愛することができるためには、母親は、「ここといま」から距離を取ることができなければならない、つまり人間化されていなければならない。

> 母親は、息子があれこれのことをしたからではなく、また彼が彼女のためにあれこれをしてくれたからですらなくて、まさに単純に彼が彼女の息子であるから、彼を愛するのである（……）。このように考えられる愛は特殊に人間的な現象であることは明らかである。この愛は「抽象」を前提するし、「本質」としての存在に関係するのであって、相互-行為によって決定されるここといま (hic et nunc)、顕在的現実存在に関係するのではない。人間化された存在、すなわち自分の自然的（「動物的」または「経験的」）ここといまから分離した存在のみが、他の存在のここといま（……）を抽象することができる。いま指摘した言葉の意味で愛することができるのは、(……) まえもって人間化された存在だけである。(EPD 493/575)

母親は、承認を求める生死を賭けた闘争およびそれから生じる労働によって人間化されるのではない。人間的家族のなかで性的抑制を学び、教育されることによって人間化される。したがって、コジェーヴ自身が、闘争およびそれに由来する労働とは異なる人間化の仕方を認めているのである。

それでは、なぜ生死を賭けた闘争によって形成された（この意味で政治的

な）正義の理念が家族的相互作用に適用されるのだろうか。コジェーヴによれば、それは、家族的相互作用が人間的なものだからである。

> これらの家族的（家族間および家族内）相互作用にはそれ自体としては法的なものは何もない。しかしそれらは社会的な相互作用である。すなわち特殊に人間的な相互作用、人間的に行動する人間存在の間の相互作用である。だから、それらの相互作用が、他のすべての社会的相互作用とは本質的に異なる家族的相互作用である限りでは、それらは法的関係、しかも独自の（sui generis）法的関係になることもありうる。それは、公平無私の第三者がこれらの相互作用のなかに介入するときに起きることである。（EPD 502/584）

つまり、人間的とは所与の自然・動物性の否定と同義であり、それは承認を求める闘争やそこから生じる労働によって生じることもあれば、家族生活のなかで生じることもあるということである。ただし、家族が人間化されるためには、まずは家族の長が承認を求める闘争において人間化されていることが必要であるがゆえに、承認を求める闘争（による人間化）がまず最初に問題になるのである。

また、「奴隷の労働は食糧獲得生活を人間化し、経済社会を創造する」。したがって、家族内における「食糧獲得生活」は奴隷の労働を介して人間化される。承認を求める闘争を行わない家族内の女性が奴隷的労働によって人間化されることはないのだから、家族的な食料獲得生活が人間的なものであるためには、すでに女性が人間化されている、つまり所与の自然を否定していることが必要であるだろう。そしてこの女性における所与の自然の否定は、やはり家族における性的欲望の抑制および教育によるものであるだろう。

ここから、人間化のための二つの要因が浮かび上がる。一つは承認を求める生死を賭けた闘争。もう一つは家族生活における性的欲望の抑制と教育。

コジェーヴにおいては前者の人間化が優位するように見える。しかしビバールは、この二つの人間化を指摘した上で、この優劣関係を逆転させる。ビバールによれば、人間は、女性の直立に由来する性的欲望の抑制によって根源的に人間化され、これによって家族関係は人間化されている。コジェーヴ的な人間発生的な闘争は、むしろこれらを前提にして生じることになる。つまり、女性は、母親が子供を与えるのと同じことができるという点におい

7. 結　語——政治的な正義の理念の修正　153

て、存在論的に充実である。これに対して、それをなすことのできない男性は欠如である。ここから、「存在のなかで無化する無」としてのコジェーヴの人間＝男性の定義が生じるとビバールは考えるのである。この無としての男性が自己を充足させるために行うのが、承認を求める生死を賭けた闘争であるということになる。

　このように考えると、人間化の根源は、承認を求める闘争ではなくて家族における人間化にあることになる。ところで、コジェーヴによれば、正義の理念は、承認を求める闘争から生じる。そこから生じる平等の正義と等価性の正義という正義の理念は、承認を求める闘争とそれによる労働によって人間化されたホモ・サピエンス種に属する動物を人間的に生存させるためのものである。しかしながら、承認を求める闘争において人間化可能であるのは、すでに家族生活において人間化されているからである。したがって、この二つの人間化は根本において同一である。だからこそ、承認を求める闘争において生じた正義の理念を家族生活における人間的相互作用に適用できるのである。承認を求める闘争から生じた第三者が正義の理念を家族生活における人間的相互作用に適用するのは、後者において潜在的に存在する正義の理念を顕在化させるためにすぎないとさえ言える。つまり、承認を求める闘争、つまり政治的関係において生じた正義の理念の実体は、家族生活における人間化にあるのである。政治的関係とは、この潜在的な正義の理念を顕在化させるためにのみあるのではないだろうか。

　ここから、コジェーヴの次の記述が理解できる。

　　第三者の介入の不可抗性は、第三者が介入する社会の国家的組織を想定する。だから家族法は、国家の内部でのみ顕在的に現実存在することができるし、国家のなかでは第三者はつまるところ国家の名の下で行動する「官吏」である。しかし第三者が家族法を創造したり適用したりする限りでは、彼は家族社会を代表してもいる。第三者は、この社会の排他的な法的グループの代理人であり、国家はこのグループの代理人の介入を承認するだけである。（EPD 503/584）

　これは、まるで公平無私の第三者は、家族社会にすでに存在する正義の理念を適用するためにのみ介入する（そして、国家は、この介入を抵抗しえない

ものにすることによって、この正義の理念を顕在化させる）と言っているようなものである。

　さらに、人間化のためのもう一つの要因がある。それは労働である。承認を求める生死を賭けた闘争に敗れた者は主人の奴隷になり、主人のために労働する。このとき、奴隷は、自己の作った物を主人の消費のために供するのであり、これによって自己の動物的欲望を抑制するすべを学び、部分的に人間化される。さらに奴隷は、物を生産するために所与の自然を変形することによって、自然を否定することになり、これによっても部分的に人間化される。

　このような他人のために労働する者は、自己の内や外の自然を否定する限りにおいて、人間化されている。この点において生命を危険にさらすことと同じである。このような意味において、労働する者の人間性の承認が可能である。

　奴隷たちもまた「友」の集団である以上、奴隷というカテゴリーは、主人のカテゴリーと同じく、政治的なものである（だからこそ、奴隷的な「第三者」を考えることが可能なのである）。ところで、普遍等質国家においては、政治的なものは消滅し、法がそれに取って代わる。こう言ってよければ、法が主権者である。普遍等質国家においては、政治的なものは、公平無私の第三者（および第三者の介入の強制的実現）の形でのみ残るだろう。

　したがって、政治的な人間の概念と法的な人間の概念とは異なるはずである。政治的な人間の概念においては、生命を危険にさらすことが本質的な要素となる。これに対して、法的な人間の概念においては、自然または動物性の否定、およびこのような存在としての承認が本質的な要素であると思われる。家族社会においてはそれが性的欲望の抑制および教育として実現する。経済社会においてはそれは労働による所与の自然の否定として実現する。

　したがって、法的な観点においては、自然または動物性の否定という点で、生死を賭けた闘争による人間化、この闘争における「死の危険」から生じる労働による人間化、家族生活における人間化、非政治的な（つまり「死の危険」に直接に由来するのではない）労働による人間化は等しい。ハウスとフロストは、死の危険ではなく承認が重要だと言うことによって、この点を

7. 結　語——政治的な正義の理念の修正　155

指摘していたと考えることができる。そして、そうであるがゆえに、生死を賭けた闘争において、つまり政治的に形成された正義の理念を、家族社会や経済社会における相互作用に適用することが可能になるのである。つまり、正義の理念とは、自然または動物性の否定という点での人間化を実現するものなのである。

　問題は、労働には、政治的なものと非政治的なものとがあるということである。前者は主人のための奴隷の労働である。後者は、貨幣獲得目的でない交換のための物の生産＝自然の否定である（後述するように、この交換は、擬制的主人、つまり資本のために強いられたものではない）。すでに見たように、ビバールは、確実性を求めるための自然の支配とコントロールとしての労働を批判する。このような労働とは、擬制的な主人である資本のためにブルジョワが行う労働に対応すると考えられる（cf. EPD 548/630-631）。それは奴隷的な、したがって（生死を賭けた闘争による）男性的な労働の概念である。この労働の概念の下で、もう一つの労働概念（男性的ではないという意味で女性的な）が覆い隠されている。すでに述べたように、相互承認は法的にのみ実現する。したがって、相互承認の実現によるブルジョワの公民化もまた、法的に実現する。この実現のためには、奴隷的・ブルジョワ的でない労働概念を見出さねばならない。

　資本を擬制的な主人とする奴隷的労働は、コジェーヴのいう「私的所有」を生み出す労働である。「私的所有」とは、所有者の身体と一体ではない所有である。「ブルジョワ的所有は、集団的ではないが、「人格的(personnelle)〔個人的〕」貴族的所有とも異なる。なぜならブルジョワ的所有は所有者の身体と一体でないからである。それは本質的に交換可能であるから、所有者から分離できるし、実際に分離されながらも依然として彼のものである。だからこの所有は、言葉の本来の意味で「私的所有(propriété privée)〔切り離された所有〕」である」（EPD 546/629）。奴隷的・ブルジョワ的な私的所有とは、交換可能性、したがって分離可能性そのものである。つまり、労働によって産出された物は、労働者（A）から分離されても依然としてそのAのもの（所有物）である。ただしこのAから分離されたAのものは、交換のために提供されることを前提にしており、その限りでAの所

有物である。つまり、Aが自分の労働の産物の所有者であるのは、それが初めから交換のために産出されたからである。言い換えると、ブルジョワ的所有には、交換のために供しなければならないという義務が伴っているのである。コジェーヴ自身の言葉で言えば、ブルジョワ的所有においては、「所有なき交換はありえないばかりでなく、交換がなければ、少なくとも可能的または潜在的交換がなければ、厳密な意味での所有もないと言える」(EPD 541-542/624)。したがってブルジョワ的所有の本質は交換可能性であり、つまりそれは貨幣換算可能性である。ブルジョワ的所有の本質を表現するものは貨幣である。

> 所有のブルジョワ法においては、所有者たちの共存は所有の貴族法のように静態的であるだけでなく、動態的でもある。所与の所有は他の所有の現実存在(所有の境界、拘束、等々)を可能にするだけでなく、さらにその所有はこれらの他の所有と交換可能でなくてはならない。なぜならそれが体現する有利は、それが他の所有物(等価の、しかし別の性質をもつ)と交換できる限りでのみ、現実的であるからだ。それが専門化、分業、したがって労働によって生産された所有の種別化の必然的帰結である。靴をつくる人は、それを衣服、食糧等々と交換する(……)場合にはじめて、生産された所有物から有利を得る。ところで交換可能である限りでの所有物は、結局は、貨幣によって代理=表現される。したがって所有のブルジョワ法はとりわけ価値に、物自体ではなくて、人が所有者である物の価格に、関係する。第三者によって保証されることは、人が所有者である物の価値の所有である。物そのものはどうかと言えば、国家は、他の物と交換したり、それらを売って貨幣を得たりするように、それらの物を譲渡するよう所有者を義務づけることもできる(在庫の禁止、徴発、等々)。こうして貨幣は労働の直接的等価物になるが、労働によって生産された物は労働から分離されることができる。結局、貨幣は法的に承認された唯一の所有であると言える。所有者から所有の貨幣的等価物を取り去ることはできないが、彼が所有者の資格で占有する物を彼から取り上げることは十分にできる。物の代価を支払えばよい。(EPD 543-544/626-627)

したがって、私的所有とは物の価値の所有、つまり貨幣の所有であると言える。貨幣を得ることそのもののための労働がブルジョワ的・奴隷的労働である。したがって、奴隷的でない労働とは「私的所有」を生み出さない労

7. 結 語——政治的な正義の理念の修正　157

働、交換を前提にしない労働、自己の身体から切り離すことのできないものを産出する労働である。コジェーヴはこのような労働について語っている。それが、「個人的所有」に基づく労働である。自分の身体についての所有を認めるならば、それと一体になったものについても所有を認めることができる。これをコジェーヴは「個人的所有」と呼ぶ。この個人的所有はその人の「特殊性」に基づいている。この自分の身体と一体の個人的所有物を生み出す労働は、交換されることを前提にしたものではなく、また貨幣を得るための労働ではないから、ブルジョワ的・奴隷的労働ではない。しかしながらコジェーヴによれば、この個人的所有物は、その所有者から切り離すことができる。それが、それを得た者の身体に直接に結びつけられるために、それをいわば交換することができる[9]。

　問題は、この二つの労働の間に、したがって普遍等質国家（ブルジョワ

---

(9) ブルジョワ的な私的所有を生み出す労働は次のようなものになるだろう。私が交換を前提にして物を産出する場合、私は物を私の前に立てる、そして立てるように強いられる。私は自己の労働の産物のなかに対象化された私、または私が対象化された物と向き合う。そして、この物はすでに潜在的な交換可能性を含む。つまりそれは交換されるために立てられる。交換が、このように立てることを強いる。この「強いる」は、主人のために奴隷が労働したことに由来する。ブルジョワとは主人なき奴隷または奴隷なき主人である。ブルジョワは資本を擬制的主人として、貨幣を得るために労働するように強いられるのである。

　これに対して、個人的所有は、交換する義務のない所有である。個人的所有を生み出す労働は、交換されるものを産出するための労働ではない。それは自己の身体と一体になったものを生み出す労働である。けれどもコジェーヴによれば、このような個人的所有物は、その個人から切り離されて交換されうるものである。この意味でこの労働は、「ここといま」から切り離された人間的労働である。ただしこの交換は貨幣を手に入れるためのものではない。それは、この個人所有物が交換の相手の身体に直接に結びつけられるための交換である。そしてまた、この相手の個人的所有物を手に入れるための交換である（ただし、個人的所有物が貨幣であることもある）(cf. EPD 575-584/661-670)。（国家がこの交換を仲介してもかまわない。また、貨幣が単に仲介的に介入することもあるだろう。）なぜこのような交換を行うのか。それは、互いを生存させるためであるだろう。私が、私と一体になったものを私から分離するのは、他人を生きながらえさせるものを与え、それによって私を生きながらえさせるものを得るためである。それは、人間的世界を永続させるという配慮をもって行われる交換であるだろう。ただしこのような個人的所有物を生み出すことは、このような交換を前提にしてはいない。つまり、交換するように強いられているわけではない。

的・奴隷的な経済社会を含む）と、個人的所有によって構成される経済社会との間に、また普遍等質国家と家族社会との間に適切な関係を設定することである。これが行われる場は、政治的に形成される正義（平等の正義、等価性の正義、両者の綜合としての公平の正義）の理念の適用としての法である。そしてこれは、男性性と女性性との間に平衡状態を見出すことでもある。ビバールの提示する男性性と女性性との関係を基に政治的な正義の理念の修正的適用を考えることが次の課題となる。

第六章 アレクサンドル・コジェーヴにおける否定の概念について
―― 擬制としての正義と法の定立

はじめに

　アレクサンドル・コジェーヴによれば、人間存在とは自然または動物性の否定として定義される[1]。そしてこの否定は、すでに何度も述べているように、「承認を求める生死を賭けた闘争」によって実現される。この闘争のなかで「死の恐怖（crainte de la mort）」に直面しながらそれを克服して、闘争を最後までやり抜く覚悟のある者は、「死の恐怖」に屈して闘争を放棄した者に勝利する。前者は「主人」、後者はその「奴隷」となる。主人は動物的生よりも承認されることまたは死を選んだのであるから、自己の動物性を否定し、人間となる。これに対して奴隷は、承認されることまたは死よりも動物的生を選んだのであるから、人間的な存在ではなく、動物にとどまる。しかしながら、奴隷もまた、闘争の最初においては、承認を求めて自己の生命を危険にさらすこと、動物性を否定することを選んだのであるから、動物そのものではなく、潜在的な人間である。しかしこの否定を完全にやり遂げることができなかったのである。奴隷は主人のために労働する。つまり、自己の産出したものを、自己の欲望を満たすこと、つまり自分で使ったり消費することに充てるのではなく、自己の欲望の充足を断念して、主人に提供す

---

[1] 本章において検討するコジェーヴの文献は以下の通りである。Alexandre Kojève, *Introduction à la lecture de Hegel*, Gallimard, 1947. 邦訳として、アレクサンドル・コジェーヴ『ヘーゲル読解入門』上妻精・今野雅方訳、国文社、1987年。以下、同書からの引用・参照にあたっては、ILH と略記し、最初に原書の頁数を、その後に邦訳書の頁数を表記する。Alexandre Kojève, *Esquisse d'une phénoménologie du droit*, Gallimard, 1981. 邦訳として、アレクサンドル・コジェーヴ『法の現象学』今村仁司・堅田研一訳、法政大学出版局、1996年。以下、同書からの引用・参照にあたっては、EPD と略記し、最初に原書の頁数を、その後に邦訳書の頁数を表記する。

る。これによって奴隷は、自己の動物的な欲望を抑制する、つまり動物性を否定するすべを学び、部分的に人間化される。さらに奴隷は、この主人のための労働によって自然を変形＝否定し、いわば自然の主人となる。これによっても奴隷は部分的に人間化される。

奴隷は、このような部分的な人間化によっては満足せず、ついには主人に対してもう一度戦いを挑み、自己を承認させることによって完全に人間化する。これは、自己がすでに承認している者による承認であるから、相互承認である。これによって奴隷は完全に人間化し、かつ相互承認を実現することによって完全に満足する。コジェーヴによれば、歴史とは奴隷が相互承認を実現する過程であり、相互承認が実現されて人間が完全に満足することによって歴史は終わる。

ここからわかるように、ホモ・サピエンスという動物から人間的な存在が形成される決定的な要因は、死の危険・恐怖の克服による自然・動物性の否定である。これは、主人にとっても奴隷にとってもそうである。奴隷の労働が奴隷を人間化する力をもつのは、それが死の危険・恐怖から生じるものだからである。

コジェーヴは、人間的なものを、この自然・動物性の否定、つまり所与の否定として定義する。例えば言語、とりわけ概念は、自然（コジェーヴの言葉で言えば、「ここといま」）から抽象されたもの、この意味で自然の否定であり、したがって人間的なものである。ところが、このような意味での自然の否定は、死の危険や恐怖とは無関係なのではないだろうか[2]。また、女性は

---

[2] コジェーヴは、『ヘーゲル読解入門』においては、言語や概念や言説におけるこのような「ここといま」の否定または抽象としての否定もまた、承認を求める闘争における「死の恐怖」と関係づけている。とりわけそれは邦訳第九章「ヘーゲル哲学における死の観念」において読み取ることができる。例えば彼は次のように言う。「言説は、自然に対立し、自己自身でもある所与としての動物を闘争において否定し、所与として自己に与えられた自然的世界を労働により否定する人間の中に生まれる。この実在するもの（le Réel）の人間と自然とへの「分裂」から悟性およびその言説が生まれ、それらが実在するものを開示し、それによってこの実在するものを精神へと変貌せしめる」(ILH 548-549/385)。「ヘーゲルが念頭に置く悟性の絶対的な力ないし威力は、究極のところ、人間の中に見いだされる抽象の力ないし威力にほかならないのである」(ILH 542/377)（強調は原文。以下も同様である）。

「承認を求める生死を賭けた闘争」を行わないが、女性は人間的な存在である。したがって、この闘争とは異なる仕方で自然を否定しているはずである。つまり、コジェーヴのいう自然・動物性の否定には、承認を求める生死を賭けた闘争およびそれによる死の恐怖に由来する否定と、そうではない否定との二種類があるということである。コジェーヴにおいて、この二種類の否定はどのような関係にあるのかを検討するのが本章の課題である。

1. 問題の設定

　主人として生きる場合にも奴隷として生きる場合にも、法が必要である。主人が主人として生きるためには主人の社会が形成されねばならないし、奴隷が奴隷として生きるためにもまた奴隷の社会が形成されねばならない（主人は奴隷の奉仕と引き換えに、命を奪うことをしないが、奴隷が生き続けることができるように配慮することはない。したがって奴隷が奴隷として強い意味で生きる、つまり存続することができるためには、やはり奴隷の社会が必要である）。このような社会を可能にするのが法である。したがって法は、主人として、また奴隷として「生きる」ために必要である。

　ところで、人間は、（人間的な存在として）生きるだけではなく、政治的存在でもある。「主人」・「奴隷」とは政治的カテゴリーである。主人として生きることを保障するために主人としての生き方を可能にする法が作られる。それは、主人が主人として誕生した平等（承認を求める闘争の開始における条件の平等に由来する）を正義として実現する貴族法である。奴隷についても同じである。奴隷として生きることを保障するために奴隷としての生き方を可能にする法が作られる。それは、奴隷が奴隷として誕生した等価性（生命を保証されるという有利と、主人への奉仕という不利との等価性に由来する）を正義として実現するブルジョワ法である。主人として生きるにしても奴隷として生きるにしても、法がなければ不可能であるから、主人の社会も奴隷の

　　しかしながら、このような抽象の力は、なるほど自己の自然や動物性の否定に由来するであろうが、この否定を、承認を求める闘争とそれによる労働における「死の恐怖」に由来する否定とのみ理解する必要はないように思われる。

社会も、法を存続させようとするだろう。

　政治において中立はありえないから、主人として生きることは、主人性と奴隷性とのある種の綜合であるものと見なされる（なぜなら、主人とは、政治的には戦場で死ぬことによってのみ主人であり、主人にとって、生きようとするということは奴隷的なことだからである）。また奴隷として生きるということ（すなわち、単なる主人の奴隷としてではなく社会を形成すること）は、そのためには社会の統治がなければならないから、奴隷性と主人性とのある種の綜合であると見なされる（cf. EPD 273/320-321）。しかし、実際には、綜合されているのは主人性と生きること（つまり法）、または奴隷性と生きること（つまり法）とである。主人性と奴隷性との政治的な綜合は公民性であるが、この綜合の実現は政治の問題である。

　したがって、法と政治とは独立した現象である。ところが、この両者は密接に関係し合っている。なぜなら、法、およびその基礎をなす正義の理念は、その実現のために国家を必要とすることから、国家の公民の性質の影響を受ける、つまり政治的に影響されるからである。ところが他方において、法は主人性や奴隷性とは本来関係がない。これは、法を実現する公平無私の第三者（tiers）の公平性と無私性（没利害性）からわかる。コジェーヴにおいては、法が存在するためには、二人の人間存在の間の相互作用に正義の理念を適用することだけを目的として介入する「公平無私」の第三者がいなければならない。この「公平無私（impartial et désintéressé）」についてのコジェーヴの説明を見てみよう。まずは公平性について。

> 法一般が（……）存在するのは、第三者がその介入において公平無私である場合のみである。まず、公平でなければならない。「公平」の意味は、裁かれるべき者の法とは無関係の資質は判決の性質に影響を与えないということであり、裁かれるべき者は法とは無関係の人格としては互換可能だということである。言い換えれば、裁かれるべき者は、司法的法律の下で平等である。（……）一般的意味での法的平等は次のことを意味するだけである——法によって同じ権利をもつ法的人格として承認されたすべての人間存在は、その個人的性格とは無関係に、法律の下で平等であり、すなわち互換可能である、と。この「法的平等」こそが、法の必要不可欠の（sine qua non）条件である。したがって、もし主人たることと奴隷たることとが法的資質でないとす

1. 問題の設定 163

ると——そしてその限りで——、つまり、もし主人も奴隷も全員、同じ権利をもつもたないは別にして法的人格であるならば、全く同一の法が主人にも奴隷にも適用されるだろう。この場合、貴族法が奴隷にも適用されるだろうし、ブルジョワ法が主人にも適用されるだろう。(EPD 268/314-315)
((……) は堅田による省略を示す。以下も同様である)

この引用文においては仮定形で書かれてはいるが、主人であることと奴隷であることとは、相互作用の当事者における法とは無関係の資質であるから、第三者が介入するにあたってはこの資質は捨象される。
次に、無私性または没利害性について。

法が法であるのは、第三者によって適用されるものとしてのみである。この第三者は、公平であるばかりでなく、無私的でもなければならない。すなわち第三者は、その法的活動において、裁かれるべき者の法とは無関係な人格を考慮に入れないのと同様、自分の利害関心や法とは無関係な人格も考慮に入れてはならない。ところで、主人たることと奴隷たることとが「社会的」現象であり、第一次的な法的現象でない限りで、第三者としての第三者は、自分が主人や奴隷であるという事実を考慮からはずすことが十分できる。だから、主人は等価性というブルジョワ的正義の原理を（任意の相互作用に）適用しうるし、奴隷は平等という貴族的正義の原理を適用しうる。(EPD 270/317)

つまり、主人であることと奴隷であることとは、第三者にとって無用の非法的な資質であるから、第三者が正義の理念を適用するにあたっては自らについてこの資質を捨象しなければならない。
したがって、相互作用の当事者においても第三者においても、主人であること、奴隷であることという政治的な観念は、法の実現にあたっては無関係である。それでは、第三者は何のために介入するのだろうか。それは正義の理念を実現するためである。そして正義の理念とは、人間が人間的な存在として生きることを可能にするものである。したがって第三者は、人間が人間的な存在として生きることを可能にするために介入する。法の目的もまたこれである。この人間性が、まずは主人性と奴隷性として現れる。
ところが、法は本来は主人性とも奴隷性とも無関係であるがゆえに、法が可能にしようする人間性とは、主人としての人間性＝否定性とも、奴隷とし

ての人間性＝否定性とも異なる。主人としての人間性と奴隷としての人間性とはともに、承認を求める生死を賭けた闘争における死の危険・死の恐怖から生じることにおいて共通する。したがって、法がかかわる人間性＝否定性とは、このような両者に共通の人間性＝否定性か、それともこれとは異なる人間性＝否定性か、という問題が生じる。

　その答えは後者でなければならない。なぜなら、女性は、承認を求める闘争を行わないにもかかわらず人間的な存在であり、また法の適用される法的人格であるからだ。したがって、政治的な人間性＝否定性と法的な人間性＝否定性とは異なるのでなければならない。

　ところが、コジェーヴによれば、正義の理念は承認を求める闘争、つまり政治的な闘争から生じる。問題はここにある。なぜ政治的に誕生した正義の理念の適用である法は、主人性とも奴隷性とも無関係でありうるのか。それは、正義の理念とは（人間的な存在として）生きることを可能にするためのものだからである。そもそも主人と奴隷という関係は、奴隷の延命要請を主人が受け入れるところからくる。そこで主人も闘争をやめるのであり、奴隷のみならず主人もまた、生きようとしているのである。主人として生きること、奴隷として生きることを可能にするために法は存在する。そして、主人として生きることと主人性そのもの、奴隷として生きることと奴隷性そのものとは異なるがゆえに、政治的な人間性＝否定性と法的な人間性＝否定性とは異なるのである。

　ところが、このように異なるにもかかわらず、政治的な人間性と法的な人間性とは関係する。それは、第三者による正義の理念の適用である法を実現しうるのは、結局のところ国家のみであるからだ。つまり、政治的な国家によって実現が拒否される法は実現されないがゆえに、法は、国家が受け入れ可能なもの、つまり政治的に受け入れ可能なものでなければならない。ところで、国家を統治するのは主人たちであるが、主人たちにとって生きるとは奴隷性を意味する。したがって、主人たちのグループである国家が、主人たちが生き続けることによって存続するためには、そこで実現される、主人として生きることを可能にする正義の理念は、貴族的な平等を保障しつつ生きることを可能にするようなものでなければならないのだが、この生きること

を可能にする正義の理念とは、主人にとっては、生きること、つまり奴隷性を可能にする等価性の正義の理念であるということになる。このため、主人が生きるためには等価性の原理をも受け入れねばならないということになる。ここに、平等の正義と等価性の正義とが綜合されていることがわかる。しかしながら、実際に綜合されているのは、主人性と生きることである。この生きることが、主人にとって、奴隷性と、そして等価性の正義と一体となっているのである。

さらには、主人性そのものが袋小路に陥って歴史的に消滅し、奴隷が歴史の主人公になるということが、生きることと奴隷性との一体化をより強固にする。つまり、普遍等質国家において実現する絶対的な正義の理念とは、奴隷的な等価性の理念の展開の結果である。そして、普遍等質国家の実現は、奴隷が相互承認を実現する過程、つまり奴隷が主人性を綜合する過程であるから、この絶対的な正義の理念とは、貴族的な平等の正義と奴隷的またはブルジョワ的な等価性の正義との綜合であるということになる。

ところで、もはや主人は現実存在しないとすると、奴隷はどのようにして相互承認を実現できるのだろうか。それは、自己の存在(「個別性(particularité)」)がそれ自体として価値あるものと認められ、かつそのようなものとして平等に扱われることによってである[3]。このような意味での平等性の実現は法的に行われる。また、このような意味での平等性の実現が、平等の正義の実現の原動力となる。

今述べたようなかたちで等価性の正義の理念と平等の正義の理念とが共に展開していくことこそが、コジェーヴが考えた「法の進化」であるだろう。

---

(3) この相互承認が政治的に実現されるのは、ブルジョワ自身が死の危険をつくりだすことによる。コジェーヴは次のように言う。「ブルジョワは奴隷でも主人でもなく、——資本の奴隷である以上——自分自身の奴隷である。したがって、ブルジョワは自己を自己自身から解放せねばならぬわけである。自らを解放する生命の危険が戦場での危険ではなく、ロベスピエールの恐怖政治によって創り出された危険という形態を取るのはそのためである。革命家となったブルジョワ-労働する者は、自己の中に死の境地を導入する状況をみずから創り出す。人間を決定的に「満足」せしめる究極の綜合という観念が実現されるのは、ただこの恐怖政治によるのである」(ILH 194/88)。

しかし、ここには問題がある。コジェーヴによれば、奴隷とは労働者であり、この労働者としての自己の個別性が普遍的に承認されることが相互承認の実現である。だとすると、労働できない者の承認や人間性はどうなるのか。あるいは、そもそも承認を求める闘争を行わず、したがって主人でも奴隷でもない、したがって労働者でもない者、典型的には女性の承認や人間性はどうなるのか。ここに、先に一体のものと見なされていた、生きること、つまり人間的存在として生きることと奴隷性、この両者の矛盾が顕在化する。この両者は異なるものである。そして法とは本来、主人性からも奴隷性からも独立している。したがって、この矛盾の顕在化において、法の本来の意味が現れるように思われる。

おそらくここに、コジェーヴが、「個別性」と区別された「特殊性 (spécificité)」の概念を立てた意味があると考えられる。この「特殊性」とは、主人の人間性である「普遍性 (universalité)」とも奴隷の人間性である「個別性」とも異なる人間性を表現する言葉である。先に述べたことからすると、法とは本来、この「特殊性」と関係すると考えられる。この個別性（または奴隷性）と特殊性との区別を考えることが、法の理解を深めることになるだろう。そしてこの区別は、人間性、つまり自然・動物性の否定の仕方の違いによると考えられる。

この違いを検討する手がかりとなるのは、等価性の問題である。つまり、奴隷性を生じさせる等価性の正義と、奴隷として（また主人として）生きることを可能にする法の本質である正義の理念との違いが、等価性の概念を検討することによって現れてくるのである。

2. 等価性の問題

近代のブルジョワ社会における等価的な取引とは、経済的価値に従った取引である。つまり、経済的価値において等しい、つまり貨幣的な評価において等しい物どうしが交換されるとき、それは等価的な交換である。ところが、一見等価的に見える交換であっても、交換される物につけられた価格が恣意的なものである場合がある。例えば、ハンナ・アーレントが語るような

芸術作品の取引の場合である。芸術作品は「貨幣その他の公分母で表わせるような「価値」をおよそもたない」のである[4]。このような取引を規制する正義の理念は、平等性でも等価性でもない。それは等価的だと見なされた取引である。このような取引を国家が、正義にかなったものと見なし法として強制するとき、〈法とはそれが法として受け入れられているがゆえに法である〉という岩井克人の命題が最も強く当てはまるように思われる[5]。

女性は承認を求める生死を賭けた闘争によって人間化されるのではない。女性は闘争による死の危険とは異なった形で人間化される。人間化とは自然・動物性の否定であると定義すると、女性は闘争とは異なる仕方で自然を否定していることになる。これを、「ここといま」から抽象化を行うことと考えよう。この抽象化作用やその産物は、主人に対する奉仕として行われる労働やその産物とは異なる。

(1) 奴隷的労働

主人に対する奉仕としての労働とは、奴隷的労働、つまり死の恐怖に屈して、生きるために強制的に労働という苦痛を引き受けるということである。しかしながら、承認を求める生死を賭けた闘争において感じ取られた、奴隷を奴隷たらしめる直接的な「死の恐怖」と、奴隷を労働させる「死の恐怖」とは異なる。コジェーヴは次のように言う。

> 主人のために労働するよう奴隷に強いる本能なぞは存在しない。奴隷がそうするのは、主人に対する恐怖からである。だがこの恐怖は、闘争の時に奴隷が味わったそれとは別の恐怖である。なぜならば、もはや危険が直接的であるわけではなく、奴隷は主人が自己を殺すこともできるということを知っているだけであり、自己を殺そうとしている主人を見ているわけではないからである。換言すれば、主人のために労働する奴隷はある観念、ある概念に基づき自己の本能を抑制する。これこそは奴隷の行為から人間特有の行為、すなわち労働（Arbeit）を作り出すものである。(ILH 176/64)

---

(4) Cf. Hannah Arendt, *Vita activa oder Vom tätigen Leben*, Piper, 1981, S. 201. 邦訳として、ハンナ・アーレント『活動的生』森一郎訳、みすず書房、2015 年、203-204 頁。

(5) 参照、岩井克人『資本主義から市民主義へ』新書館、2006 年、228-230 頁。

さらに次のようにも言う。

> 真に人間的存在者であるためには、(原理的に闘争せず自己の生命を危険にさらさない) ブルジョワは、奴隷とまったく同じように、労働しなければならない。だが、奴隷とは対照的に主人をもたぬ以上、ブルジョワは他者への奉仕において労働する必要がない。したがって、彼らは自分自身のために労働すると考える。ところで、ヘーゲルの捉えるところでは、ある観念(ある「企て(projet)」)に基づき、すなわち所与とは異なったものに基づき、そして——とくに——労働する者自身がそれである所与とは異なったものに基づき遂行されなければ、労働は人間に特有の行動である労働とは本当はなりえない。奴隷が主人や主人であることや奉仕 (Dienst) の観念に依拠しながら労働することができたのは、そのためであった。共同体や国家の観念に依拠して労働することも可能である (……)。すなわち、人間は国家のために労働することも可能であり、——またそうでなければならない。だが、ブルジョワはそのどれをもすることができない。ブルジョワには労働によって奉仕しうるであろう主人がもはや存在せず、国家もまた彼らには存在しない。なぜならば、ブルジョワの世界は、相互に孤立し真の共同体をもたぬ私有財産家 (Propriétaires *privés*) 〔私的所有をなす者、私的所有者〕の集合にすぎぬからである。(ILH 190/82-83)(〔 〕は堅田による補足である)

コジェーヴによれば、奴隷が労働するのは、主人が自分を殺すこともできることを知っているという観念に基づいている。ところで、主人なき奴隷であるブルジョワの労働が人間的なものであるためには、やはりある観念、つまり「主人や主人であることや奉仕の観念」に基づいて行われねばならない。したがって、奴隷の労働もブルジョワの労働も本質においては変わらない。

ところがブルジョワには、奉仕すべき他者、主人がいない。そこで人為的にそれを作り出す。つまり、これまで述べてきた言い方をすると、資本を擬制的主人として立てるのである。コジェーヴは今引用した文章に続けて次のように言う。

> したがって、ブルジョワの問題は解決不可能のように見える。すなわち、彼らは他者のために労働しなければならないのだが、ただ自己自身のために労働することができるだけである。だが、実は、人間は自分の問題をうまく解決し遂げる、それも再びそれを私有財産というブルジョワの原理によって解

決する。ブルジョワは他者のためには労働しない。だが、生物的な存在として捉えられた自己自身のために労働するわけでもない。彼らは「法的人格」として、私有財産家として捉えられた自分自身のために労働する。すなわち、彼らは貨幣となった財産それ自身のために労働するのであり、資本のために労働する。／換言するならば、ブルジョワとしての労働する者は、人間的現存在の断念（Entsagung）を前提とし——それを条件づける。人間は私有財産や資本の観念に自己を投企することによって自己を超越し、自己を乗り超え、自己を自己自身から遠方へと投企する。この私有財産や資本は——まったく財産家が生み出した仕事でありながら——この財産家から独立した存在となり、奴隷を隷属せしめた主人のように、彼を隷属せしめる。がその際、隷属が今後は労働する者自身によって意識され自由に受け容れられている点が異なっている。（ILH 190-191/83）（／は改行を示す）

すなわち、ブルジョワは、貨幣を得、増やすために労働するということであろう。ここでいう「法的人格」とは、貨幣・財産所有者としての自分自身ということである。ブルジョワはこのように自分自身を抽象的な「法的人格」として定立することによって、そのような抽象的自己に具体的な自分自身を隷属させる。ブルジョワは、奴隷が主人によって労働するように強いられているのと同様に、貨幣を増やすために労働するように強いられているのである。これは、ブルジョワは自己の生産物を交換するように強いられている、あるいは交換のために物を作るように強いられているということでもある。なぜならブルジョワは、自己の生産物を他人の物と、結局のところ貨幣と交換することによって財産・貨幣を得、それを増やすからである。

(2)「ここといま」からの抽象としての自発的労働

このような奴隷的労働、ブルジョワ的労働について、『法の現象学』では次のように言われている。

人工物、すなわち労働によって現実化され開示された概念の、自然的ここといま（hic et nunc）からのこの独立と自律は、何よりもまず、主人が奴隷から奴隷の労働の産物を切り離してわがものにするという事実によって現実化し現出する。人工物は奴隷＝労働する者の身体、動物性にではなくて、彼の人間性に結びついている。すなわち、概念＝言説（ロゴス）に、そして概念＝企てを産出し現実化する自覚的意志に結びついている。だから労働する者

が奴隷であり、彼の意志が主人の意志であり、彼が自分の労働によって主人の「企て」を実行する限りで、この労働の産物、人工物は主人に結びついている。それは主人に「属する (appartient)」。しかし何らかの理由で労働する者が厳密な意味での奴隷であることをやめて、自分自身の意志、自律した概念＝企てをもち、社会ないし国家が労働する者としても彼の自律性を承認するならば、彼の労働の産物は彼に属する（彼が公民あるいは準公民、ブルジョワとして承認されようと、単に経済社会のメンバーとして承認されようと、構わない）。(EPD 526/607-608)

つまり、奴隷の労働が人間的なものであるのは、「ここといま」から抽象された概念に基づいて物が生産されるからである。この概念が主人のものであるならば、その生産物は主人に「属する」。これが奴隷的な労働である。ところが、「何らかの理由で労働する者が厳密な意味での奴隷であることをやめて、自分自身の意志、自律した概念＝企てをもち、社会ないし国家が労働する者としても彼の自律性を承認するならば、彼の労働の産物は彼に属する」のである。

この「自律性を承認」された労働者の労働――これを、労働者が自己の概念に基づいて自発的に、つまり他者に強制されてではなく労働するという意味で、自発的労働と呼びたい――について、今引用した文章に続いてコジェーヴは次のように説明する。

　　労働の生産物はすべてそういうものだが、この産物は、隷属的労働の生産物が分離されて主人に結びつけられたのとまったく同様に、自然的ここといまから、特に生産者自身のここといまから分離されるだろう。ところで、生産物の「概念的」（「ロゴス的」）性格、その自然的ここといまからの独立は交換のなかで、交換によって客観的に現実化され開示される。ＡとＢの労働の生産物がＡとＢのここといまから分離できるからこそ、Ａは自分の労働の生産物をＢの労働生産物と交換することができる。そしてこの労働の生産物の交換はこれらの生産物と労働自体の特殊に人間的な性格を現実化し開示する。なぜなら真実の労働が存在するところにのみ交換があるからである。そしてまさにそうであるからこそ動物的世界には交換は存在しない。(EPD 526/608)

つまり、自発的労働の本質は、自己の生産物の、「ここといま」からの分

離・抽象にあり、この分離・抽象は、生産物によって実現される「概念」に基づく。しかしながら、この自発的労働は完全に自由ではない。なぜなら、「ここといま」からの分離という人間的労働の本質は、交換されることによってこそ現実化され開示されるからである。つまり、自発的労働の産物は、ある意味において、交換へと強いられている。また自発的労働そのものは、交換へと供される物を産出するようにいわば強いられている。そして、この「強いられている」は、「ここといま」からの分離・抽象という人間的労働の本質に基づく。奴隷的労働のような意味で強いられているのではない。

したがって、結局のところ、このような自発的労働の本質は、貨幣との交換可能性、つまり貨幣的価値をもつことにある。コジェーヴは次のように述べている。

> 交換の対象として、すなわちここといまから分離されたものとして、労働する者のここといまからも彼自身の素材的内容のここといまからも分離されたものとしての労働の生産物は、結局は貨幣または価値として現実化し開示される。労働の生産物の価格（……）は生産物の概念的本質、労働によって実現される概念＝企ての物資的な象徴である。（だから人はもはやこの斧、等々を売るのではなく、一つの斧または斧なるものを売ることになる。）（EPD 527-528/609）

先に引用した箇所によれば、奴隷が主人の企てを実現するために労働する場合、この労働の産物は主人に「属する（appartient）」。これに対して、労働する者が純粋な奴隷であることをやめて、彼自身の自律した企てをもち、それを労働によって実現するならば、その産物はこの労働者に「属する」ことになるだろう。ところが、市場においては、物、つまり商品は交換のためにつくられる。つまり、労働者が自分の企てに基づいてつくる生産物は、自分が使う（消費することを含めて）ものではなく、交換され、それを得る他人がそれを使うことによってはじめて意味をもつ。したがって、Aが交換のためにつくる物は、確かにAの自律的な企てに従って作られるからAのものではあるが、それをAがもち続けても意味はない。つまり、Aの生産物は交換するように強いられているのである。

したがって、この自発的な労働の産物の場合、なるほど奴隷が主人に強制

されて物を産出するという意味での強制はないが、それが（商品として）市場での交換へと強いられている（市場で交換されるのでないと、その物を産出する意味がない）という意味では、強制があるのである。

　この強制されたという点に着目すると、市場での交換のために物（商品）を産出するという労働は、奴隷的労働（苦痛を含んでいる）と同じものと見なすことができるだろう。したがって、この産物が交換されるとき、その交換は、それによって得られる物によってこの苦痛（不利）を埋め合わせる有利が与えられる場合にのみ正義にかなう、すなわち等価性の正義にかなうものになるだろう。ところが実際には、交換によって相手に与えられた（自分から失われた）商品の価格と、商品産出のための労働の不利とは同じものだと見なされる。そして、相手から、自分が失った商品と同じ価格の物（商品）または貨幣を手に入れるならば、不利を補うだけの有利があったと見なされる（貨幣を手に入れるためには労働を行う必要があるから、貨幣もまた労働の成果＝産物だと見なすことができる）。つまり、同じ価格の相手の商品または貨幣を手に入れることは、自分が自分の商品を産出するために行った労働の不利と等価の労働を手に入れることだと見なされる。コジェーヴの次の文章はまさしくこのことを言っている。

　　労働に基づく所有は、それを生産した努力の不利と等価の有利であるとみなされる。労働すること、努力を提供することは、自分に「債権」を設定することである。もしＡがＢのために労働したとすれば、彼らの状況は、ＢがＡに対してＡの努力に匹敵する財産——結局は特定の貨幣量——を提供する場合にはじめて等価になる。だから提供される労働のなかに、義務すなわち契約の直接の主要源泉の一つが見られる。「最初の」真の契約は、賃金を確定する労働契約であったと言えるだろう。ＡはＢのために〔Ｂの代わりに〕労働したのだから、Ｂは提供された労働の等価物を返さなくてはならない。ＡはＢに対して所有物を提供したのだから、ＢはＡのために〔代わりに〕労働しなくてはならない、あるいは受け取った財産に見合う労働等価を提供しなくてはならない。後のケースでは、Ｂは自分の財産とＡの財産とを交換したことになる。そしてもしＡとＢがそれぞれの財産を自分の労働で生産するのだとすれば、彼らの財産の部分的交換が、遅かれ早かれ彼らには必要になる。この所有交換は、義務の、特に厳密な意味での契約（物々交換、販売、等々）の第二の直接的な主要源泉とみなすことができる。（EPD 561–562/645–646）

2. 等価性の問題　173

（〔　〕は邦訳書の訳者による補足である）

つまり、交換における等価性とは、交換された労働の等価性だということになる。それではこの等価性はどのようにして決まるのだろうか。それは、交換される労働または労働生産物の価格が同じかどうかによって決まる（「Ａの努力に匹敵する財産——結局は特定の貨幣量」）。価格、つまり市場における貨幣的評価が等価性を決定するのである。今引用した箇所に続いてコジェーヴは次のように言う。

> 交換は、結局は、労働を前提するのだから、義務のなかで交換される財産の等価は、一方では財産の生産に必要な労働によって決定される。Ａが自分の財産を生産するために提供する労働が、Ｂの財産のためにＢが要した労働に等価であるならば、Ａの財産はＢの財産と等価である。（EPD 562/646）

この文章では、交換における等価性とは労働の等価性だと言われている。しかし、交換における等価性とは、交換される財産の価格が等しいことである。問題は価格である。今引用した文章に続いてコジェーヴはさらに次のように言う。

> けれども義務は交換をも前提する——一つの労働と別の労働との交換、労働と財産の交換、二つの財産の交換。第三者が義務の等価関係を決定するときには、交換されるものの交換価値もまた考慮されなくてはならない。ところで、この「交換価値」は需要供給の法則、すなわち交換される本体のそれぞれの希少性によって決定される。総体的価値は、提供された労働量と交換価値によって確定される。二つの価値物の等価性は、結局は、貨幣評価での価格の同等性によって表現される。義務における交換される本体は同じ価格をもつのでなくてはならない。（EPD 562/646）

つまり、交換される物（つまり商品）の価格は、「提供された労働量」のみならず、「需要供給の法則」、つまり「交換価値」によっても決定される。ところが、同じ貨幣的評価を受けた商品は、労働の同じだけの不利、または同じだけの労働量を含んでいると見なされるのである。したがって、Ａの労働量とＢの労働量とが異なるにもかかわらず、Ａの商品とＢの商品とが同じ価格であることがありうる。それは、それぞれの商品の交換価値による。

コジェーヴ自身、今引用した文章の最後に注をつけて次のように言っている。

> 価格の同等性（égalité）は厳密な意味での平等ではなくて、等価（équivalence）である。なぜなら価格は、二つの本体——財産または労働——の平等ではなくて、それらの経済的等価を——原理上——確立する「交換価値」を含むからである。Aの労働はBの労働よりも少ないこともありうる。Aの生産物の交換価値が、Bの生産物の交換価値よりも高いならば、両者の生産物は同じ価格をもつだろう。すなわち経済的に等価であるだろう。こうして例えば、現金は、生産物または生産的労働よりも大きい交換価値をもつことがある。貴族法において義務が「不当」であり、さらに「無効」でもあるのに対して、ブルジョワ法の観点から見ると、平等は存在しないにせよ、経済的等価は存在するし、義務は「正当」である。（EPD 562 note 1/748（注167））

つまりコジェーヴは、正義における等価性が、経済社会においては「経済的等価」、つまり貨幣的評価が同じことと同じだと言っているのである。これはまさしく擬制にほかならない。つまり、この二つの等価性は同じだと見なしているのである。

岩井克人は、マルクスの労働価値論を批判する。商品の価値、つまり貨幣的価値は労働時間によって決まるとマルクスは言うが、岩井はこれを批判する。このような考え方は、貨幣を商品と見なす貨幣商品説によるのだが、貨幣が貨幣であるのは、貨幣が商品であるからではなく、貨幣が貨幣として使われているから、貨幣が貨幣として受け入れられているからである。したがって、貨幣の背後に、労働のような実体を想定すべきではない[6]。この岩井の見解は、経済社会における等価性の正義は、労働と労働との等価だと見なされているが、実は経済的等価にほかならないという今私が述べた考え方と通じるものがあると考えられる。

さらに、私は、等価性の正義における等価性とは、今述べたような意味で、等価だと（交換の当事者によって、あるいは法的な第三者によって）見なさ

---

[6] 参照、岩井克人『貨幣論』筑摩書房（ちくま学芸文庫）、1998年、65-66頁。さらに参照、岩井克人『経済学の宇宙』日本経済新聞出版社、2015年、216-241頁。

れるから等価だということにほかならないと考える。これは、等価性の正義の第三者による適用であるブルジョワ法においても当てはまる。つまり、ブルジョワ法においては、法は、それが法だと見なされるから法なのである。これは、岩井のいう、法は法として受け入れられているがゆえに法であるという法の無根拠性の主張の、私なりの解釈である。

(3) 貨幣・資本の奴隷としての労働と自発的労働との違い

今述べたような自発的な労働の生産物は商品として交換へと強いられるとしても、これと、(1) で述べたような、貨幣や資本の奴隷として、貨幣を増やすために労働する、つまり交換によって利潤を得るためにのみ労働によって物を産出する、あるいは自己の労働の産物を利潤を得るためにのみ交換することとでは異なるように思われる。後者はまさしく、奴隷が主人のために労働し、その生産物を主人に供するように強いられるように、労働と交換へと強いられるのである。

この点をもう少し詳しく説明したい。奴隷またはブルジョワが自己の労働の産物＝商品を貨幣的利益を得るために交換するように強いられる、または交換によって貨幣的利益を得るために物を産出するように強いられるという場合（これは自発的労働である）、この強いられることは、労働における自然的所与の否定、つまり「ここといま」からの抽象が交換として顕在化する傾向をもち、それが交換へと強いるのだということになる（この交換可能性の現われが貨幣である。したがって、奴隷的・ブルジョワ的労働の産物は、貨幣的価値をもつこと、貨幣換算可能性を本質とする）。この意味では、このような労働は、奴隷が主人による死の危険または死の恐怖によって労働へと強いられるという奴隷的労働とは異なる。けれども、このような奴隷またはブルジョワの自発的労働において、自然的所与の否定、「ここといま」からの抽象が可能になるのは、奴隷が主人のために自分の欲望の充足を抑えて労働し、その産物を主人に供することに由来すると考えられるから、この意味では奴隷的労働と同じであり、したがって自発的労働も死の危険に由来するとは言える。けれども、自発的労働による交換を、自然的所与の否定、「ここといま」からの抽象の顕在化として捉えるならば、この否定・抽象化の力は、例えば

自分の息子を息子であるがゆえに愛する母親のように、人間化された家族のメンバーであればもっていることになる。したがって女性ももっていることになる。つまり、自然的所与の否定、「ここといま」からの抽象は奴隷・ブルジョワに固有のものではない。

ところが、資本が擬制的主人として立てられることによって自発的労働が資本のための労働になるならば、これは（擬制的主人である）資本によって強制された労働、つまり奴隷的労働になる。これは、まさしく死の危険に由来する労働だと言えるだろう。したがって、資本による死の危険から切り離すことができるならば、奴隷的労働はまさしく自発的な労働になるだろう。

この切り離しはどのようにして可能になるだろうか。切り離した結果、どのような労働が生まれるだろうか。これが次のもう一つの労働類型、つまり「特殊性」に基づく労働の問題である。

（4）個人的所有物、およびその産出のための労働

労働にはもう一つの類型が考えられる。それは、労働者Aが自分の概念＝企てに基づいて自分のための物（自分が使用・消費する物、あるいは自分の楽しみのためにつくる物（その物自体が自分に与える楽しみであってもよいだろうし、その物の制作過程が自分に与える楽しみであってもよいだろう））をつくる場合である。この場合、Aは自分の企てに従って物をつくるのだから、その生産物はAに「属する」。しかしながら、この生産物は交換するように強いられてはいない。つまり、上で述べたような奴隷的労働でもないし、自発的労働でもない。したがって、本来的には、等価性の正義の機能する余地はない。けれども、このAの生産物は、Aの「ここといま」から分離された企ての実現であるから、交換可能性をもつ。この場合、Aは、自己の生産物を交換するように強いられているわけではないが、その生産物は交換可能である。

この最後の類型の労働は、コジェーヴが「個人的所有（propriété personnelle）」の産出やその交換として語っているものに対応すると思われる。そこで、自分の企てに基づいて自分のために物を産出する労働によって産出される、交換可能性をもった物（さらに、それを生み出す源泉としての自

己の身体を含めて）を「個人的所有（物)」または「個人的財産」と呼ぶことにしよう。

コジェーヴによれば、個人的所有を根拠づけるのは、自分の身体の「特殊性（spécificité)」である。すなわち、自分の特殊的身体はそれ自体において自分のもの（個人的所有物）であり、この特殊的身体と密接に結びついた物もまた自分の所有物、つまり個人的所有物である。ここでは「特殊性」が所有を正当化している。この「特殊性」および個人的所有についてのコジェーヴの記述を見ておこう。

> 現に、もし各人が自分の身体の所有者であるなら、彼は身体の付属物の所有者、身体を現実存在させて維持するに役立つ、身体に結びついたもの（衣服、食べ物、等々）の所有者であろう。ところで、空間＝時間的な物質的本体がすべて違っているように、身体は必然的に相互に異なっている。それらは、それぞれのここといま（hic et nunc）の「これ」によって異なる。だから身体の付属物もまた異なる。それらは、異なる身体の機能すなわち「体質」、「性格」、「趣味」等々の機能として異なるだろう。これらの付属物をもつ身体は個人の「個人的所有」（Propriété personnelle）になる。そしてこの所有が分離可能である限りで、それは交換に提供され、交換を要求することさえするだろう。これらの所有物〔財産〕は互いに異なるのだから。(EPD 576/661-662)（〔 〕は邦訳書の訳者による補足である）

この身体を相互に異ならせる「「体質」、「性格」、「趣味」等々」をコジェーヴは「特殊性」と呼ぶ。「個人的所有は、一人の個人を彼でないすべてのものから区別して際立たせる特殊性——身体——を前提する」(EPD 577/662)。

(5) 個人的所有物の、商品への転換

個人的所有物は、交換可能性をもつけれども、交換するように強いられているものではない。つまり、それを産出する労働は、自発的労働でも貨幣・資本の奴隷としての労働でもない。また、個人的所有物は本来は、交換されることによってはじめて意味をもつ商品ではない。

個人的所有物の取引に等価性の正義の理念が機能する余地はない。しかしながら、実際には個人的所有物にも価格がつき、この価格に従った取引は等

価性の正義の理念に合致するものと見なされている。

おそらく、この個人的所有物の取引を規制する正義の原理は、コジェーヴのいう「平等の正義」でも「等価性の正義」でもない。コジェーヴが、『法の現象学』の最終節において、普遍等質国家の下で平等の正義も等価性の正義も完全に実現したという前提で個人的所有物およびその取引について語っていることがこのことを示唆する。しかしながら、このような取引を規制する正義についてコジェーヴは示唆を与えている。そこで、コジェーヴに基づきながら、このような取引の性質、およびそれを規制する正義の理念について検討してみることにしたい。

3. 個人的所有物の取引

自発的労働と個人的所有を生み出す労働には共通点がある。それは、「死の恐怖」によって、あるいはそれによる他者への奉仕として強いられたものではないという点である。ただし、自発的労働の方は、その本質によって、交換へと強いられている。

自発的労働によって構成される経済社会とは要するに市場のことであるが、そこではすべての物や労働が、貨幣的に評価された価格をもつ商品である。この場合、貨幣なしには商品の交換は不可能であるが、商品の交換が貨幣を存続させてもいるという相互依存関係にある。これだけでは、貨幣は独立した存在性をもつとは言えない。なぜなら貨幣の存在は、商品交換に依存しているからである。ただし、これは、商品と貨幣との関係が対称的であることを意味しない。それどころか、それは「非対称性の極致」である。なぜなら、「貨幣こそ商品世界に永遠に住みつく主人という意味での主体であり、商品世界そのものの存立を維持する役割をはたしている」からである[7]。

問題は、貨幣が独立した存在性をもつところにある。

コジェーヴによれば、貨幣とは、ブルジョワ社会における「法的に承認された唯一の所有である」（EPD 544/627）。つまり、国家は所有物を交換する

---

(7) 参照、岩井克人『貨幣論』（前掲注6）、62-65頁。

3. 個人的所有物の取引   179

ように所有者を強制することができるが、その場合には必ずやその貨幣的等価物がその所有者に与えられねばならない。したがってその所有者が所有していたのは、物そのものではなくその物の貨幣的価値であったことになる。

> 所有のブルジョワ法においては、所有者たちの共存は所有の貴族法のように静態的であるだけでなく、動態的でもある。所与の所有は他の所有の現実存在（所有の境界、拘束、等々）を可能にするだけでなく、さらにその所有はこれらの他の所有と交換可能でなくてはならない。なぜならそれが体現する有利は、それが他の所有物（等価の、しかし別の性質をもつ）と交換できる限りでのみ、現実的であるからだ。それが専門化、分業、したがって労働によって生産された所有の種別化の必然的帰結である。靴をつくる人は、それを衣服、食糧等々と交換する（……）場合にはじめて、生産された所有物から有利を得る。ところで交換可能である限りでの所有物は、結局は、貨幣によって代理＝表現される。したがって所有のブルジョワ法はとりわけ価値に、物自体ではなくて、人が所有者である物の価格に、関係する。第三者によって保証されることは、人が所有者である物の価値の所有である。物そのものはどうかと言えば、国家は、他の物と交換したり、それらを売って貨幣を得たりするように、それらの物を譲渡するよう所有者を義務づけることもできる（在庫の禁止、徴発、等々）。こうして貨幣は労働の直接的等価物になるが、労働によって生産された物は労働から分離されることができる。結局、貨幣は法的に承認された唯一の所有であると言える。所有者から所有の貨幣的等価物を取り去ることはできないが、彼が所有者の資格で占有する物を彼から取り上げることは十分にできる。物の代価を支払えばよい。（EPD 543-544/626-627）

つまり、ブルジョワ的所有においては、所有される物そのものとその所有者の人格や身体とは直接的に結びついてはいない。所有者が結びついているのは、所有物の貨幣的価値である。このような所有をコジェーヴは「私的所有（propriété privée）」と呼ぶ。それは、「人格的——すなわち身体的——支えを奪われた（privée de support personnel）」所有という意味である（cf. EPD 582/668）。コジェーヴはこのような「私的所有」に対して「個人的所有（propriété personnelle）」を対置する。この点をコジェーヴは次のように説明する。

> 所有〔個人的所有〕はつねに所有者の「人格（personne）」に結びついてい

る。すなわち結局は彼の身体（の特殊性）に結びついている。それは彼の身体の「付属物（appartenance）」である。たしかに、個人的財産はＡの身体から分離できるが、しかしＢの身体に直接的に結びつけられるためにのみ分離されるのである。だから、個人的所有は、「資本」や私的（privée）所有（「人格的——すなわち身体的——支えを奪われた（privée de support personnel）」）の現実存在に匹敵する自律的な現実存在をもたない。(EPD 582/668)（〔　〕は堅田による補足である）

　この文章では、「資本」や「私的所有」が「自律的な現実存在」をもつと言われている。「私的所有」とは結局のところ貨幣的価値の所有のことである。この貨幣的な価値の所有が「自律的な現実存在」をもつ、そしてそれは「資本」の「自律的な現実存在」でもあるということである。これはつまり、ブルジョワ社会においては、物の所有とは、物そのものではなく、その貨幣的価値の所有を意味するということ、そしてそれに加えて、本来は実体をもたない抽象的なものであるはずのこの貨幣的な価値の所有が自律的な現実存在となっているということである。これは、貨幣がそれ自体として存在しているということ、貨幣が自己の再生産や増殖を行うということ、そしてそれを可能にするシステムが存在するということである。自己の再生産や自己増殖を行う貨幣とは、資本にほかならない。さらに、貨幣がそれ自体として存在するためには、それが資本になると同時に、それが人間的実存を包み込み、人間が生きることと資本が再生産・増殖することとが同じことになる必要がある。人間が生きることイコール資本が再生産され増殖すること、こうなる必要がある。このときまさしく、資本が擬制的主人になっていると言うことができるだろう。

　コジェーヴのいう「資本」や「私的所有」の「自律的な現実存在」をこのような意味で理解するとしよう。コジェーヴはこれに対して、「個人的所有」を対置する。ここで次の点を確認しておこう。まず、コジェーヴが問題にしているのは、貨幣的価値の所有というブルジョワ的所有観念そのものではなく、それが自律的な現実存在になることだということである。次に、問題は、このような「資本」や「私的所有」の「自律的な現実存在」のいわば封じ込めであり、その封じ込めの鍵となるのが「個人的所有」だということで

ある。つまり、ブルジョワ的所有観念を、資本の自律的現実存在ではなく、個人的所有観念と結びつけることができるのではないかということである。言い換えると、自発的労働を奴隷的労働ではなく、個人的所有を生じさせる労働と結びつけることができるのではないかということである。

この問題を考えるにあたってヒントとなるのが、日本の法社会学の創始者の一人にして、その独自の「市民」概念で知られる戒能通孝の市民社会論である。

4. 戒能通孝の市民論

戒能通孝の「市民法と社会法」という論文を取り上げたい[8]。戒能は「市民」および「市民社会」について独自の（異端的とさえいえるような）理解を示す。

> 「市民社会」とは、右のような革命過程〔近代市民革命〕を通過して形づくられた「市民」によって構成される社会である。（……）絶対制国家の下における「市民社会」は、かくして絶対制国家を破毀すること、要するに国家から絶縁し国家をせいぜい夜番的状態に置くことによって、「市民社会」であることができたのである。市民社会はこの段階においてはまだ「法」をもたない。いいかえれば、そこに存在するものは自然科学的な法則であって、社会科学的な法ではなかった。すなわち、市民は等価的対価が払われなければ、商品交換に応じない。これはあくまでも法則であって、法ではないのだから、そのような法則の実現を強制する国家の有無は、事態に全く無関係なのであった。「市民社会」、「資本主義」はこの意味では「国家」に先行する。「国家」は、その存在によって新しいものを附加するものではなく、「市民社会」が法則として要求しているものを、そのままに承認し、その法則が余計な抵抗や邪魔物なしに動くようにすれば、それでよいとされていたのである。特権を認め、干渉を加え、邪魔物をおく絶対制国家は、「市民社会」にはしたがって邪魔物だった。教会や慈悲深い君主が貧民を憐れに思っても、どうせその救済費は自前でだすわけでもなかったので、決して「よきもの」とは判断され

---

(8) 戒能通孝「市民法と社会法」、『戒能通孝著作集Ⅶ　法社会学』（編・解説　渡辺洋三）、日本評論社、1977年、所収。引用・参照にあたっては、「市民法と社会法」と表記し、その後に著作集Ⅶの頁数を示す。

ていなかった。「自由」の意味が、絶対制国家の下では常に「他人の権利を侵害しないかぎり、いかなることでもなしうることである」と定義されたのは、いうまでもなく「市民社会」の法則貫徹を無条件に求めた趣旨としてのみ理解できると思っている。(「市民法と社会法」・142-144頁)(〔 〕は堅田による補足である)

そして、今引用した文章の最後のところに注がついており、その注の中で次のように述べられている。

> 市民社会においては法は作られねばならない。すなわち個別的法は個人が契約という形式をとって作り、一般的法は、「市民」が国の主人になり、市民的政府を組織することによって、はじめて「法規」として作りだす。いいかえれば、「市民社会」に法があるのでなく、市民国家に法があるのである。「市民社会」にあるものは、企業という事実と、企業者間の需要をみたすのは、等価交換という法則があるということにすぎない。(「市民法と社会法」・144頁)

さらに戒能は次のように言う。

> 法人はもともと人間の魂をもたない。「法人」に求められているものは、人間にとって最も古くて新しい「利益」だけ、したがって、資本主義経済の運営が会社組織を通して行われるようになると、そこには市民的な「近世資本主義」、というよりも「古代から今日にいたるまでの資本主義」、すなわちマックス・ウェーバーのいわゆる「賤民資本主義」(Paria-Kapitalismus) という要素が出現するだけである。その上に法人資産は出資者によって占有されている資産でなく、「法人格」という法的形式を剝ぎとれば、まさに一種の無主財産である。小市民資産者のもつ所有権の基本人権感情はここには必ずしも適用されない。それは人を利子寄生者にし、ごく少数の企業経営者をしてゾムバルトが、「汝は何人であるか、とかつて人は問うた。権力者なり。それ故に汝は富めり」といったのを、またくり返させようとしているだけである。「市民社会」は、会社企業の登場によって「市民」を喪失せしめられ、「市民」が支配するという意味での「市民社会」ではなくなる。そこに残るのは、「市民社会」の影であり、そして「市民」そのものの基本的性格は、「プロレタリアート」といわれる新らしい「市民」によって継承されるのである。(「市民法と社会法」・146-147頁)

戒能は、この「市民」を次のように特徴づける。

右のような市民的特質は、平等かつ自由な経済主体間の交換市場、すなわち厳格な意味における商品の等価交換の反映であるとみることができるかもしれない。いいかえれば、「市民」はまず社会的分業を前提とする観念である。しかも分業者間における相互需要は、常に商品交換の形式をとって満足され、かつ商品の交換率は──貨幣を媒介物とすると否とを問うことなく──当該の商品に体化された労働の量によって決定されること、そして等価交換の原則がまもられているかぎり、商品は必ず交換されうるという確信を基礎として成立する観念にほかならない。だがしかし「市民」とは、そのような社会関係の上にヌーッと自生したのでなく、そのような社会関係を作りだすために、生死を賭して闘ったエリートのことである。したがって「市民」は、それ自体として闘争観念であり、かつ闘争のなかで自己をきたえあげた人々が、「市民」であることに誇りをもち、それに栄誉を附与したのである。（「市民法と社会法」・141頁）

　戒能によれば、「市民社会」における「会社企業」の登場によって、「市民」は市民性を喪失し、「市民社会」は、もはや市民が支配するという意味での「市民社会」でなくなる。何が失われるのかというと、「小市民資産者のもつ所有権の基本人権感情」である。この「市民」の基本的性格が「プロレタリアート」によって継承される。したがって「プロレタリアート」は、「小市民資産者」がもっていたような「所有権の基本人権感情」をもつのである。それは、「「利益」だけ」を求める「法人」や「会社企業」の所有権に伴うものではない。

　戒能は「小市民資産者」を「市民」の典型と考える。この「市民」の特徴は、「所有権の基本人権感情」をもち、等価交換の原則を基本にした「社会関係を作りだすために、生死を賭して闘」う、そしてそれによって自分の所有権、所有物を命がけで守る覚悟があるかどうかである。（おそらくこの所有物の主なものは生産手段である。戒能は言う。「彼〔市民〕は自己の所有する生産手段の所有権が、人類に固有不可侵の権利であって、いかなる国家も、いかなる教会も、これに手を触れないことを要求する。（……）生産手段を個人として私有しないものも、また生産手段の個人的私有を阻害するものも、ともに「市民」でないという意味で、「市民」とは文字通り小資産家階級の階級的観念だったのである」（「市民法と社会法」・140頁）（〔　〕は堅田による補足）。しかし、この生産手

段の私有の問題は措いておく。）おそらくこの「所有権の基本人権感情」は、その所有物が自分の人格や身体と直接的に結びついていることによるだろう。たとえ所有物が生産手段であってもそうである。さらに、この「小市民資産者」は、「利益」を求めて、自己の生産手段を用いて産出した物の商取引——これは等価交換であるが、その前提には等価性の正義がある——をも行うだろうが、そうするように強いられてはいない（このような関係を命がけで作りだしたのだから）。このような生産手段およびそれによって産出した物の所有は、コジェーヴのいう「個人的所有」とほとんど同じである。（ただし、交換可能性をもった個人的所有物に相当するのは、個人的所有物である自己の生産手段を用いて産出された物である。自己の生産手段は、上で述べた、「特殊性」をもった身体に相当するだろう。）

　戒能によれば、「市民」を引き継ぐのは「プロレタリアート」である。それは「集団的自己表現による市民性の恢復」を行う者である（「市民法と社会法」・151頁）。「プロレタリアート」であることの証明が、「集団的自己表現」、すなわち「政党・労働組合に加入すること、デモンストレーションを行うこと」である（「「市民」になるということは、勤労的大衆には政党・労働組合に加入すること、デモンストレーションを行うことが必要である」（「市民法と社会法」・151頁））。戒能によれば、人はこのようにして「市民」になるのである。（ただし戒能は、「市民法は（……）「市民」を個人に限定し、個人が集団的行動において市民性を獲得しようとする傾向を認めないだけでなく排除する」（「市民法と社会法」・151頁）と述べ、近代の市民法や市民社会の問題点をも指摘する。）

　ところで、すでに引用したように、戒能によれば、「市民社会においては法は作られねばならない。すなわち個別的法は個人が契約という形式をとって作り、一般的法は、「市民」が国の主人になり、市民的政府を組織することによって、はじめて「法規」として作りだす」。すなわち、「「市民社会」に法があるのでなく、市民国家に法があるのである。「市民社会」にあるものは、企業という事実と、企業者間の需要をみたすのは、等価交換という法則があるということにすぎない」。これは、市民国家においては、法とは、それを市民が自由な意思に基づいて作り出すがゆえに法だと言っているに等

しい。つまり、「市民」とは法を作り出す主体であり、市民が法として作るものは法である。したがって、経済的等価性に従った取引が等価性の正義にかなうものと見なすのも、市民の合意としての法——それが契約であれ、契約の妥当性を判断する法であれ——であるということになる。この場合の「市民」とは、経済的な等価交換に基づく社会関係を命がけでつくろうとする、そしてそれによって自己の所有を命がけで守ろうとする、交換へと強制されていない者である。

　またこれは、「市民性」こそが「法的人格」の本質だということでもある。そして、現代においては「プロレタリアート」が市民性を引き継ぐ。現代の市民社会においては、市民性が喪失している。それは、利益のみを追求する会社企業の登場によって起こり、「「市民社会」の影」だけが残る。この問題をコジェーヴ的に考えると、影となった市民社会においては、市民は、利益のためにのみ、つまり貨幣を増やすためにのみ、等価性の正義にかなうものと見なされた経済的等価交換へと強制されているということである。この場合には、商品の価格通りの売買契約は、当然それに同意されるべきものであり、当然に等価性の正義にかなったものと見なされ、法によって強制されるだろう。

5. 法を作る主体と個人的所有

　戒能のいう「市民」とは、「所有権の基本人権感情」をもち、自分の所有物を命がけで守る覚悟がある者のことである。この市民が、経済的な等価交換による取引を正義にかなった、したがって法によって守られるべき取引であると主張し、市民革命の担い手になったということである。市民は経済的等価交換を自己利益の追求として行うのであるが、この経済法則に則った契約を保障されることは自己の権利、所有権を保障されることでもある。つまり、市民は、自己の人格と結びついた所有権を守るために、経済的等価交換を正義にかなうものと主張するのである。これは、ブルジョワ的所有観念と個人的所有とが結びついた例として捉えることができる。そして戒能は、このような市民が、契約によって私的な領域における法を、また自分たちが作

った政府を介して自分たち自身で自分たちを縛る法規を作るのだと言う。

この市民が法を作るということの意味を、今度はコジェーヴに立ち戻って考えてみよう。結論を先取りして言うと、平等の正義の理念や等価性の正義の理念は、それ自体として適用されることはなく、それが実際に適用される場合には、必ず擬制されたものになるということである。つまり、何が平等か、何が等価かは人々の合意によって決められる。そして、その合意によって平等と見なされた平等の正義の理念、等価と見なされた等価性の正義の理念が適用されるということである。言い換えると、法によって正義の理念を適用するというとき、その正義の理念とは、正義だと合意された正義の理念である。

このような合意によって経済的等価性を正義としての等価性と見なすとき、この場合の等価交換は、交換へと強いられたものではなくなる。そして、この交換を強いられたものでなくするのは、戒能の言葉では、市民における「所有権の基本人権感情」、つまり私の所有物、自分の人格や身体性と結びついた所有物を命がけで守る覚悟によって支えられた所有権であり、コジェーヴの用語で言えば、個人的所有である。そして、同じくこの自己の所有を命がけで守る覚悟こそが人を「法的人格」にし、法を作る主体にする。したがって、そこには、法を作る主体としての承認がある。この法が平等の正義を適用するとき、何が平等かは、やはりこの法を作る合意によって決められる。

このように、平等や等価性の正義の擬制の問題を考えていくと、法を作る主体とその合意の問題に行き着く。

(1) 平等の正義について

コジェーヴによれば、ヘーゲルは、単なる占有が法的な権利、すなわち所有(権)になるには、承認を求める生死を賭けた闘争を経るという。自己の占有に対する他者の異議申し立てに対して命を賭けて自己の占有を守るとき、その占有は権利(所有権)となるのだが、この占有を命がけで守る行為＝闘争とは、単に相手に自己の権利を承認させるだけでなく、自己の人間的尊厳を承認させることである。そして、ある者がこのようにして自己の権利

を承認させるとき、彼は「法的主体」または「法的人格」としてもまた承認されている。コジェーヴは言う。

> ヘーゲルはまず、動物に観察される純粋に「自然的」な単なる占有が本質的に人間的な財産（propriété）、すなわち承認され、さらには法的な占有となるのは、ただ、この承認を目指して始められる死を賭しての闘争において、そしてそれによってでしかない、と述べる。人間がまったくの尊厳を求めるこの闘争において自己の生命を危険にさらすのは、争いの的である物を現実に占有するためではなく、自己の排他的な占有権を承認させんがためである。そしてこの権利が現実のものとなり、「法的主体」（＝特殊に人間的な存在者）が自己を実現するのは、ただこの危険を冒すことにおいて、そしてそれによってでしかなく、究極においては、ただ死において、そして死によってでしかない。（ILH 566/411）

承認を求める生死を賭けた闘争という点に着目すれば、このような闘争は占有をめぐって行われるものに限られない。コジェーヴは言う。

> 人間がまったくの尊厳を求める死の闘争において自己の生命を危険にさらさねばならぬのは、単に自己の財産を承認させ、自己を所有者（＝法的主体あるいは法的人格）として承認させるためだけではない。一般に自己の人間的実在（réalité）および価値を承認させるためにもまた、そうしなければならない。（ILH 567/412）

確かにそうだが、法という観点から見ると、占有を介して承認を求める生死を賭けた闘争が行われるという点は重要である。これは、『法の現象学』においては、主人たちの社会における法の説明として出てくる。つまり、『ヘーゲル読解入門』におけるコジェーヴのこの記述は、承認を求める闘争と、主人たちの社会における所有という法的現象をめぐる闘争とを一緒にした記述のように思われる。この両者の闘争は異なる。そして後者の闘争が『法の現象学』において描かれているのである。

『法の現象学』においてコジェーヴは次のように言う。

> 所有と所有の観念（承認されざる所有はないのだから、両者は同じことである）は、承認を求める人間発生的闘争のなかで、またそれによって、構成される。生命を賭けることと闘争は勝者の承認（Anerkennen）に到るが、同時

にほかならぬそのこと自体によって、勝者の占有（Besitz）を「所有」（Eigentum）として承認することへと到る。「最初の」闘争は所有の承認のために行われるとすら言えるだろう。（EPD 532/614）

この記述だけでは、『ヘーゲル読解入門』の記述と変わらない。しかし、コジェーヴはそのすぐ後に次のように言う。

> 所有と所有者としての人間の承認は、厳密な意味での承認すなわち人間の人間的現実（réalité）および人間的尊厳の承認とは別のものである。承認は、生物学的でない目的のために生命を賭けることから生まれる、そしてまさにこの同じ生命の賭けがホモ・サピエンスという動物から（この動物において）人間的存在を創造する。だからこの賭けを放棄することは人間的現実性（顕在的な）とその承認を放棄することである。それは一面的承認を受け入れることであり、奴隷になること、生命を賭ける危険を最後まで貫いた人の奴隷になることである。しかし所有の承認のために生命を賭けることを拒否することは、すべての賭けの危険（反生物学的な）一般を拒絶することではない。それは、特定の「物」（最も広い意味での）のような個別的なもののために自分の生命を賭けることを拒絶することである。（EPD 533/615）

このようにコジェーヴは、主人であること（主人として承認されること）と所有者であること（所有者として承認されること）とが異なると言う。そして、この所有者としての承認は、主人たちからなる社会において所有権の観念が発生することの説明として用いられている。純粋な主人たちの間には法は存在しないのであるから、この所有者としての承認とは、主人たちの社会における法の発生の説明であると理解することができる（また、主人たちの社会が成立するためには法が存在しなければならないのだから、主人たちの社会が存在するということと、主人たちの社会に法が存在するということとは同じ意味である）。

　もう少し具体的に説明しよう。Ａは自己の占有を他者に承認させることによって所有に転換する。他者から見れば、Ａの占有物を力ずくで奪うのを断念し、それがＡの所有だと承認するのでなければならない。この他者をＢとすると、まずＢは、Ａが持っている（占有している）物について、その占有に異議を唱え、それを力ずくで奪おうとする。もしＡが勝利するな

らば、そのことが、Aがそれを持つ正当な理由となる。このAとBとの闘争は、承認欲望によって行われる。したがって、この闘争は平等な条件において行われねばならない。BがAの所有を承認するということは、Aに敗れるということであるが、BはこのときAの所有のみならず、Aの人間性をも承認している。そして、このBによる承認を導くのが等価性の理念である。もしAとBとがホモ・サピエンス種に属する動物であるならば、この承認によって主人（A）と奴隷（B）との関係が生じる。そして、AとBとが共に主人であるならば、AがBの占有する物を奪おうとするときにもこれと同じことが生じ、AとBとはともに自分の所有の権利を承認され、所有者として共存する。このようにして主人たちの社会に法が導入される。

　私は自己の身体を占有しており、私が占有する身体を基に他のものの占有が生じる。したがって、占有の源泉となっているのは、私が占有する私の身体である。したがって、占有の所有（権）への転換は、自己の身体の所有の権利の承認を含むだろう（cf. EPD 537/619）。つまり、自己の所有権の承認は、自己の身体の所有権の承認を含む。そして、自己の所有権は、自己の身体の延長として正当化することができる。つまり、所有権の正当化根拠は自己の身体の所有にあると考えることができる。自分の身体について所有権があるのだから、自己の身体の延長としての物にも所有権が及ぶものとして、自己の所有権を正当化することができる。

　所有者としての承認を得るための生命の賭け＝死の危険は、承認を求める闘争における死の危険（主人と奴隷とを生じさせる）とは異なる。社会における主人たちの共存とは、このような所有者たちの共存である。このような所有者たちが「主人」と見なされ、平等の正義が適用される。しかしながら、所有者（としての主人）と純粋な主人とは異なるのであるから、この平等は擬制的である。所有者（としての主人）を主人と見なしてそこに主人の平等の正義が適用されるのである。

　したがって、何を平等と見なすかについての人々の合意がなければならない。

(2) 等価性の正義について

　奴隷は、主人は自分を殺すことができると知っているという意味での死の恐怖、つまりある種の観念によって労働する。つまり、労働者＝奴隷が感じる死の恐怖は、承認を求める闘争における死の恐怖そのものとは異なる。したがって、等価性の正義の理念が奴隷どうしの間に、また主人と奴隷との間に適用される場合、この場合の等価性は、主人と奴隷とを誕生させた等価性、つまり主人になる者による直接的な死の危険による等価性とは異なる。つまり、実際に適用される等価性は擬制的な等価性である。実際に適用される等価性の正義における不利とは、ある観念に基づいて奉仕することであり、主人による直接的な死の恐怖によって奉仕することとは異なる。
　また、市場における取引において、自己利益を埋め合わせるものとしての不利、すなわち交換へと強制された物の産出という不利は、もはや生命の危険からかなり離れており、この意味で等価性の正義はかなりの程度において擬制的である。個人的所有物どうしの取引においては、この擬制はほぼ完全なものとなる。なぜならそれについては、自己利益やそれを埋め合わせる不利という観念ではもはや考えられないからである。このような取引は、等価だと見なされるがゆえに等価である、つまり等価性の正義にかなっている。その等価性の基準は、もはや経済的等価性ではないのだから、それは社会が法として合意するしかない。そもそも、経済的等価性を等価性の正義にかなったものと見なすというのも、等価性の基準に関する社会の合意＝法だと考えることができる。

(3) 法を作る主体

　このような擬制的な平等や等価性の正義の理念の適用が法である。したがって、擬制的な平等や等価性を正義にかなう（つまり、主人と奴隷というかたちで人間性を発生させた）平等や等価性だと見なすことが必要になる。つまり、見なしの装置が必要になる。それは、社会のメンバーの合意だとしか言いようがない。
　戒能は、近代市民国家においては、経済的等価性を法的な等価性とも見なすブルジョワジー＝市民こそが法を作る、つまりこのような合意をなすのだ

と考えた。さらに戒能は、市民が法を作ることが、それ自体において神聖と見なされた契約であり、それが私人間の契約であろうと法律であろうと本質は同じだと言う（「約款と契約」[9]）。彼はそれを「双務的等価交換契約」（「約款と契約」・172頁）と捉えるが、それは、等価交換が正義にかなうという命題を法として確認する行為だと言うことができる。等価交換という点を除いて、戒能がいう法を作る主体を定式化すると、それは、自己を縛る法を合意によって作りだす者である。その合意は契約という形をとることもあれば、一般的な法律という形をとることもあるが、そこでは何らかの理念——コジェーヴ的にいうと、擬制的な平等や等価性の理念——が正義だと確認されてもいるのである[10]。

それでは、何が神聖さをつくりだすのか。それは、自己の人格と結びついた物（交換へと強制されていない）を差し出すからではないだろうか。このような物のことをコジェーヴのいう個人的所有物として捉えてよいと思われる。法を作りだすことは、個人的所有物を差し出すことと結びついているように思われる。

---

(9) 戒能通孝「約款と契約」。この論文も上記の『戒能通孝著作集Ⅶ 法社会学』（前掲注8）に収められている。引用・参照にあたっては、「約款と契約」と表記し、その後に著作集Ⅶの頁数を示す。

(10) 戒能によれば、この双務性の意識を忘れることこそが問題である。彼はこれを約款問題を取り上げながら語っている。約款を「「企業」という小国家の法」だと安易に考えるのは、「利用者大衆の利益放棄行為」である。それは、「「契約」・「神聖な契約」・「契約は政府をも法をも作り得る力である」という意識に欠けているからである」（参照、「約款と契約」・173頁）。そして戒能は次のように指摘する。「約款は誰かが作ったにちがいないが、それだけのことである。しかも作成者は自己に不利であり、自己に義務を課するところを忘れており、自己に有利な箇所だけを記憶する。相手方たる利用者大衆は約款を読みもせず、不可避天災同様に、対価を払い、あきらめる。約款の双務性はここではないのである。これは大変な事実というものの、いままで存外にも放置されていた。約款法の中心問題は、約款に関する法律理論であるより先きに、契約の双務意識問題ではあるまいか。私はこの問題が解決しなければ、約款法の意味自体わからないだけでなく、逆に安易な「契約から制度へ」の観念を通して、いわゆる独占資本家や若干の政治家に、われわれの政治生活のみならず経済生活にいたるまで、附従的に依託するようになると信じているのである」（「約款と契約」・173頁）。これは、法は法として合意されるがゆえに法であることに伴う問題点の指摘として捉えることができる。

個人的所有物とは自己の人格および身体と結びついた物であるが、それは自己の「特殊性」に基づいている。この特殊性をつくりだす身体とは人間的身体である。この人間性は自然的所与の否定、「ここといま」からの抽象に基づく。この場合の人間性とは、承認を求める生死を賭けた闘争に由来する人間性とも、奴隷的労働に由来する人間性とも区別される（奴隷的労働に基づく人間性をコジェーヴは「個別性」と呼び、「特殊性」とは区別している）。なぜなら、承認を求める闘争を行わない女性も特殊的な人間的身体をもつからである。また、自己の所有のために生命を危険にさらす覚悟とその承認（権利として承認されるのでないと所有の権利はないから、所有の権利があることとそれが承認されていることとは同じことである）によってその所有は正当化され、またこの覚悟と承認は自己の身体の所有に関するそれを含む。しかしながら、このような自己の所有のために闘争を行い生命を危険にさらす覚悟があるということによってその所有を承認された自己の身体が、この闘争そのものによって人間化されるわけではない。なぜなら、所有の権利は、人間化された身体を基に生じた占有の、権利としての承認にほかならないからである。その所有を承認される以前にすでに自己の身体は人間化されている。言い換えると、自己の身体の所有、個人的所有については、自己の人格的な刻印が押されたものであるがゆえに、それを命がけで守ろうとするのだと考えられる。それでは、特殊性を生じさせる人間性は何に由来するのか。

　これはつまり、承認を求める闘争やそれに由来する労働とは異なる人間性の源泉があるということである。コジェーヴ研究で有名なフランスの哲学者ロラン・ビバールはこのような源泉を考察する。彼によれば、人間が人間化されるのは、人間が直立することによって女性の性器が隠されたことによる。これによって女性は男性の性交の要求を拒否することができるし、男性もこの拒否を受け入れることができる。これによって人間は性欲を抑制するすべを学び、自然・動物性を克服することになる[11]。

---

(11) Cf. Laurent Bibard, *La Sagesse et le féminin : Science, politique et religion selon Kojève et Strauss*, L'Harmattan, 2005, Deuxième partie, Chapitre 4. 邦訳として、ロラン・ビバール『知恵と女性性——コジェーヴとシュトラウスにおける科学・政治・宗教』堅田研一訳、法政大学出版局、2014年、第二部第四章。さらに次の著作も参

さらにビバールは、女性が自分の母親と同じことができる、つまり子供を与えることができるということを存在論的な充足と捉え、それができない男性を欠如と捉える[12]。つまり、彼は、男性は無であり、これが「存在のなかで無化する無」[13]というコジェーヴによる人間の定義（他者の欲望を欲望する存在、つまり承認欲望をもった存在）につながっていると示唆しているのである。

　このビバールの考え方によると、人間は承認を求める生死を賭けた闘争以前にすでに、直立による女性器の秘匿によって動物性を否定して人間化している。承認を求める闘争は、これを前提にして生じるものである。

　直立による女性器の秘匿に由来する動物性の否定しての人間化は、動物的生活を人間化するだろう。動物的つがいは人間的家族となり、食料獲得は経済活動となる。これはつまり、人間的な日常生活が生じることである。日常生活とは、人間が（人間として）生きるための活動である。前に述べた、「ここといま」からの抽象の能力もまた、ここから生じるのではないかと考えることができる。私はこの源泉を、特殊性における人間化、女性的な人間化の源泉として捉えることにしたい。

6. プロレタリアート、つまり立ち上がった女性

　戒能のいう、会社企業の登場によって生じた「「市民社会」の影」である資本主義社会は、経済的な等価交換が行き渡った社会である。この経済的等価性は正義としての等価性だとも見なされている。この社会においていわば排除された、「市民性」の後継者である「プロレタリアート」とは何か。「市民」とは自己の所有物を命がけで守ろうとする者であったが、その典型である「小市民資産者」とは主に、自分で生産活動をするしないはともかく、自己の所有物である生産手段を命がけで守ろうとする者である。彼らが経済的

　　照せよ。Cf. Laurent Bibard, *Terrorisme et féminisme : Le masculin en question*, Éditions de l'Aube, 2016, pp. 102-103.
(12)　Cf. L. Bibard, *Terrorisme et féminisme, supra* note 11, p. 105.
(13)　Cf. ILH, pp. 168-169. 邦訳 54 頁。

等価交換を法として守ろうとすることは、彼らの所有権を守ることにほかならない。なぜなら生産手段とは、等価交換される物、つまり商品を産出するのでないと意味がないものだからである。したがって、プロレタリアートとは、この経済的等価性を法として強制されることによって排除される者のことである。戒能によれば、等価交換によって、剰余価値を生み出す労働力を商品として売る労働者がその典型である。これはつまり、労働力とは本来、経済的等価性によって取引されるものではないということである。

これはまた、経済的等価性を正義としての等価性として見なすことへの疑問でもある。そこには、経済的等価性でない等価性の正義を立てるべきだ、そしてこの新たな等価性の正義によって労働力の取引は規制されるべきだという主張がある。

それでは、それを守るためにその所有者が命を賭ける覚悟のある、商品でない労働力とは何か。それに相当するのがコジェーヴのいう個人的所有である。つまり、自己の人格および身体と密接に結びついた、本来的に交換へと強いられていない、しかし交換可能性をもつもののことである。

この個人的所有とは、奴隷的またはブルジョワ的な、交換へと強いられた所有ではない。ところで、奴隷的・ブルジョワ的所有とは、承認を求める生死を賭けた闘争における「死の危険」に由来するのであるから、男性的なものである。したがって、そのような「死の危険」に由来するのでない個人的所有とは女性的なものである。正義として見なされている経済的等価性に対して異議を唱え、新たな等価性を正義として立てるために、そしてそうすることによって自己の個人的所有物を守るために命を賭ける覚悟がある者、これが「プロレタリアート」である。これは、象徴的な表現をすれば、立ち上がった、直立した女性として捉えることができる。人間が直立することによって女性器が隠されたこと、ここに根源的な人間化を求めるとすると、女性はもう一度直立する、立ち上がるのでなければならない。そして、法として適用される新たな等価性の理念、さらに平等の理念を定立するのでなければならない。

さらに、これによって、ブルジョワ的所有を、資本の自律的な現実存在ではなく、個人的所有と結びつけるのでなければならない。

7. 結びに代えて──新たな問題の定立

　女性が立ち上がるとは何を意味するのだろうか。
　そもそも他人のために行われるべき仕事がある。例えばケア労働（とりあえずここでは、介護または介助のことだと捉えておく）である。介護のみならず、医師の医療行為もその一つであろう。およそ商品は交換のために、つまり他人のために作られるが、ケア労働は、交換されないと意味がないという意味での他人のための労働ではなく、そもそも他人のために行われる労働である。それが商品としての交換可能性をもとうがもつまいが、他人のための労働であることに変わりはない。それが商品になる場合、他人のためというこの「他人」が、経済的等価交換によってそれを手に入れたい他人ということになる。これはケア労働の変質にほかならない。
　家政的労働とはすべてこのようなケア労働であると言ってよいだろう。家政的労働とは家族のための労働であって、自分の楽しみのための労働ではないし、交換を前提にしたものでもない。それが、交換のためのもの、つまり商品になること、したがって商品へと変質した家政的なものが前面に現れ、本来的に家政的なものが周縁に追いやられ、追放さえされること、これを近代性と呼ぶと、コジェーヴの承認欲望論や主人と奴隷の弁証法はこの近代性を前提にしたもののように思われる。（この点でビバールのコジェーヴ解釈は正しい。）そして、この近代性は、貨殖論としての貨幣が社会関係の中心になることによって生じるのだと思われる[14]。
　家政的なものの周縁化や追放とは女性の周縁化や排除でもある。したがって、女性が立ち上がることとは、家政的なものを復権するように、家政的なものに正当な配慮を行うように要求することを意味するだろう。
　コジェーヴのいう個人的所有物とは、交換のためにつくられたものではないが交換可能性をもつものである。ところが個人的所有物は、利益を得るために交換へと供されることがある。戒能のいう「市民」とは、このようなも

---

(14) 参照、堅田研一「訳者あとがき」、ロラン・ビバール『知恵と女性性』（前掲注11）所収。

のではないかと解釈できる。この交換は経済的等価性によって規制される。「市民」たちは、自己を経済人として規定し、つまり自己の人格（「所有権の基本人権感情」）と密接に結びついたものを交換して利益を得る存在として規定し、そのようにして生きるために経済的等価性を正義としての等価性として主張した（そしてその正義を法として実現した）のだと捉えることができる。（この場合、交換可能な個人的所有物は商品であると見なされている。この物を商品として見なして市場価格で取引することは、厳密な意味での商品取引（自分の企てに基づいて、強いられて交換可能性のある物を産出する場合）ではない。それは、あくまでも擬制的な商品取引である。この場合、経済的等価性に従って取引が行われることを正義にかなうと見なすことは、公的な正義の理念、法的な正義の理念の定立である。法が存在するためには、このような法的な正義の理念の定立がなければならないだろう。）

　今度は、このような経済的等価性を正義としての等価性と見なして規制するのが適切でない関係が現れてきたということである。岩井克人のいう信任関係とは、この現われの一つであるだろう。岩井によれば、例えば医師と患者のような関係において両者の契約を自由に委ねると、医師による自己契約になってしまう。これはつまり、医師と患者の契約が自由競争による価格決定にはなじまない、言い換えると経済的等価性に従うならば正義に反するようなそのような取引であるということである。（医師の医療行為とは、ケア労働の一種であり、家政的な労働でもあるだろう。）

　この信任関係をヒントに、個人的所有物の取引を規制する正義について考えてみたい。

　「信任関係」とは、「一方の人間が他方の人間のために一定の仕事を行うことを信頼によって任されている関係」のことである[15]。医師・患者関係をとってみよう。医師が患者に対してなす医療行為は、医師が自分の企てに基づいて他人のために労働すること（医療行為という産物をつくること）であるが、この労働は本来的には交換を目的としたもの、利益を得るためのものではない。つまり、それは商業や商品生産ではない。したがってそれは、等価

---

(15)　参照、岩井克人『経済学の宇宙』（前掲注6）、355頁。

性の正義をもって規律すべきものではない。

　確かにその医療行為に対しては報酬、お金が支払われる。しかしながら、この報酬は、医療行為という商品と交換的に、その代金として支払われるものではない。このような信任関係をどのように理解すべきだろうか。

　医療行為は、他人（の利益）のための、自己利益目的ではない行為や物の提供として、それはまず「贈与」であると捉えることができる。しかし、医療行為とは贈与ではない。なぜなら、他人が必要としないものでも贈与は可能であるが、他人が必要としない医療行為は医療行為とは言えないからだ。つまり、医療行為は、他人が必要とするようなもの、この意味で交換可能なものでなければならない。けれどもそれは、自己利益を目的としたもの、商品ではない。つまり、それは、交換へと強いられたものではない。

　「個人的所有物」とはまさしく、交換へと強いられてはいないが交換可能性をもったものという性質をもつ。それでは、医療行為は個人的所有物であろうか。第2節で、ある者が自分の企てに基づいて自分のための物・ものをつくる場合、この物・もののことを個人的所有物と呼んだ。ところが、医療行為は自分のためのものではない。それは他人や社会のためのものである。

　しかしながらコジェーヴは、自分の楽しみのために絵を描くことのみならず（cf. EPD 578/664）、「公園や庭園を整備するために数人で仲間をつくること」を個人的所有物の例として挙げている（cf. EPD 577/662）。したがって、医療行為を行うために仲間をつくることもまた個人的所有物になるだろう。すると、一人で医療行為を行うこともまた個人的所有物となるだろう。他人のための行為が本当に他人のためになるためにはそれが交換可能性をもつ必要がある。交換可能性をもったものを、交換へと強制されることなく産出する場合、それが他人のためのものであろうと自分の楽しみのためのものであろうと、個人的所有物であると言える（楽しみのために描いた絵でも、それが交換可能性をもたない限り、個人的所有物とは言えない）。したがって、医療行為は本来は商品でない、つまり交換へと強いられてはいないのだから、個人的所有物だと見なしてよいだろう。

　交換可能性をもった、交換へと強いられていないものをつくること（そのようなことを行うことを含む）とはいかなることだろうか。交換へと強いられ

ないのは、その当のものが自分の人格および身体と密接に結びついている、したがってそれを所有するために自分の生命を危険にさらす覚悟があるからである。そうであるにもかかわらず、それは交換可能である、つまり他人の必要性を満たしうる。他人がそれを欲するのは、それがそのものの所有者の人格と結びついていると信頼しうるからである。人格と結びついている（例えば、仕事に関して言うと、ベストを尽くしてくれる）（と信頼しうる）のでないと、そのものは必要とされないのである。さらにそのものは、この他人の必要を満たすだけの品質（こう言ってよければ、専門性）をもっている（と信頼しうる）のでなければならない。このような個人的所有物を手に入れるためには、この所有者に、信頼の証となるものを提供しなければならないだろう。つまり、この意味で、自己の人格と結びついたものを提供しなければならないだろう。さらにそれは、個人的所有物の所有者である相手が必要とするもの、つまり交換可能性をもったものでなければならない。したがって、個人的所有物を得るお返しにその所有者に与えるものもまた、個人的所有物でなければならないだろう。

　医師と患者という信任関係においては、医師や医師の医療行為が専門性をもっていること、および患者が医師を信頼して自己のために仕事（医療行為）を任せること、が必要である。患者の側がその対価として支払うお金は、健康保険制度によってその支払いの多くの部分が担保されている。この健康保険制度を、患者側の信頼の証と考えることができるように思われる。もしこの考え方が正しいとすると、医師・患者関係は、個人的所有物どうしの取引だと捉えてよいように思われる（これが、信任関係を本質とする取引全般に当てはまるかどうかは今後の検討課題である）。

　信頼は、それを強制的に担保するしくみがないと機能しない。岩井によれば、信任関係においては、国家は法によって、信任された者（医師）が、自己利益のためではなく信任した者（患者）のために仕事をするように強制しなければならない[16]。これは、まさしく信頼の担保の必要性を指摘したものと考えられる。そして、この信頼の担保を市場が提供することはできない

---

(16) 参照、岩井克人『二十一世紀の資本主義論』筑摩書房（ちくま学芸文庫）、2006年、356-358頁。

（信頼に値する優れた技術をもった医師と、市場で多くのお金を稼ぐ医師とは別である）。

　このような取引が成立し、それが正義にかなっているのは、取引されるものどうしの経済的等価性があるからではなくて、（国家による信頼の担保の下で）それが当事者によって合意されるからである。それはまさしく、等価的だと契約の双方が考えるがゆえに等価的であり、したがって正義にかなっているものと見なされるのである。このような取引は、カール・ポランニーのいう「互酬性（reciprocity）」[17]に極めて近いものであるように思われる。

　岩井のいう信任関係とは、市場経済が発展すればするほど至るところに生じる。市場は分業を前提とし、分業とはある種の専門性である。つまり、市場は最初から専門性を前提にしている。この専門性は市場においては等価交換による自己利益のためのものであったが、そこから自己契約としか呼べないような取引・契約が生じてきた。それを信任関係として捉えようというのが岩井の考え方である。それは、例えば独占禁止法のように、市場の自由競争機能を強制的に回復するということではない。むしろ、自由競争による経済的な等価交換（等価性の正義にかなったものと見なされる）とは違った原理をもった取引が生じていることに目を向けようということである。これを私は家政的なもののある種の復権と捉えたのだが、これは古代的なものへの逆戻りではなく、市場経済の発展の結果として生まれてきた現象であるという点に注意すべきである。

---

(17)　Cf. Karl Polanyi, «Aristotle Discovers the Economy», in *Primitive, Archaic and Modern Economies : Essays of Karl Polanyi*, Edited by George Dalton, Beacon Press, 1968. 邦訳として、カール・ポランニー「アリストテレスによる経済の発見」、カール・ポランニー『経済の文明史』玉野井芳郎・平野健一郎編訳、筑摩書房（ちくま学芸文庫）、2003年、所収。なお、本書第四章注（5）を参照していただきたい。

第七章　法における互酬性について
―― コジェーヴの法論を基に

1. 問題設定

　アレクサンドル・コジェーヴによれば、正義の理念（idée de Justice）は「承認を求める生死を賭けた闘争」、すなわち政治的闘争に由来する。ところが、この政治的闘争から生じる正義の理念――平等の正義と等価性の正義の理念――は、生きることを前提にした非政治的関係に対して法（le Droit）として適用される[1]。（政治的な関係そのものには「公平無私の第三者（tiers impartial et désintéressé）」が介在する余地がないから、正義の理念が法として適用されることはない。）つまり、政治的な正義の理念が非政治的な関係（相互作用）に適用されるのだから、政治的な正義の理念は修正されて適用されざるをえない。すでに何度も述べたこの問題が生ずる根源はどこにあるのだろうか。

　それは、人間とは死の実現であるが、これを生きて実現することができないというパラドクスに由来する。承認を求める生死を賭けた闘争において闘争の両当事者は死んではならない。つまり、死へと覚悟を決めるものの、死には至らないし、至ってはならない。言い換えると、闘争のなかで、死を求めることが生を求めることへと転換するということである。そして、これによって主人と奴隷との関係が生じるのである。主人は奴隷を殺さず、奴隷が屈服した時点で闘争を止める。奴隷は、承認を求めて死に至るよりも、主人

---

[1] Cf. Alexandre Kojève, *Esquisse d'une phénoménologie du droit*, Gallimard, 1981. 邦訳として、アレクサンドル・コジェーヴ『法の現象学』今村仁司・堅田研一訳、法政大学出版局、1996年。以下、同書からの引用・参照にあたっては、EPDと略記し、最初に原書の頁数を、その後に邦訳書の頁数を表記する。また、この問題については本書第六章を参照していただきたい。

に屈服することによって生を選択する。承認を求める闘争、および主人と奴隷との関係をいわば裏から支えているのは、この死を求めながらも死には至らないということである。この点についてはコジェーヴ自身が指摘しているし（後述）、アクセル・ホネットもまたこの論理の決定的重要性に気づいている[2]。さらに今村仁司もこの論理を用いている[3]。

　この死に至らない死への覚悟は、主人と奴隷との関係をつくる合意として現れる。主人と奴隷との関係をつくるのは、闘争の開始と終了における合意であり、それによって正義の理念が開示される。重要なのは、この関係があるからこそ正義の理念が発生するということである。つまり、この関係が生じるからこそ、闘争の最初における、死の危険への条件の平等が平等の正義の理念となり、また闘争の終わりにおける主人と奴隷のそれぞれの条件の等価性が等価性の正義の理念となる。主人と奴隷との関係をつくる合意を導くのは、死に至らない死への覚悟である。そして、その合意に正義の理念を見て取るのは第三者である。

　この死に至らない死への覚悟は、主人と主人との関係においても見出され

---

[2] ホネットは次のように言う。「互いに闘争している主体は、自分たちが互いに死ぬ可能性があることを自覚することで、基本的な権利の点ではすでにあらかじめ承認しあっており、そうすることで、間主観的に拘束力のある法的関係のための社会的基盤をすでに暗黙のうちにつくりあげていることを発見する。（……）他者が自分の個体的な権利のためにどのように賭けるかではなく、賭けることによってのみ、両方の主体は、相手方にそのつど道徳的に傷つきやすい人格を認め、そのことをつうじて自分たちの根本的な統合の要求を互いに肯定するようになる」(Axel Honneth, *Kampf um Anerkennung : Zur moralischen Grammatik sozialer Konflikte, Mit einem neuen Nachwort*, Suhrkamp, 2003, S. 81-82. 邦訳として、アクセル・ホネット『承認をめぐる闘争〔増補版〕——社会的コンフリクトの道徳的文法』山本啓・直江清隆訳、法政大学出版局、2014 年、66-67 頁)（（……）は堅田による省略を示す。以下も同様である）。

[3] 今村は、人間の存在の根源を、自己の存在が何ものかによって与えられた、贈与されたと感じることに求める。人間はそれによって負い目を負い、その負い目を返そうと自分を犠牲にしようとする。この負い目の返済が一度になされる場合、それは自死という形をとるが、この自己犠牲または自己贈与の動きが自己保存の動きによって限定的に否定される場合、それは小出しの自死となる。人間の生存とはまさしく、この小出しの自死にほかならない。参照、今村仁司『社会性の哲学』岩波書店、2007 年。

る。主人とは戦場において死すべき存在であるが、その主人が主人として生きるとは、まさしく死に至らない死への覚悟において生きることである。これは、自己の、見返りを求めない、ただし全面的でない贈与として現れるだろう。このような主人どうしが相互作用を行うとき、そこに、相互的な自己贈与としての互酬性（reciprocity）（後述）の関係が生じるように思われる。この互酬性の関係は主人と主人とが平等であることが前提であるから、この関係を可能にするのは平等の正義である。したがって互酬性とは、平等の正義の理念によって支えられた、主人どうしの相互作用の原理である。

　ところで、この死に至らない死への覚悟が、性的領域、セックスの領域において働いていることをジャン゠リュック・ナンシーが、その著作『性＝実存』[4]において指摘している。彼によれば、愛の性行為(セックス)には、「死のなかに至るまでの生の称揚」[5]がある。つまり、性愛における快楽の追求の極において生と死との境界にまで至るものの（死に内部はないから、これは境界＝限界（limite）を意味する（cf. SE 148））、この境界を越えて死に至ることはなく、それは生への意志に転換する。死の意識、死への覚悟において性行為は動物的なものと区別される人間的なものになるのであるが、それが生への意志に転換しないと、そもそも人間的家族は生じない。（転換しないと、サド的な性になってしまうように思われる。）死に至るとは、自己の全面的な贈与、つまり全面的な自己の遺棄を行うことである。性行為には相互的な自己贈与があるのである。ところがこの相互の自己贈与（相手＝他者への自己の遺棄）の関係は死に至らない。それはどこかで生への意志へと転換する。これは、贈与が全面的なものではなかったこと、生への意志へと転換するはずであったものであることを意味する。したがって、性行為にも互酬の関係を見て取ることができる。

　この性行為における互酬性において、自己贈与を行う二人は平等である。

---

(4)　Jean-Luc Nancy, *Sexistence*, Galilée, 2017. 以下、同書からの引用・参照にあたっては、SE と略記し、その後に頁数を示す。

(5)　SE, p. 85. この言葉自体は、ジョルジュ・バタイユ『エロティシズム』の序論冒頭の有名な一節である。Cf. Georges Bataille, *L'Érotisme*, Minuit, 1957, p. 13. 邦訳として、ジョルジュ・バタイユ『エロティシズム』酒井健訳、筑摩書房（ちくま学芸文庫）、2004年、16頁。

これは行為の性質による平等である。アリストテレスによれば、男女の性的結合を基に、奴隷と主人という対(つい)を含んで家が生まれ、いくつかの家が集まって村が生まれ、いくつかの村が集まってポリスが生まれる[6]。この一連の過程の出発点は男女の性的結合にあり、したがって過程全体において平等と互酬性が作用するのではないだろうか。ところで、アリストテレスによれば、家には主人・奴隷関係が含まれているのであるが、この主人・奴隷関係をコジェーヴ的に、つまり承認を求める闘争に由来するものと捉えてみることにする（cf. EPD 487/568）。これは男女の性的結合とは性質において異なるものであるが、承認を求める闘争を行う者は、男女の性的結合に由来する家族のメンバーであるから、この二つの領域には何らかの関係があるものと考えることができる。この点については後述する。

ところで、互酬性は、後述するように、まずは与える義務があり、この義務の履行としての贈与の結果として、返礼としての贈与がある。ところが、ジャック・デリダが指摘するように、人が贈与を贈与として意識するとき、贈与者については、贈与するときにすでに返礼への期待をもつようになる。また受贈者にとっては、お返しを行わねばならないと考えるようになる。それはもはや純粋な贈与ではなくなっている。ところが、贈与を贈与として認識することなしに贈与をなし、また受け取ることはできない。したがって純粋な贈与がそれ自体として存在することはない[7]。返礼への期待をもって贈

---

(6) 参照、アリストテレス『政治学』牛田徳子訳、京都大学学術出版会、2001年、6-9頁。

(7) Cf. Jacques Derrida, *Donner le temps : 1. La fausse monnaie*, Galilée, 1991, pp. 26-27. そこでデリダは贈与のパラドクスについて次のように述べており、大いに参考になる。「贈与が存在するためには、受贈者は返さない、償還しない、払い戻さない、返済しない、契約に入らない、負債（dette）を全く感じていないのでなければならない（il faut）。(この「なければならない」はすでにひとつの義務（devoir）、…してはならないという義務のマークである。すなわち、受贈者は返さないように自らを義務づけさえする。受贈者は、すべきでない義務をもつ。贈与者はお返しを期待しない義務をもつ）。結局のところ、受贈者は贈与を贈与として認識して（reconnaisse）はならない。もし彼がそれを贈与として認識するならば、もし贈与が彼にとって贈与それ自体として現れるならば、もしプレゼントが彼にとってプレゼントとして現前する（présent）ならば、贈与を無効にするためにはこの認識だけで十分である。なぜか。それは、この認識が、いわば、物そのものの代わりに、ある等価的な象徴的なもの

与するとき、あるいは返礼を前提にして贈与を受け取るとき、それは奴隷的な等価性の関係になりうる。つまりそれは、自己が利益を上げるための、つまりもうけを得るためのいわば贈与になりうる。これは経済的な交換にほかならない。これを規律するのは等価性の正義の理念である。互酬性は経済的等価性へと転換しうるのである。

したがって、互酬性、または相互的贈与の関係が現実に存在するためには、返礼を期待させないようにするための、あるいは返礼の義務を感じさせないようにするための社会全体のシステムがなければならない。このシステムが崩れるとき、互酬性は経済的等価性へと転換しうる。このシステムを支えていたのは、奴隷的等価性を原理とはしない主人性と家族性の原理であるだろう。したがって、主人性や家族性の崩壊は、もうけの観念によって起動された等価性の正義の全面的な支配へとつながるだろう。（コジェーヴによれば、主人が主人である限りは相互承認を実現することができない。したがって主人性は必然的に崩壊する運命にある。）

もうけの観念が優先する経済的等価性の関係において、死に至らない死への覚悟が働く余地はあるだろうか。この問題については、ナンシーが考えるような性の多様性、性は男性と女性のみではないということ、「私＝性（セックス）」、つまり一人ひとりの性的な傾向、性別が異なるということ、この考え方が示唆を与える。つまり、家族を各人の性的特異性に応じて多様化しつつ全人類的な規模で再興するということである。このような家族内部での相互作用に等価性の正義を適用するとき、この適用には、性的な関係における死に至らない死への覚悟が働くのではないだろうか。ここに互酬性を再興する契機があるように思われる。

さらに奴隷またはブルジョワは、いったんは自己の生命を危険にさらす覚悟をしたのであり、死に至らない死への覚悟を受け入れる可能性をもってい

（équivalent symbolique）を返すからである。ここでいう象徴的なものについては、それが交換を再＝構成し、負債において贈与を無効にするとさえ言うことはできない。それが次のような交換、すなわちもはや物または財の交換として生じることなく、象徴的な交換へと変貌するであろうような交換を再＝構成することはない。象徴的なものは、交換と負債との次元、つまり贈与が無効にされる循環の掟または秩序を開き、構成する」（強調は原文。また文中の…は原文におけるもの）。

ると考えられ、このことが互酬性の再興を助けるだろう。

　主人たちの社会を支えていたのは平等の正義の理念としての互酬性であったとすると、経済的等価性の支配する社会において互酬性を再興することは、平等の正義と等価性の正義との綜合を実現することである。そして、このような綜合的正義を実現する法こそが真の法であると考えられる。経済的等価性が全面的に支配する社会には、真の意味での法が存在しないと思われる。このような社会には等価性の経済法則と、それを正義として法的に強制する国家というシステムだけが存在する。あるいは、貨幣的評価の等しさが正義であり、貨幣が法となっている[8]。

　本章の課題は、奴隷的・ブルジョワ的な等価性の正義と互酬性との違いを確認し、前者およびそれを適用する法が優位を占めている現代の社会において互酬性を復権させることの意義について考察することである。

2. 互酬性とは何か

　互酬性とは何かを、カール・ポランニーの互酬性論を取り上げて考えてみることにしよう[9]。

　ポランニーは次のように言う。

　　大雑把にいって、西ヨーロッパにおける封建制の終焉まで、われわれが知っ

---

[8] 私は互酬性およびそれを支える個人的所有（cf. EPD 575-586/660-673）こそが法の本質だと主張する。ところで、マリノフスキーは、互酬性を法の特質だと主張し、それを基に法の定義を行ったと批判されているようである（cf. Tomáš Ledvinka «Bronislaw Malinowski and the Anthropology of Law», in Mateusz Stępień, ed., *Bronislaw Malinowski's Concept of Law*, Springer, 2016, p. 66）。この批判の当否は別として、マリノフスキーの法の概念において互酬性の概念が重要な役割をもっていることは確かなようである。もしそうだとすると、私の考え方はマリノフスキーの考え方に近い。この問題については別稿で論じたい。

[9] 本章ではポランニーの次の著作を基に考えていく。Karl Polanyi, *The Great Transformation*, Beacon Press, 2001 (originally published: New York : Farrar & Rinehart, 1944). 邦訳として、カール・ポラニー『大転換――市場社会の形成と崩壊』野口建彦・栖原学訳、東洋経済新報社、2009年。以下、同書からの引用・参照にあたっては、GTと略記し、最初に原書の頁数を、その後に邦訳書の頁数を表記する。

ているあらゆる経済システムは、互酬性、再分配（redistribution）、あるいは家政（householding）の原理によって、あるいはこれら三つの原理のいずれかの組合せによって組織されていたという主張が妥当する。これらの原理は、とりわけ対称性、中心性、および自給自足（autarchy）というパターンを利用した社会組織の助けを借りて制度化されていた。この枠組みの中で、財の秩序立った生産と分配が、社会全体としての行動原理によって統制されたなかでの多種多様な個人の動機を通じて確保されていた。こうした動機の中で、利得動機は突出したものではなかった。究極のところ、経済システムにおける各自の役割の遂行を保障していた行動規範を当の個人に遵守させるという点において、慣習と法、呪術と宗教とが協同していたのである。（GT 57/93）

「西ヨーロッパにおける封建制の終焉まで」の、「われわれが知っているあらゆる経済システム」とは、市場経済が社会から独立した自律的システムになる以前の、経済システムが社会組織のなかに埋め込まれていた（embedded）状態におけるその経済システムのことである。ポランニーによれば、この経済システムは互酬性、再分配、家政の三つの原理に基づいて組織されている。

互酬性は、「長期にわたって個別的に行われるギヴ・アンド・テイクの行為」に依拠する（GT 51/85）。それは社会全体の観点から社会的義務として課せられるギヴ・アンド・テイクである。

　　たとえば、部族社会を考えてみよう。そのような社会では、個人の経済的利害が何にもまして重要なものとされることはまれである。というのは、大災害に遭遇する場合はともかくとして、共同体自体が、すべての成員を飢えから守ってくれるものだからである。かりに大災害に襲われるとしても、それによって脅かされるのは、やはり個々の成員の利益ではなくて共同体全体の利益である。他方、社会的紐帯を維持することは決定的に重要である。なぜなら、第一に、広く認められた名誉あるいは寛容の規範を無視すれば、個人は共同体との結びつきから切り離され、村八分となるからである。また第二に、長期的に見ればあらゆる社会的な義務は互恵的なものであり、それを遵守することはまた成員相互のギヴ・アンド・テイクの関係に基づく利益にもっとも役立つからである。このような状況は、個人に対して、自分自身の意識から経済的な利己心を取り除くよう絶えざる圧力となって作用するにちがいない。その結果個々人は、多くの場合（けっしてすべての場合とはいえな

いが)、みずからの行為の意味をこのような利害の観点から理解することさえ不可能になるのである。(GT 48-49/81)

互酬的なギヴ・アンド・テイクは、対称性 (symmetry) をもったパートナーとの間で、両者が対称性をもっているがゆえに機能する (cf. GT 51/84-85)。互酬性の関係においては、ギヴとテイクとの間に時間的な間隔があくこともあるから、当事者の間には信頼が必要である。「取引行為 (barter) は、この場合〔互酬性が支配する場合〕には通常、信用と信頼をともなう長期的関係の中に埋め込まれ、やりとりのもつ双務的な性格は消し去られてしまいがちであった」(GT 64/106)(〔 〕は堅田による補足である。以下も同様である)。つまり、互酬的な取引が、相互信頼をもって、かつ「慣習および法、宗教および呪術」のような諸関係によって交換的性格を制限されつつ行われるのである (cf. GT 64/106)。

再分配原理とは、共同体の生産物が集められてそのメンバーに再分配されることであるが、この再分配は、すべての生産物を集め、貯蔵し、再分配する首長によってなされることが多い。つまり再分配は中心性 (centricity) を要請するのである。ポランニーは次のように言う。

> 中心性という制度的パターンは、程度の差はあれあらゆる人間集団において見られるものであるが、これもまた、財とサーヴィスの徴収、貯蔵、そして再分配の途を提供するものである。狩猟部族の成員は、通常は再分配のためにまず獲物を首長に引き渡す。獲物の量が一定しないということは、それが集団的な労働投入の結果であるということと並んで、狩猟というものの本質をなすものである。このような条件のもとでは、かりに集団がそれぞれの狩猟のたびごとに解散するのでなければ、分配に関するこれ以外の方法は現実的ではない。だがいかに集団が大人数になろうと、あらゆる種類の経済においてこれと同様の必要性が存在する。そして、領土が拡大し生産物が多様となるにつれて、再分配はよりいっそう効果的な分業をもたらすだろう。というのは再分配が、地理的に多様な生産者の集団を結びつける助けとなるに相違ないからである。(GT 51/85)

家政とは、「みずから使用するための生産」(GT 55/90) のことである。「家政原理のパターンは、閉ざされた集団である。さまざまに異なった家族、

居住地、あるいは荘園が自給自足の単位を構成していたのであるが、原理はいずれにおいても同一であった。すなわち、集団の成員の欲求を満たすために生産し貯蔵するということである」(GT 55-56/91)。またそれは、「利得 (gain) のための生産に対立するものとしての使用のための生産」である (GT 56/91)。この家政について、ポランニーはアリストテレスを援用しながら次のように言う。

> 急速に没落しつつある世界的規模の市場経済の高みから顧みれば、『政治学』の序章で述べられた、アリストテレスの有名な本来の家政と貨殖との区別こそ、おそらくは社会科学の領域においてかつてなされたもっとも予言的な指摘であることを認めねばならない。そして間違いなくそれは、この問題についてわれわれが知るかぎり依然として最良の分析であるといえよう。アリストテレスは、利得のための生産に対立するものとしての使用のための生産を、本来の意味での家政の基本であると主張する。しかしながら、家畜や穀物のような商品作物が、生計の手段として自家消費のために農園で飼育され栽培されているかぎりにおいて、補助的に行われる市場のための生産は、家政の自給自足を必ずしも破壊するものではないだろう。余剰生産物の販売は、必ずしも家政の基礎を破壊するわけではないのである。これが彼の議論であった。良識をもつ天才だけが——アリストテレスは実際にそうであったが——、利得は市場のための生産に特有な動機であり、貨幣という要因は状況に新しい要素をもち込むものであるが、それでもなお市場と貨幣が自給自足的な家政の単なる付属物であるかぎりにおいて、使用のための生産という原理は機能しうるだろうと論ずることができたのである。(GT 56/91-92)

ここでは、「利得のための生産」と「使用のための生産」とが区別されており、家政とは後者のことだとされている。そして、「家畜や穀物」といった「商品作物」は、「自家消費」のために生産されている限りにおいて、その余剰生産物が市場のために、つまり「利得のために」生産されたとしても、「家政の基礎」、つまり家政の自給自足の体制を破壊することはないとされている。この家政的な自給自足を維持するために互酬性と財の再分配システムがあると考えられる。そして、これらの全体によって、「利得のための生産」、およびそれを支える自己利益のための交換が経済活動全般を支配することによって生じる、市場経済システムの成立および社会からの離脱が阻

止される。この点を強調する別の論文[10]でポランニーは次のように言う。

> アリストテレスの一連の思考には、交易（trade）の媒介手段としての市場の否定、市場の機能としての価格形成の否定、自給自足性に対する寄与以外の交易のすべての機能の否定、市場で形成される価格が設定価格と違わなければならない理由の否定、市場価格は当然変動するものとされる理由の否定、最後に、市場決済の役割を果たし、したがって、唯一の自然な交換比率とみなしうる特徴をもった価格を生み出す装置としての競争の否定、が含まれるのである。(ADE 108-109/305)（強調は原文。以下も同様である）

ところが、コジェーヴのいう等価性の正義とは、自己にとって有利であるがゆえに、客観的に等価なものを交換するということであり、もうけ、利得の観念が働いている。これはポランニー、あるいは彼によって解釈されたアリストテレスによれば、市場を前提にしたものである。ところで、アリストテレスは市場を否定しているのではなく、それと、互酬性に基づく交易とを区別しているのである。（コジェーヴにおいて互酬性に基づく交易のための場があるとすると、それは個人的所有においてである。）今引用した箇所に引き続いてポランニーは言う。

> そこでは、そのかわりに市場と交易が別々に分離した制度と考えられている。価格は習慣や法律や布告によって生み出されるものであり、もうけを生む（gainful）交易は「不自然」であり、設定価格は「自然」であり、価格の変動は望ましくないものであり、そして、自然な価格は交換される財の非人格的な評価などではなくて、生産者の地位の相互評価を表現するものである、と考えられている。(ADE 109/305-306)

このような互酬性の体制が働くのは、ポランニーによれば、その成員が「善意（フィリア）の絆により結ばれている」共同体（コイノニア）において

---

(10) Karl Polanyi, «Aristotle Discovers the Economy», in *Primitive, Archaic and Modern Economies : Essays of Karl Polanyi*, Edited by George Dalton, Beacon Press, 1968. 邦訳として、カール・ポランニー「アリストテレスによる経済の発見」、カール・ポランニー『経済の文明史』玉野井芳郎・平野健一郎編訳、筑摩書房（ちくま学芸文庫）、2003年、所収。以下、同論文からの引用・参照にあたっては、ADEと略記し、最初に原書の頁数を、その後に邦訳書の頁数を表記する。なお、本書第四章注（5）を参照していただきたい。

である (cf. ADE 96/287)。ポランニーも試みているように、現代社会においてもこの共同体を、その範囲を拡大して復権させることが可能であるように思われる。そして、コジェーヴのとりわけ『法の現象学』における普遍等質国家論もこのような試みだと私は考えるのである[11]。

3. ヘーゲルのパラドクス

コジェーヴによれば、ヘーゲルにおいて人間性とは自己の自然・動物性の意識的な否定、つまり自殺である。したがって人間は死ぬことによって自己を実現する。ところが、死とは無であるから、人間は自己を実現したと同時に無となり、したがって自己の人間性を実現すること、人間的存在として現実存在することは不可能であるということになる。このパラドクスをヘーゲルは『精神現象学』（出版は1807年）において克服しようとしたとコジェーヴは言う。コジェーヴの解釈を追ってみよう[12]。

まず、1802年頃から見られる、『精神現象学』以前のヘーゲルの根本思想について。この自殺は他者によって媒介されたものである。つまり、自己の動物性を否定する人間的存在として自己を証し立てたい、このような意味で自己の人間性を他者に承認させたいと思う者が、同じくそう思っている者と出会うことによって、互いに自己の人間性を証し立てようと、死の危険を引き受けて闘争することになる。つまり、他者との闘争を介した自殺ということである。

ところで、（動物的）所与存在者が自己を人間的存在者として創造するのは、ただ承認のための闘争においてであり、もっぱらこの闘争に含まれる生命を

---

(11) この点で、コジェーヴと同じく承認を求める闘争を重視してヘーゲルを解釈するホネットがポランニーに言及していることは興味深い。Cf. Axel Honneth, *Freedom's Right : The Social Foundations of Democratic Life*, Translated by Joseph Ganahl, Columbia University Press, 2014.

(12) Alexandre Kojève, *Introduction à la lecture de Hegel*, Gallimard, 1947. 邦訳として、アレクサンドル・コジェーヴ『ヘーゲル読解入門』上妻精・今野雅方訳、国文社、1987年。以下、同書からの引用・参照にあたっては、ILH と略記し、最初に原書の頁数を、その後に邦訳書の頁数を表記する。

危険にさらすことによってである。したがって、遷延された（différé）――ヘーゲルの表現を借りるならば、外界と自己とについて言説による意識を生み出す否定する行動によって「媒介された」――自殺として「現われ」、顕在化するのは人間の存在そのものである。人間は自殺する存在者である、少なくとも自殺できる存在者である。人間の人間的現実存在（existence）は、生成の途上にある意識的、意志的な死である。（ILH 570/416）

今度は、『精神現象学』におけるヘーゲルである。コジェーヴは言う。

　『精神現象学』において、ヘーゲルは承認のための闘争という主題を再び取り上げ、それを明確にする。彼はこの闘争に内在する人間の生成をもたらす性格を強調する。すなわち、人間が動物から人間へと自己を創造できるのは、ただ闘争において、そしてそれによってである、と強調する。さらに彼は論点を明確にし、この闘争において重要なことは、他者を殺そうという意志ではなく、いかなる必然性もなく、動物としては何ら強いられることもなく、自己を死の危険にさらそうという意志である、と述べる。まったくの尊厳を求める闘争においてみずから意志的に課した死の危険によって、われわれは承認という真理に到達する。（……）人間は承認される限りで人間的に実在する（réel）にすぎない。したがって、死に立ち向かおうという意志的行為において、そしてそれにより自己を構成し自己を創造するものは、人間的実在（réalité）そのものである。

　このようなわけで、ヘーゲルは人間の自己創造をその死の現実化と同一のものとした一八〇三――一八〇四年度の講義の根本思想を『精神現象学』においても保持し、強化する。だが、彼は当初主張した逆説は放棄する。たしかに、死が人間にとりその総体的かつ決定的な無化を意味する、という言明は引き続き見られる（……）。だが、人間の実現は実際の死においてのみ、すなわちまさしく無化によってのみ完全に成し遂げられうる、との言明はもはや見られない。問題の箇所においては、人間的存在者を実現するには生命を危険にさらすだけで十分である、と彼ははっきり述べている。みずからの意志によって自己の生命を危険にさらしながら死を免れた存在者は人間的に生きることができる。（……）

　人間が本質的に死すべきものであり、その意味で人間は自分の自己意識の支えとなっている動物の外では人間的に現実存在する（exister）ことができない、ということを人間が把握するのは、まさしく生命を危険にさらすことによってである。

　承認のための闘争に加わった人間が人間的に生きることができるためには、

その人間は生き残っていなければならない。だが、そのような人間は他者に承認される限りで人間的に生きるにすぎない。したがって、その敵もまた死を免れねばならない。一八〇三——一八〇四年度の講義（……）においてヘーゲルが述べたこととは反対に、闘いは死に至る前に終わらねばならない。(ILH 570-571/416-417)（改行は原文のまま）

「人間の実現は実際の死においてのみ」「完全に成し遂げられうる」のではなく、「生命を危険にさらすだけで十分である」というところにコジェーヴは、ヘーゲルの思想の決定的な転換を見て取る。これによってヘーゲルは、奴隷の人間性を認めることができ、また「奴隷による主人の承認が有する人間の生成をもたらす価値を認める」ことができるようになる（ILH 571/418）。つまり、生きて人間性を実現することができる道筋を描くことができるようになる。したがって、奴隷の人間性もまた、この闘争において死の危険を受け入れ、死を意識し、自らの有限性を自覚したところにあることになる。

> 奴隷のほうもまた自己の本質的有限性を意識することによって自己を人間たらしめる（これもまた人間特有の存在様式である奴隷として自己を実現する）。その際、奴隷は死の不安（angoisse）をなめるが、その死は承認のための闘争の過程で、すなわち純粋に生物的な必然ではない何物かとして奴隷に現われるものである。(ILH 571/418)

したがって、奴隷の人間性を生成させる労働とは、「死の不安から生まれ、労働し奉仕する者の本質的有限性の意識が伴っている」限りでの労働でなければならない（ILH 572/419）。

したがって、承認による人間性の実現とは、死において自己を実現するはずの人間というパラドクスの回避として生じるのである。

こうして、人間は生き続け、生き続けるなかで人間性を実現することになる。コジェーヴはここに、人間が生きて人間性を実現させるために不可欠なものを登場させる。それが法（Droit）である。そしてこの法とは、承認を求める闘争において二人のホモ・サピエンスが闘争を開始し、またその闘争を両者が生きたまま終わらせた条件に由来する正義の観念——前者は平等の正義の観念、後者は等価性の正義の観念——の実現にほかならない。

このように、自覚的に生命を危険にさらすこと、あるいは死に至らない死への覚悟に人間性を見るならば、それは別のところにも見て取ることができる。例えば、性行為においてである。ジャン゠リュック・ナンシーがこの点を指摘している。

4. ジャン゠リュック・ナンシーによる性の分析

アリストテレスによれば、人間が共同体を形成するのは善を求めて、つまり善く生きるためである。そしてこの共同体は、男女の性的な結合から始まり、家（主人と奴隷の対(つい)を含む）、家の集まりとしての村、村の集まりとしてのポリスへと生成する。ポリスは完全な自足的共同体であり、最善の共同体であり、そこにおいて人は、最善の生を享受することができる。

問題は、この共同体において本質的な善、とりわけ男女の性的結合においてすでに追求されている善とは何かである。ジャン゠リュック・ナンシーはその著作『性゠実存』において、性(セックス)の分析を通じてこの問題を考えようとしているように思われる。アリストテレスの正義と法についての考え方も、政治についての考え方も、さらには経済や貨幣に関する考え方も、この問題抜きには理解しえないだろう。おそらくナンシーは、性を通じて、アリストテレス的な共同体を現代的に復権させ（この現代的復権のポイントは、後述するように、私゠性(セックス)という考え方だと思われる）、それによって、現代のグローバル化における行き過ぎた市場主義を是正しようと考えたのだと思われる。

(1) 性(セックス)の構造

ナンシーは、限界゠目的゠終わりをめざしながら必然的にその手前にとどまらざるをえないような、無目的的な、剰余的な活動のモデルとしてセックス（性、性行為）を分析するのだが、このような活動の構造は、コジェーヴにおける、死をめざしながらその手前にとどまらざるをえない、つまり死を生き続けねばならない主人および奴隷の行為の構造と同じである。ナンシーがこの著作においてコジェーヴに言及することはないのだが、後に述べるように、「欲望の欲望」のようなコジェーヴ的な概念がでてくるところから、

ナンシーがコジェーヴまたはコジェーヴのヘーゲル解釈を意識しつつ理論構成を行っているのは間違いないと思われる[13]。おそらくナンシーが語ろうとしているのは、コジェーヴ的な承認を求める生死を賭けた闘争やそこから生じる主人と奴隷の関係の以前にあるような、根源的な人間生成的な活動であるだろう。ナンシーはフロイトの「欲動（pulsion）」の概念を基礎にしてそれを考えようとする。

> 欲動とは、メタ心理学的思考にとっての根本概念であるばかりではない。すなわちそれは、「存在」も「原理」もないこの形而上学において、実存（existence）の、また実存への本源的推進力（poussée）に名を与える。この意味において、欲動は、「第一動力」たる神の位置を占める。ただし、この神は不動であるのに対し、欲動は結局のところ可動性そのものであるという違いはあるが。アリストテレスからフロイトに至るまで、万物の基礎は自分を動かす。（ヘーゲルを経て、と付け加えることができる。）（SE 179）

ナンシーにおいては、フロイトのいうところの「それ」（Es. フランス語訳ではça。フロイトの用語で「イド」のことであるが、本章では文字通り「それ」と訳する。ナンシーは、死に至るような快感そのもの、あるいは死において達成されるような快感そのものといったような意味で用いているように思われる）が作動する、それ自身が駆り立てると同時に（「それ」によって）駆り立てられる「欲動」が人間どうしの関係をつくる原動力であり、欲動によって形成されるセックスの関係が、人間どうしの基本的な関係となる[14]。

---

(13) ナンシーがコジェーヴを意識して理論構成を行っていることは、次の論考からより明確にうかがうことができる。Cf. Jean-Luc Nancy, «La Communauté désœuvrée», in *Aléa*, 4, Février 1983. 邦訳として、ジャン＝リュック・ナンシー『無為の共同体——バタイユの恍惚から』西谷修訳、朝日出版社、1985年。とりわけ原書30頁の注1（邦訳67頁）にはコジェーヴの『法の現象学』への直接の言及がある。ただし、この言及は、ナンシーのこの論考が著作化された際に削除されている。Cf. Jean-Luc Nancy, *La Communauté désœuvrée*, Christian Bourgois Éditeur, 1986, 1990, 1999, 2004. 邦訳として、ジャン＝リュック・ナンシー『無為の共同体——哲学を問い直す分有の思考』西谷修・安原伸一朗訳、以文社、2001年。

(14) ナンシーは、レヴィナスの「他者（の顔）」をフロイトの「それ」として解釈し直しているように思われる。人は「それ」それ自体を把握することは不可能であり、それに先んじる（それを先取りする）か、またはそれに遅れる（それを想起する）かしかなしえない。私見によれば、レヴィナスの「他者」はロバート・カヴァーにおけ

性行為は他者へと差し向けられ、他者から自らを受け取りもすることを明確にしておくべきである。たとえそれが一人で行われているように見えてもやはりそうだ。他者は、その類（genre）が何であれ——すでに欲動のなかに含まれている。（……）

性行為は他者へと差し向けられ、他者から自らを自己の最も親密なものにおいて受け取る。このことは何よりも次のことを意味する。すなわち、他の人格において、問題になるのは人格とは別のものである、と。それは、推進力そのものにおける法外なもの（l'exorbitant）である。この法外なものは、無限に推進し、欲動させ（pulser）うるのみである——この無限性が再生産のそれであれ、享受のそれであれ（後に見るように、たぶんこの両者は同じものである）。(SE 40-41)（改行は原文のまま）

したがって性行為は、享受または快楽のみならず、「再生産」つまり子供の出産、誕生という出来事、さらに社会的継続と結びついている。

(2) 性と言語活動

さらにナンシーは、欲動とパロールまたは言語活動（langage）との結びつきについても語る。

厳密に言うと、「それ」は達成されない。人はそれに到達しない。人はそれに到達しないことによってそれに到達する。人は縁に、前または後にいる。それはまるで、人が認知することのできないメシアの到来のようである。それはまるで、「それ」が語りに属してはいないがゆえに人が語ることができないもののようである。

ラカンは恋人たちに語らせる——「「僕は君に要求する。どうか僕が君に贈るものを拒否してくれたまえ。なぜならそれは、「それ」ではないのだから。［…］それは「それ」ではないのだ」——獲得された享受を期待された享受から区別する叫びがここにある」。ここに次のように付け加えることができる——それは実際のところ、欲動がそこからやって来てそこに帰っていくところの「それ」ではない。なぜなら、「それ」のなかにはもはや誰もいない、またはまだ誰もいないからだ、と。けれども恋人たちは、叫ぶと同時に、この

る「ノモス」に相当する。したがって、「それ」は「ノモス」に相当するとも考えられる。この問題については、以下の拙稿を参照していただきたい。堅田研一「D. コーネルの脱構築的法哲学について——法における倫理性の問題」、法哲学年報 2014、2015 年、所収。

ことを知っている。

　彼らはこのことを知っているが、それはまさしく、彼らが、パロールは常に、自らの縁において、次のように語るのを知っているのと同じようにである。すなわち、自らの外には、ただし自らによってのみ接近可能なものとして、沈黙へと落ちていくある種の叫びがあるのだ、と。したがって、言語活動（langage）と性行為(セックス)とは結合した部分をもつ。すなわちそれは、同じ目的＝運命（destination）または運命＝彷徨（destinerrance）である。叫びまたは歌は、忘我と満了との閾における嘆息であるから、身体から発する。それは、失敗のようなものでありかつ同時に成功のようなものでもある。(SE 41-42)⁽¹⁵⁾（［…］は原文における省略を示す）（改行は原文のまま）

　「それ」は、それ自体として把握する、つまりわがものにすることができない。わがものにしたと思った瞬間に、それを逃れる。「それ」は本質的に我有不可能なものである。「それ」に到達しようとして到達できない性行為(セックス)も、「それ」に到達不可能な瞬間に発せられる「叫び」と同様の、「忘我」に至った瞬間に「満了」したことの「嘆息」としての「叫び」を自らの「縁」とする言語活動も、サンス（sens）（感覚または意味）をわがものにしたと思った瞬間に、それが自己から逃れ落ちていく点で共通する。したがって、それらの本質はek-sistence（脱自）である（cf. SE 37）。

　ナンシーによれば、性行為(セックス)も言語活動もともに、自らを表現しよう、自らを現前させようと欲望する。この自己表現は、フィクション、フィクションとしての形象＝比喩（figure）を用いて行われざるをえない。また、性行為も言語活動も自らを伝播しようと欲望する。これは、「それ」（またはサンス）の自己伝播として捉えることができる。この自己伝播は形象、およびそれを表現する言語を用いて行われることになる（cf. SE 56）。「それ」をそれ自身として把握することはできないのだから、この自己表現および自己伝播は無限の作用となる。

　この「それ」は現実的なもの（le réel）である。この「それ」は自らを与える。それは贈与である——ただし、贈与する者も贈与される者もないがゆ

---

(15)　この点については、レヴィナスは他者と語りとの関係を、カヴァーはノモスと語りとの関係を重視していたことに注意すべきである。この点については、拙稿「D. コーネルの脱構築的法哲学について」（前掲注14）を参照していただきたい。

えに、贈与として認識されることはない（cf. SE 58）。

この形象的表現とは、「変容作用（transformation）」である。「性行為(セックス)が、次に言語活動が、われわれがその語のすべての意味において「サンス（sens）」と呼ぶものを共同して形象化し（configurer）ようとそこからやって来たところの、変容作用」（SE 59）。

ナンシーは、このような構造をもつ性行為(セックス)と言語活動こそが、人間的存在を形成する原動力であると考えている。そして、それらを支えるのは「技術（technique）」である。

(3) 性(セックス)と技術

ナンシーは技術を性(セックス)との関係で考え直そうとする。

 性行為(セックス)は何らかの仕方で常に神聖化されてきた。それを証明するさまざまな礼拝や社会的諸規則がいくつもある。言語活動（langage）とは常に、ヴァレリーが名づけるところの「聖なる言語活動（saint langage）」であった（……）。両方のケース〔性行為(セックス)と言語活動〕においてわれわれが聖性のもろもろの指標を再発見するのは偶然ではない。そして、もしわれわれが、脱神聖化の過程にある——と、かくも何度も言われている——のではなく、全く他なるある経験を認識する過程にあるのだとしたらどうだろうか。神聖なるものは常に、ある他なる現前——目につかないようにされてはいるが実効的であり、われわれがわれわれを超出する限りにおいてわれわれをわれわれ自身に関係づけるものの現前であるがゆえに、危険でありかつ魅力的な現前——の事実であった。

 この超出＝過剰（excès）が、自らをわれわれのものとして、つまり並外れたもの——取得できないもの、またわれわれがそれを指示する他の可能性をすべて欠いているかのように、否定的または引き算的な用語で名づけるあらゆるもの——のわれわれにおける、われわれを介した湧出として指示するや否や、実存（existence）が、この超出＝過剰の名前となる。実のところわれわれは、われわれが「自然」や「人間」と名づけるものとは別の特性をもつものを語るための名前をもたない。この両者の間において、あるいはまたむしろこの両者の区別を越えて、われわれが「技術」と名づけるある体制が展開される。この体制はまさしく、さまざまな可能な取得（appropriations）——支配、諸目的の指示、財（biens）（この用語の豊かな意味の全体における）の生産——に完全に取って代わるように思われる。そして、この体制の

内部において、われわれの、われわれ自身との固有な関係が技術へと変容されるようにわれわれには思われる——とりわけ、性的な技術（種の再生産の観点においても、享受の観点においても）、および言語的技術（これは、常に検証可能な情報の伝達に服するだろう。検証可能とはつまり、言語的ではなく数的で計算可能なデータへの適合性の諸手続において規制された、ということである）へと。(SE 69-70)（改行は原文のまま）

つまり、ナンシーによれば、性行為(セックス)と言語（活動）とは聖なるものと見なされてきた。われわれは脱神聖化の過程にあると言われるが、実はそれは、われわれが、神聖化にかかわる「全く他なるある経験を認識する過程」にあるということである。それはいかなる過程だろうか。ナンシーによれば、それはまず次のような過程である。すなわちわれわれは、わがものとして取得しようとしてもできない、自分自身を超出した、けれども自分自身に固有な関係——それはまさしく過剰であり、「実存」としか名づけようがない——が、取得（わがもの化）ではなく技術によって統制される過程にある。神聖な性行為は「性的な技術」に、神聖な言語活動は「言語的技術」に変容される。けれども、それはまた次のような過程でもある。ナンシーは説明を続けて次のように言う。

　　ところで、性行為(セックス)と言語活動とは、われわれが「人類（espèce humaine）」として実存する二重のエレメントを形成する。「人類」として、とは、言い換えると、あらゆる所与の——つまり、われわれが据え付けたのだと考える、あるコスモス的・自然的・生命的宇宙の諸秩序と諸法則についてのモデルによって規定された——秩序を何らかの仕方で超出する類として、ということである。にもかかわらず、今日、われわれの前でわれわれによって、われわれ自身の実存におけるわれわれ自身として表に現れていること、それは、われわれの技術が、これらの諸秩序や諸法則を撹乱している——必ずしもそれらを変容することによってではないが、少なくとも、この技術の計算の下にそれらを招集することによって撹乱している——ということである。
　　一つの確認をしておくことが不可避となる。すなわち、この自然と思われるものと、それの秩序と推測されるものからまさしく、人類が、その言語的資質や享受的資質をともなって湧出するのである。すなわち、言語活動は、生けるものどうしの伝達のすべての秩序から自らを例外として免れさせ、また人間的性行為は、種（espèces）の再生産のすべての秩序から自らを例外と

して免れさせるのである。いずれの場合にも、この例外として免れさせることとは、次のことから成る。すなわち、機能が、言語的なそれであれ性的なそれであれ、自分自身を目的として見なすと同時に、伝達または再生産の手段として作用するということから成るのである。

　この機能は、自分自身を目的として見なすことによって、もはや同じようには機能しない。例外は超出＝過剰をつくるのである。にもかかわらず、それは自然と生命から発する。かなり長い間、技術は、人間的動物のいくつかの欠陥に対する根本的に自然的な補充（suppléance）として理解されてきた――これは、概念化され実行されてきたという意味でもある。アリストテレスにとっては、それぞれの領域における技術は、数においても概念形成においても、ある一定の限度を超出することはできない。そしてこの限度は、アリストテレスの時代において多かれ少なかれ達成されたものと理解しなければならない。ところが、技術が超出することを、そして自分を超出することを止めたことはない。この点で技術は、より「自然的」でなくなっているのだろうか。この問いは意味をなさない。

　「自然」のどこをとってみても、「自然の」状態において与えられることはない。人間的なものは常にそこにあるわけではなく、それがそこにあるときには、人間的なものにおける自然は自らを人間化している、つまり新たに自らの場所をずらしている。起源において原理も目的もない運動であったもの――エネルギー、衝突、クリナメン、生死、代謝、進化、渦巻、突然変異――はそれ自体として表出される。つまり、常に誕生し（nasco, natura）常に消滅する（沈黙、ため息、痙攣）意味＝感覚＝方向として表出される。（SE 70-72）（改行は原文のまま）

つまり、ナンシーによれば、われわれに固有でありながらわれわれ自身を超出するもの、すなわち実存、を統制する技術は、われわれが据え付けた自然の法則や秩序のモデルを撹乱し超出することを止めない。この自然の法則のモデルを構築するのも技術であるだろう。このモデルは自然そのものと同一視されるようになるが（そもそも自然が自然そのものであったことはない）、技術は自分自身が構築したモデルを撹乱し超出しもするのである。技術は自分自身を超出し続ける。ところで、人間の実存は、とりわけ人間の言語活動や性行為はこの法則を超出し続ける。つまり人間は自分を自然法則の例外とし続ける。したがって、技術が自分自身を超出し続けるのは、それが人間の実存にかかわるものだからである。技術は、人間の言語活動や性行為におけ

る「それ」または「サンス（sens）」の無限の自己伝播を支えるものだと言ってよいだろう。

(4) 性（セックス）における生と死——死に至らない死への覚悟

そしてナンシーは、性行為（セックス）における、死に至らない死への覚悟について語る。それは、「死のなかに至るまでの生の称揚である」、と。

> 存在または諸存在の継続性が、バタイユが同名の著作において理解するところのエロティシズムの主たる賭金である（……）。この著作の最初の文章は次のように言う。「エロティシズムについて、それは死のなかに至るまでの生の称揚であると言うことが可能である」。死は「存在の継続性の意味をもつ」と、彼はその少し後で言う。生は、自らを再生産することによって、ある種の不継続性を導入する。その反対に、死とは、充実と端的な無限定において自分自身に等しい存在と同一であるだろう。エロティシズムは、諸存在の孤立の代わりに、「根本的継続性の感情」を置くのである。
>
> 人は次のように考えることができる——欲望とはこの継続性への欲望である。なぜなら欲望とは、ある実存を、それを実存させる推進力（poussée）にかなう仕方で他のもろもろの実存の方へと持ち上げる運動であるからだ、と。確かに、愛する者は、愛される者のなかに「存在の根本を認識する」ことができる。確かにまた、このことは、愛する者と愛される者——それぞれ、同時に両方である——が、この「認識（aperçu）」を、それが他者とともにかつ他者において消滅するであろうような過剰状態に至るまで享受することを欲望するように駆り立てる。もし欲望が欲望の欲望、つまり自らをもたらす躍動（エラン）そのもののなかで自らを喪失する不可避的に誇張的な自分自身の過剰の刷新であるとすると、この欲望が表現＝表象する（représente）のは要するに、それを構成する運び去り（emportement）または移＝送（trans-port）の極みである。しかしながら欲望は、そこには到達しない。（SE 85-86）（改行は原文のまま）

エロティシズム、とりわけ性行為とは「死のなかに至るまでの生の称揚である」というバタイユの言葉において、「死」とは「それ」を意味するだろう。「それ」に至ることによって人間は「存在の継続性」に至ることができる。けれども、生きながら、つまり存在しながら死のな̇か̇に至ることはできない。つまり、「それ」に至ることはできない。人間は性行為において、「そ

れ」に至ろうとしながら、つまり「死」に至ろうとしながら、決してそれに到達することはできない。けれども、何度挫折しても「それ」に至ろうとする。このような人間のあり方をナンシーは「欲望の欲望」と呼ぶのであろう。それは、「継続性への欲望」である。継続性を欲望するということは、何度挫折しても継続性を欲望し続けるということだから、「継続性への欲望」は、欲望自体が欲望され続けるのでないと成り立たない。つまり、「継続性への欲望」とは、欲望の欲望である。欲望の欲望こそが人間を、継続性を求め続けるような、つまり死を求め続けるような生き方へと、例えば性行為へと（あるいは言語活動へと）駆り立てる。そしてそれは、このような生き方を欲望することとして、生そのものへの欲望でもある。死を求めことは、それを達成することができないということを通じて、このような生き方そのものを求めるという生への意志に転換するだろう。

性行為において人間は、死を求めながらそこに至ることがない。性行為には、死に至らない死への覚悟がある。ところで、この死に至らない死への覚悟は、コジェーヴのいう欲望の欲望、つまり承認欲望の構造そのものでもある。

おそらくナンシーは、コジェーヴの承認欲望、つまり欲望の欲望という考え方を念頭に、それを考え直そうとしている。なぜそうするのかを考えてみる必要がある。この問題を考えるにあたって、コジェーヴの次の指摘がきわめて示唆的である。コジェーヴによれば、ヘーゲルは、有名は主人と奴隷の弁証法以前に、愛する者と愛される者の弁証法を構想していたというのである。この点については後述する。

さらに、すでに述べたように、コジェーヴ自身が、ヘーゲルの主人と奴隷の弁証法における、ヘーゲル自身も気づいていたであろうパラドクスを指摘している。それは、承認を求める生死を賭けた闘争において、その当事者は死んではならないということ、生き残って自己の人間性を実現しなければならないということである。しかしながら、承認を求める闘争において開示されるのは、人間の本質が、自己の動物性の完全な否定、つまり人間的な死であるということではなかったか。人間が生きて自己の実現を追求するというのはパラドクスではないだろうか。この問題を解決するためにヘーゲルは、

奴隷の存在の重要性に気づいたとコジェーヴは言う。しかしながらナンシーは、性行為(セックス)において人間は、生きながら死(＝愛する者と愛される者との融合)を求め、またこの死を求めながら生きることを求めているのだと言う。つまり、このパラドクスを生きているのである。

(5) 性(セックス)における動物性の否定、および他者による媒介、欲望の欲望

さらにナンシーは、性行為(セックス)のみならず、存在すること、生きること、つまり（彼にとっては）実存すること、欲望すること自体がすでに死に至らない死への覚悟を含み、したがって所与（自然的・動物的所与を含む）の否定作用を含むことを示そうとしているように思われる。この否定作用について彼は、ハイデガーの存在概念を論じながら次のように言う。

> さらに、もし人がこの動詞〔「存在する（être）」〕を、その文法はともかく、他動詞として見なすならば（これまたハイデガーが提案していることである）、現に存在するそれ（cela）としての存在の概念を、かなり目に見える形で、次のような理念に向けてずらすことになる。すなわち、現に存在するそれは、それが何であれ、属性付与の意味においてそれが現にそうであるような「それ（cela）」（私は語る動物である）ではなく、存在することによって作用、欲動、または存在すること（実存すること）の発送を受け取るのである。それは、フランス語が「生きる（vivre）」という動詞をもって、またドイツ語が「生きる（leben）」をもって許し与えるものにいくらか類似する。すなわち、人は補語なしに「生きる」、つまり生きていることができる。あるいはまた、「ある冒険を生きる」、つまり自らを冒険させる、ある冒険へともたらされる、その冒険の危険性（aléas）、リスク、感情を経験することができる。(SE 92)

つまりナンシーにとって、生きることとは「冒険の危険性」を引き受けることであり、この意味で死の危険の引き受けを含んでいる。けれどもそれは生きることでもあるから、そこには死に至らない死への覚悟があるのである。この否定作用（「冒険の危険性」の引き受け）は欲動、推進力によってもたらされるが、この欲動の典型、むしろ本性が性的な欲動であることからわかる通り、それは他者を前提にする。そしてこの欲動ないし推進力とは愛（性愛）そのものである。

4. ジャン゠リュック・ナンシーによる性の分析　223

　ところで、カール・ポランニーは、古典的社会の社会形成と維持における交易の等価性に着目する。この等価性は近代的な経済的等価性ではなく、彼によれば「互酬性」である。そしてこの等価性は、共同体のフィリア、つまり「善意」または友愛を維持し共同体そのものを維持するために「設定される」のである。ポランニーのいうフィリアとナンシーのいう「愛（amour）」とがいかなる関係にあるかは問題であるが、少なくともナンシーが古典時代の愛、したがって友愛を意識していることは確かである。

　次の文章においてナンシーは、自身の考え方とヘーゲルとの関係について語っている。

> 　ヘーゲルが性行為(セックス)を個人（individu）の顕示の行為に数え入れなかったのは、彼にとって性行為は、個人を通じての種の顕示であるからだ（……）。これとは逆に、精神の顕示を、その度ごとに異なる、個別化された（individuée）または絶えざる個別化（individuation）の過程にあるその実存の現実性に従って見てみるならば、性行為は、言語活動および変容作用とともに、一つの三幅対（triade）を形成する。この三幅対になかに一般的な共実存（coexistence）（語る諸存在者の、そしてそれらを通じてすべての諸存在者の複数的特異性）が、次の三つの資格において書き込まれている。すなわち、ロゴス的＝言語的実存（logexistence）、テクネー的＝技術的実存（technexistence）、性＝実存（sexistence）である。
> 　性行為の観点から「他のものへの遺棄（abandon à autre chose）」〔「個人はもはや自分自身において自らを保持し所有するのではなく、内部全体が自分自身から外に出るがままにし、それを他のものへと遺棄する」というヘーゲル『精神現象学』の一節〕[16]（SE 108）〕の分析を取り上げ直すならば、次のように言えるだろう。すなわち、この顕示は「内部を表出しすぎる。なぜなら、そこで破裂するのは内部そのものであるから、この顕示と内部との間に対立は残らないからだ［…］この顕示は無媒介的にこの内部そのものを与える」と同時に、この顕示による内部の表出は「あまりに不十分である——というのも［…］内部は自己をある別のものにし、したがって自らを変貌の要素へと遺棄するからである」、と。したがって、二つのリスクがある。破裂または疎外である。もし弁証法的パースペクティヴ（これは、全面的顕示の状

---

(16) Cf. G.W.F. Hegel, *Phénoménologie de l'esprit*, Traduction par Jean-Pierre Lefebvre, Aubier, 1991, p. 224. 参照、ヘーゲル『精神現象学』長谷川宏訳、作品社、1998年、211頁。

態における精神全体をある最終的止揚にゆだねることを強いるだろう）を見限るならば、表出の——圧力そのものの、または推進力の——条件として、〈多すぎかつ少なすぎる〉(trop-et-trop-peu)の状態にとどまらねばならない。(SE 109-110)（[…]は原文における省略を示す）（改行は原文のまま）

　この記述においてナンシーは、ヘーゲルを意識し、ヘーゲルの構図を用いて性行為を解釈しつつ、この構図を修正する。性行為においては、自己の内部があまりに表出しすぎると同時に、あまりに表出しなさすぎる。なぜなら性行為においては、自己の内部が無媒介的に表れると同時に、自己の他のものへの遺棄とそれによる変貌、つまり自己の疎外が生じるからだ。そして、まさしくこの状態にとどまらねばならない。それはなぜか。「止揚」に至るためではない。これについてナンシーは次のように述べる。

　　プラトンからヘーゲル、ニーチェ、そしてわれわれに至るまで、欲望とは常に欲望の欲望であることがわかる。欲望が非常に長いあいだ知への欲望へと逸れていたこと——われわれの文化の特徴——は次のことを忘れさせるべきではない。すなわち、知そのものにおいて、目覚めているのはなおある種の欲望なのである。すなわち、真の知への欲望とは、自分自身が知ろうとしているものであることを知っており、このようにして、ヘーゲルの「絶対知」のように無限に自分自身を享受する知への欲望なのである。(……)
　　スピノザが「至福（béatitude）は徳の報酬ではなく、徳そのものである」と主張するとき、彼は徳をヴィルトゥス、つまり彼が「神的愛」と名づけ、真実の知——それは顕在態における無限性の知である——を可能にする唯一のものであるものの活動的な力、として主張しているのである。したがって至福とはそれ自身が活動であり緊張関係である。至福がその霊的名前であるところの享受（……）とは、達成ではなくて更新された躍動(エラン)である。さらに、スピノザは次のように続ける——「そして、われわれが至福をもつのはわれわれが自らの肉的諸欲望を抑制するからではなく、われわれが至福をもつからこそわれわれは自らの肉的諸欲望を抑制することができるのである」。徹頭徹尾、問題は欲望である。すなわち、もしわれわれが、肉への諸欲望によって、知的愛へと至るのを妨げられるとすると、この知的愛のみが——すなわち、それのみが自分自身と世界の真理とを知るところの神的知への欲望のみが——肉への諸欲望を抑え、それらを自分自身の上昇のために従属させることができる。言い換えると、この従属は、抑制よりも上昇＝昇天（ascension）をもたらす。肉の抑制は、より優れた体制（régime supérieur）

へ向けた肉の熱望または昇華にほかならない。(SE 81-82)[17]（改行は原文のまま）

つまりナンシーによれば、われわれの肉への欲望、性的欲望は、「知」、つまり「より優れた体制」への熱望、欲望を含んでおり、「知」の追求としての享受によって肉への欲望は抑えられる。そうであるがゆえに、到達しえない「真実の知」、つまり「それ」、つまり死を求める活動（典型的には性行為）が、それ自体目的となる、つまり生きることへの意志に転換するのである。性的欲望とは、欲望を欲望することによって「知」、「より優れた体制」を追求し続けることである。そしてこの「知」、「より優れた体制」を求める活動自体が享受をもたらし、性的欲望の満足としての享受を抑えることができるのである。したがって性的欲望とは「欲望の欲望」である。それどころか、生きること、存在することそのものが「欲望の欲望」である。ナンシーは次のように主張する。

> 欲望は、いかなる仕方やエネルギーにおいてであれ、欲望の欲望、つまり「存在すること」または「実存すること」の本質そのものとしての存在の拡張である。(SE 83)

したがって、この欲望の欲望は、「より優れた体制」に向けての動物的な性的欲望の抑制、つまり否定を含んでいることになる。そして、この欲望の欲望、つまり存在の持続・拡張は、性行為におけるように、他者を媒介にするのである。

(6) ナンシーのセックス論とコジェーヴの承認欲望論

このようなナンシーの性の分析においては、欲望の欲望、自然的・動物的所与の否定、この否定における他者の媒介、死に至らない死への覚悟、といったようなコジェーヴの承認欲望＝人間発生論において見出される基本的な観念がすべて出揃っている。にもかかわらず、コジェーヴがすでに指摘して

---

(17) 本文におけるナンシーによるスピノザの引用は、『エチカ』第五部定理42からのものである。参照、スピノザ『エチカ――倫理学――』（下）畠中尚志訳、岩波書店（岩波文庫）、1951年、136頁。

いたように、このような愛の共同体では「歴史」の過程を説明することができないのである。後述するように、コジェーヴによると、ヘーゲルは最初は愛によって個別的人間と全体＝共同体との綜合を行おうとしたが、これでは歴史の過程を説明しえないがゆえに、これに代えて承認を求める闘争の観念を提出したのである[18]。ナンシーのセックス論についてもこれと同じことが当てはまるだろう。つまり、それは歴史、世界史の過程を説明できない。

しかし、ナンシーが歴史とその産物、コジェーヴなら「普遍等質国家」と呼ぶものを否定し、性的共同体に取って代えようとしたとは考えられない。おそらくナンシーの狙いは、すでに述べたように、現代のグローバル化における行き過ぎた市場主義を是正することにあったと考えられる。

この点で、すでに言及したナンシーの「技術」論は注目に値する。ナンシーは、制度化された性別（男性・女性のような）の以前に、人間の性的な特異性があると考える[19]。この特異性は各人によって異なるから、すべての者が独自の性別をもつとさえ言うことができる。

　　（……）覆い隠されたまま保存されており、フロイトが一般的な心的エネルギーのなかに薄めるのを拒否するもの、一つの特異な性的特徴（……）をそこに見て取るべきもの、それはまさしく「自我のリビドー」（または「ナルシシズム的リビドー」）と名づけることができる。すなわち、このことがわれわれに情報を与えてくれるのは、次のことをわれわれに悟らせることによってのみである。すなわち、「自我（moi）」とは性別化される以前に性的であり、性（セックス）は、つまるところ、自己の最も始原的な区別と同期的な自己の一部門または一後継として、自らに先行する、と。それはある性やそれとは別の性に属するのではなく、「自我」として性（セックス）である。（……）
　　（……）性（セックス）は性以前に、ある種のカニバリズム、ないしは自らの外部との関係での内部の、それとは別の何らかの形の変貌において開始しうるのかもしれない（これは、外部へとさらされること以前の、内部における外在化（externalisation）を意味するかもしれない）。

---

(18) Cf. Alexandre Kojève, «Hegel, Marx et le Christianisme» in *Critique* 3-4, 1946. 以下、同論文からの引用・参照にあたっては、HMCと略記し、その後に頁数を表記する。

(19) この性的特異性をシャルル・フーリエなら「奇癖」と呼ぶだろう。参照、シモーヌ・ドゥブー『フーリエのユートピア』今村仁司監訳、平凡社、1993年。

私＝性(セックス)。私は自らを外化する、君は自らを外化する、われわれは性＝実存する（Je s'exe, tu s'exes, nous sexistons.）。（SE 118-119）（改行は原文のまま）

それぞれが性的特異性をもつ複数の個人の共存を可能にするのが、ナンシーのいう「技術」であると思われる。ナンシーのいう「技術」は、自ら制度（所与＝自然と同一視されるようになる）をつくりつつそれを自ら乗り越えていく。この乗り越え、超出は人間の実存にかかわることによって行われるが、人間の実存とは、まさしくナンシーにとっては性＝実存なのである。この「技術」の考え方は、われわれ近代人の考える技術の考え方に再考を迫るものをもっているように思われる。この点については後述する。

ナンシーのセックス論は、なぜ物（個人的所有物）が交換へと強制されることなく交換可能性をもち、また実際に交換へと向けて作られるのかの説明になりうると考えられる[20]。「フロイトは、愛が破壊的激烈さを鎮めることができると考えるのではなく、彼がセックスとアートとの間に引く平行線は、欲動がある形態を見出す可能性を保持する。形態とはつまり、意味＝感覚＝方向(サン)をつくる仕方である」（SE 177）。性愛、欲動のなかでこの意味＝感覚＝方向をつくること、形態を見出すことが、物を作ることにもなると考えられる。

5. アレクサンドル・コジェーヴにおける愛と承認の問題

コジェーヴによれば、ヘーゲルは当初は、愛のなかに人間性の実現を見ていた。

> 愛が弁証法的であるのは、全体性であって純然たる同一性ではないからである。愛する者たち（Liebende）は、統一されかつ彼らである。けれども彼らの絶対的な統一とは、二つの「分離された」、本質的に自律的または相違する（相違＝否定、つまり否定性）存在の統一である。したがって、二人の愛する者たちの「全体性」とは、自分自身との「同一性」において捉えられたこの愛する者たちのそれぞれとは別のものである。すなわち、彼らの「全体性」

---

[20] この問題については、本書第六章を参照していただきたい。

とは子供である。そして、子供が全体性（愛する者たちの「再＝統一」）であって単に同一性ではないがゆえにこそ、子供は教育可能でかつ教育された、一人の人間的存在である。ところで、子供が全体性であるのは、親たちが、その愛による統一にもかかわらず、自由かつ自律した個人として「分離されている」からである。そして彼らが分離されているのは、彼らが死すべきもの（mortels）であるからにほかならない（彼らのそれぞれは、一方を他方に結びつける愛の絆にもかかわらず、自分ひとりで死なねばならない）。したがって、親たちが死すべきものであるからこそ、子供は人間的である。そして、子供とは自分の親たちの死（＝否定性）でもある——生物学的次元においてのみならず、人間的次元においてもまた。なぜなら、子供自身が人間的であるのは、まさしく親たちが彼を教育するからである。けれども、子供を教育することによって親たちは、「新しい世代」を準備する。「新しい世代」は、親たち、つまり親たちや親たちが作り上げた自分たち自身についての、また世界についての諸観念を歴史的過去の無のなかへと追いやり、この歴史的過去は子供の想起（Erinnerung）のなかでのみ生きることになるだろう。したがって、愛、死、および歴史性、すなわち人間の人間性は、最初から、ヘーゲルの弁証法的諸分析と連動しているのである。(HMC 349)

しかしコジェーヴによれば、ヘーゲルはこれでは満足しなかった。なぜなら、この愛の弁証法は世界史の過程を説明できないからである。「なるほど、愛の弁証法的概念によっても人間の歴史性は理解可能であった。けれどもこの概念から出発して、世界史（histoire universelle）の具体的内容を「演繹する」（＝ア・ポステリオリに再構成する、つまり「理解する」）ことはできない」(HMC 349-350)。そこでヘーゲルは新しい弁証法、つまり承認とそれを実現する所与否定的行為の弁証法を構想することになる。ただしそこには、この二つの弁証法の間の血縁関係をも見て取ることができる。

　　愛のなかに人間的なものとしてあるもの、それは、欲望が、自らをある自然的な経験的実体に直接に（＝「無媒介的に」）関係づけることはないという事実である。この実体（身体）への欲望は、人が欲望する者の欲望そのものによって「媒介されている」（vermittelt）。つまり、動物は雌を欲望する（セクシュアリティ）が、人間＝男性（homme）は女性の欲望を欲望する（エロティシズム）。結局のところ、愛の欲望とは、愛そのものへの欲望である。すなわち、愛する者は愛されることを望む。そして彼は、この相互的な愛のみによって、いかなる「具体化＝物質化（matérialisation）」もなしに満足しう

る。ところで、愛の固有性とは、ある絶対的（＝普遍的（universelle））価値を、人が愛する者の排他的な唯一性（＝「個別性（particularité）」）に付与することである（「この世にもあの世にも君しかいない」）。したがって、愛することとは、個別的なもの（＝同一性）と普遍的なもの（＝否定性。なぜなら、普遍性とは個別性の否定であるからだ）との綜合であり、また、このような綜合として、つまり一つの「全体性」として自分自身を構成することである。

けれども実際には、この愛の「全体性」は本質的に限定的である。したがって、万人の共通意見では、その名に真に値する人間の現実存在は、愛による満足によっては汲み尽くされえない。また、したがってキリスト教徒たち自身の意見によれば、愛は、「慈愛（charité）」という普遍化された形態を取ってさえ、世界史の本当の原動力ではない。愛が本質的に限定されているのは、愛がある絶対的価値を、愛される者の行為（Tun）に対してではなく、愛される者の所与存在（Sein）に対して付与するからである。すなわち人は、ある人を「理由なしに」、つまりその人がなすことのゆえにではなく、その人が現に存在するという理由のみによって、愛する。ところで、所与存在とは、それが所与である＝与えられている（donné）という事実そのものによって、つまり自分自身と同一であり、したがって自分ではないあらゆるものとは相違するという事実そのものによって、限定的である。否定的行為のみが、それに対置される諸限界を乗り越えることができ、したがって、行為し、自分自身がそれである所与存在の能動的な否定によって自分自身を創造する者の存在そのものを普遍化することができる。愛は、自らを所与存在に関係づけるのであるから、行為を前提にすることはなく、真に能動的な（＝否定的な）行動を生み出すことはない。したがって愛は本質的に受動的なものにとどまり、さらには効果のない、または作用しないものであるにとどまる。そして愛は、それが自らを関係づける存在の静態的な諸限界によって永遠に限定され続ける。したがって愛は、限定された自然的基礎による（「友のサークル」によって拡大されるのがせいぜいの）人間的家族を基礎づけうるのがせいぜいである。このような家族は、歴史の過程において、自らを狭めることによって進化する。自身の国家の普遍的拡張をめざして行為する公民たちの国家を愛が創造したことは一度もない。

したがって、歴史の現象や歴史的人間を説明するためには、愛の限定された受動的弁証法を、行為の普遍的弁証法によって置き換えねばならない。そしてこれこそ、ヘーゲルが自らの最初の愛の弁証法を普遍化することによって行っていることである。「愛する者」は、愛される存在によって（またはせいぜい、自分の「親たち」と「友人たち」の必然的に限られたグループによ

って)絶対的価値として承認されたいと思う。歴史的人間は、自分の個別性の絶対的価値の普遍的承認を熱望する。すなわち、彼は、「自分の類において唯一」でありながら「普遍的に価値ある」存在でありたいと思うのである。そして、自分の所与存在の諸限界やそれを取り巻く自然的・人間的世界の所与の構造は、自分の個別性のこの普遍的承認と対立するのであるから、彼は一連の否定的諸行為によってこの世界を変＝容し (trans-forme)、また自分自身を変＝容する。彼が承認されるようにするのはこれらの行為であり、また彼が承認されるのは行為主体 (agent) としてである。普遍的承認をめざして行われる、個別者 (particuliers) のもろもろの否定的行為の総体こそが、世界史の具体的内容を構成する。そして、人間の真の存在はこの歴史的行為であり、この歴史的行為は、人間の自然的所与存在と、彼の個別性の普遍化的否定を「媒介にしてつながる (médiatise)」のである。(HMC 350-351)(改行は原文のまま)

　ナンシーは、セックス (性、性行為) と言語活動とを人間的存在 (つまり、実存における存在の超出) を形成する原動力であると考え、また自己表出を求めるセックスが言語活動を要求するとさえ考えている。これに対してコジェーヴは、いま見たように、ヘーゲルを解釈しつつ、愛に基づく承認関係は不十分であり (なぜなら歴史の過程を説明できないから)、否定的行為に基づく承認こそが人間の真の人間性を形成すると考える。つまり、愛は所与存在を前提にするのであり、所与の完全な否定に結びつけられることはなく、所与存在に拘束される。したがってそれは普遍的な承認をもたらすことができないのである。愛に基づく承認が基礎づけうるのはせいぜいのところ、「「友のサークル」によって拡大されるのがせいぜいの」「人間的家族」である。ところが、人間存在とは死の実現、つまり所与の完全な否定であるとすると、人間は、限定的ではなく普遍的な承認を求め続けることになる。あるいは、人間はあくまで普遍的承認を求めるのであり、そのためには所与の完全な否定をなさねばならないのである。まさしく、上の引用文にあるように、「歴史の現象や歴史的人間を説明するためには、愛の限定された受動的弁証法を、行為の普遍的弁証法によって置き換えねばならない。そしてこれこそ、ヘーゲルが自らの最初の愛の弁証法を普遍化することによって行っていることである。「愛する者」は、愛される存在によって (またはせいぜい、自分の

「親たち」と「友人たち」の必然的に限られたグループによって）絶対的価値として承認されたいと思う。歴史的人間は、自分の個別性の絶対的価値の普遍的承認を熱望する。すなわち、彼は、「自分の類において唯一」でありながら「普遍的に価値ある」存在でありたいと思うのである」。

そして、コジェーヴによれば、言説とは歴史を実現する否定的行為をなす者の自己意識にほかならず、歴史の終わりを実現する者＝ナポレオンの自己意識となったヘーゲルの言説こそが真の、完全かつ一貫した言説であることになる。

しかし、ナンシーの議論からわかるように、性愛または性行為のなかにも、死に至らない死への覚悟がある。したがって、そこに人間性の発生を見て取ることができるのではないだろうか。それでもなお、それを越えて人間が承認を求める闘争を行い、自己の普遍的な承認を求めるのだとすると、それはなぜなのだろうか。いま述べたように、コジェーヴなら、人間存在とは自然的所与の完全な否定、つまり死の実現にほかならないからだ、または人間は普遍的承認によってはじめて満足するのであり、これを得るためには所与の完全な否定をなさねばならないからだ、と答えるだろう。しかしながら、すでに述べたように、死を生きることができない以上、自然的所与の完全な否定、人間性の完全な実現はありえず、そのため生きて人間性を実現するために人間は自己の承認を求めるのであった。つまり、人間性を実現する自然的所与の否定は、必然的に限定されたものであらざるをえない。そして、このような限定的な否定なら、性行為のなかに、あるいは家族における愛の関係のなかにすでにあるのである。したがって、承認を求める生死を賭けた闘争を、人間性の形成の源泉として特権化する必要はないように思われる。それでは、性行為における（さらには性的タブーや教育による家族内での）自然的所与の否定と、承認を求める闘争における否定とはどう関係するのだろうか。すでに何度か言及しているロラン・ビバールの考え方が、これを考えるヒントを与えてくれている。

コジェーヴのいう欲望の欲望とは自然のなかのすきまそのもの、つまり、他人の欲望という空白、自然の欠如、すきまを欲望するすきまである。すきまをすきまによって充たしても、すきまは依然としてすきまである。このす

きまは、自然的欲望のように、自然によって（例えば食物によって）満たされれば消え失せるようなものではない。このようなすきまそのものとは、例えばビバールの言うように、女性は母親と同じことがなしうる、つまり子供を産むことができるのに対して、男性はそれができないという意味での欠如であり[21]、この欠如の充足を求めて男性は承認を求めるのだ、つまり他者を自分の鏡にすることによって自分を刻みつけようとするのだと考えることができないだろうか。そしてこのとき、家族生活における自然的所与の否定、とりわけ性行為における否定が反復される。この反復が、生死を賭けた闘争——それも、主人と奴隷というかたちで当事者の双方が生き残るような、死を賭けた闘争——というかたちをとるのではないだろうか。

コジェーヴは、愛による家族的共同体が承認に基づく政治的共同体によって取って代わられるような言い方をしているが、むしろこの二つの共同体は共存し、連続的な関係にあると考えるべきである。家族的共同体なしには政治的共同体は存続しえない（そのため、政治的共同体は家族的共同体を存続させようとする）し、また家族的共同体のみでは人（特に男性）は十分に満足しえないがゆえに、家族的共同体が政治的共同体を不可避的に生じさせると考えることができる。

コジェーヴ自身、『法の現象学』で国家と家族との併存を認めている。

> 家族におけるつがいと国家における群れの同時的で平行的な人間化があるのだとも言えるだろう。主人の闘争は動物的争いを人間化し、それを政治的相互作用に転換させ、このようにして動物的な集まり、つまり群れは政治的社会になり、ついには国家になる。この社会の内部で、奴隷の労働は食料獲得生活を人間化し、経済社会を創造する。そして国家と経済社会のなかで、性生活（vie sexuelle）の人間化によって家族社会が構成される。（EPD 487/568）

コジェーヴはあくまで承認を求める政治的な闘争が根源的な人間化だと考えているが、むしろ根源的な人間化は、家族的共同体における、とりわけ

---

[21] Cf. Laurent Bibard, *Terrorisme et féminisme : Le masculin en question*, Éditions de l'Aube, 2016, p. 105. この問題については本書第五章・第六章でも言及しているので、参照していただきたい。

「性生活」における人間化だと考える方がよいのではないだろうか。少なくとも、その方がアリストテレスの考え方にはマッチしているように思われる。

したがって、ナンシーが言うような愛の共同体における欲望の欲望と、コジェーヴが言うような欲望の欲望とは、異なると同時に併存すると見ることができる。

アリストテレスは家族的共同体を基礎にして政治的共同体を考えようとする。このような考え方は古代的なものだと言える。ところが彼は、近代的な要素にも考察を及ぼしていく。例えば、すでに指摘した貨幣である。アリストテレスは古代的なもののみならず近代的なものもまた考えようとするが、それは、レオ・シュトラウスが「古典的政治哲学」について指摘するように、テクノロジーの際限のない進歩の可能性などの近代的なものを、自然的ならざるもの、人間性を破壊するものとして自覚的に退けるためであっただろう[22]。そうであっても、アリストテレスは近代的なものに考察を、それもきわめて鋭い考察を加えたことに変わりはない。そしてアリストテレスは、ホッブズが、そして近代の政治哲学がとりわけ取り組んだ「虚栄心(vanity)」もまた問題にしている。シュトラウスの『ホッブズの政治学』によれば、ホッブズがアリストテレスから虚栄心問題を引き継いだのである。この著作でシュトラウスは、この虚栄心問題をホッブズがアリストテレスからどのように引き継ぎ、また改作したのかを検討することにより、古典的政治哲学と近代的政治哲学の決定的な違いを分析する[23]。

すでに述べたように、カール・ポランニーによる「互酬性」の復権の試みや、社会への市場経済の「埋め込み」の試みは、古代的なものの復権をめざすものである。ナンシーの試みもそれに属するだろう。私のコジェーヴ解釈

---

(22) 参照、堅田研一『法・政治・倫理――デリダ、コジェーヴ、シュトラウスから見えてくる「法哲学」』成文堂、2009年、109-110頁。

(23) Cf. Leo Strauss, *The Political Philosophy of Hobbes : Its Basis and Its Genesis*, The University of Chicago Press, 1952. 邦訳として、レオ・シュトラウス『ホッブズの政治学』添谷育志・谷喬夫・飯島昇藏訳、みすず書房、1990年。以下、同書からの引用・参照にあたっては、PPH と略記し、最初に原書の頁数を、その後に邦訳書の頁数を表記する。

もまた、このような試みをコジェーヴのなかに見て取ろうとするものである。けれどもこの復権は古代的なものへの単なる回帰ではなく、近代性の本性を見据えたうえでの近代性と古代性との綜合の試みであるだろう。この綜合を試みるためには、古代性と近代性との相違を把握することが不可欠である。このような把握において、シュトラウスほどの権威はいないだろう。そこで以下では、シュトラウスが「虚栄心」の概念を基礎にして古代（アリストテレス）の政治的共同体の考え方と近代（ホッブズ）の政治的共同体との違いを分析した『ホッブズの政治学』に拠りながら、古代の政治的共同体の考え方を近代的な政治的共同体のなかにどのように取り入れることができるのかを考えてみたい。

　シュトラウスによれば、アリストテレスは中庸をもって虚栄心を抑えようとするが、ホッブズはそれを不可能だと考えた。それは、アリストテレスが虚栄心の本性を見誤っているからである。ホッブズによれば、虚栄心とは、信念としての大度である。ホッブズは、この信念としての大度を基礎にしてアリストテレスの倫理学と政治学を作り直す。そして、ホッブズの虚栄心の考え方を引き継いだのがヘーゲル＝コジェーヴの承認欲望論である[24]。シュトラウスは次のように言う。

> 大度（magnanimity）と名誉、優越性の意識と貴族性との関連は、アリストテレスによって古典的な形で説明がつけられている。アリストテレスにとって大度とは、一方では、数ある徳のなかの一つの徳である——それは、偉大な名誉に向けての正しい（right）振る舞いのことである——が、しかし他方では、それは「いわば（他の）もろもろの徳の冠飾のごときもの」である。というのも、大度は他のもろもろの徳を必然的に前提しており、かつ前者は後者をより偉大なものたらしめるからである。大度は、卓越した自由な個人の徳として、それ以外の徳をいわば統括している。それは、あたかも正義が、法を遵守し同胞に対して正しく（rightly）振る舞う市民の徳として、それ以

---

[24] 1936年11月2日付シュトラウス宛のコジェーヴの書簡。Cf. Leo Strauss, *On Tyranny*, The University of Chicago Press, 2013, pp. 231-233. 邦訳として、レオ・シュトラウス『僭主政治について』（下）石崎嘉彦・飯島昇藏・金田耕一他訳、現代思潮新社、2007年、178-181頁。以下、同書からの引用・参照にあたっては、OTと略記し、最初に原書の頁数を、その後に邦訳書（『僭主政治について』（下））の頁数を表記する。

外の徳を統括しているのと同様である。このように、『ニコマコス倫理学』において は、大度と正義（justice）との間に、不安定ながらも一つの均衡関係が維持されているわけだが、もしもこのバランスが崩れて、正義に対する大度の比重がますます増大してくるならば、それは、法と義務が道徳的原理としての意義を失い、それに代わって、卓越した個人の優越性の意識（得意）と自らの優越性が他人によって承認されることへの（すなわち「名誉」への）関心こそが道徳的原理であると考えられるようになる、ということを意味する。(PPH 51/72-73)

「偉大な名誉に向けての正しい振る舞い」としての大度は、この「正し」さを通じて正義、さらには「法と義務」へとつながっている。ところが、「大度と正義との間（……）のバランスが崩れて、正義に対する大度の比重がますます増大してくる」ことによって、「自らの優越性が他人によって承認されることへの（すなわち「名誉」への）関心」が「法と義務」に優先するようになると、古典的な道徳は崩れ、それに取って代わる新たな道徳をつくることが必要になる。これをなそうとするのがホッブズである。

大度と正義との間のバランスを維持したのは、アリストテレスにおいては、正しさとしての、つまり中庸としての大度である。しかしシュトラウスによれば、ホッブズはそれを次のように批判する。

> ホッブズにとっては、大度はもはやアリストテレスにとってのように、とりわけ既存の正義の「冠飾」なのではなく、とりわけ正義の源泉であるということによって、ホッブズの教説は一目でアリストテレス的教説から区別される。こうした変化は、原則的につぎのことを意味する。すなわち、卓越した人間の自己意識が徳を構成する、より普遍的には、もはや何らかの態度ではなく、ある信念（intention）こそが徳を構成する、と。事実そのとおりであることは、ホッブズの断固たるアリストテレス倫理学批判が示しているところである。「……道徳哲学の著作者たちは、（もちろんホッブズと）同じ徳と悪徳とを認めてはいるものの、それらの徳の本質がどこにあるかがわからず、……徳の本質を中庸性（mediocrity of passions）におくのである。それはまるで、大胆の原因ではなく大胆の程度が、剛毅をつくるかのようであり、贈与の原因ではなく贈与の量が、気前よさをつくるかのようである」。(PPH 54/76)（「　」内はシュトラウスによるホッブズ『リヴァイアサン』からの引用である。「　」内の（　）はシュトラウスによる補足であり、……はシュト

ラウスによる省略である）

　シュトラウスは、このホッブズのアリストテレス批判から次のような結論を導く。この引用文に続いてシュトラウスは言う。

　　このことでもっていわれているのは、ある行為ないしは態度の理由、動機だけが、その行為ないしは態度の道徳的評価にとって決定的である、ということなのである。（……）ホッブズにとって信念が唯一の道徳的原理になるのは、人間が自らの行為を秩序づけるためには従わねばならないであろう、何らかの「客観的」原理の現実性を、つまり、あらゆる人間的意欲に先立つ自然法の現実性を、かれがもはや信じていないからなのである。実際かれは、自然的、道徳的法が真に法であることを、明確に否定しさえする。自然法の否定、いっさいの人間的合意に先立つ義務づけの否定こそ、信念、とりわけ「勇敢の、特定の高貴さないしは優雅さ」、すなわち大度が、あらゆる徳の充分な根拠とみなされることの、究極的な理由なのである。（PPH 54-55/76-77）

　こうして「信念」、正確には信念としての大度、つまり自己の優越性の意識（および自己の優越性が他人によって承認されることへの関心）がホッブズにおいては道徳の源泉となった。しかし、この考え方は、シュトラウスによれば、ホッブズにとっては一時的なものである。ホッブズの本来の考え方においては、「大度」は、自己の優越性の意識に基づいているのであるから、「高慢」（つまり「虚栄心」）の一形態とされ、「暴力による死への恐怖（fear of violent death）」によって克服されるべきものである（cf. PPH 55-57/77-79）。つまり、本来のホッブズの考え方は、「暴力による死への恐怖」を徳の源泉とみる。「ホッブズは、（……）大度のなかにではなく、恐怖、暴力による死への恐怖のなかに、徳の源泉をみるのである。かれは、大度ではなく暴力による死への恐怖こそが、結局のところ唯一適切な自己意識であると考えているのである」(PPH 57/79)。

　しかし、克服されるべきものとはいえ、ホッブズはこの信念としての大度、つまり虚栄心を自然状態の構成の出発点にしており、また信念としての大度は客観的な正義や法を否定させるのであるから、ここにアリストテレス批判があることは間違いない。つまり、信念としての大度、つまり虚栄心こ

5. アレクサンドル・コジェーヴにおける愛と承認の問題　237

そが、自然法、「法と義務」を否定させる、近代性の源泉であるということができる。そしてこの虚栄心をヘーゲルは承認欲望として定式化し、承認を求める闘争の源泉だと考えたのである。

したがって、アリストテレスとホッブズ、古代性と近代性との対立は、中庸または中庸としての大度と、信念としての大度、つまり虚栄心との対立であると言うことができる。このホッブズ的虚栄心を承認欲望として引き継ぐヘーゲル、さらにはこの承認欲望を中心概念にしてヘーゲルを解釈するコジェーヴもまた、固有に近代的な政治哲学者であるということになる。

アリストテレスによれば、徳の本質は中庸にあり、中庸は正しい行為のあり方として、正義や「法と義務」とつながっている。ところがホッブズは、信念としての大度、つまり虚栄心こそが正義や法の源泉であると主張する。信念としての大度とはつまり、気前よくあろう、寛大であろう、高貴であろうとする意識である（それは、このような存在としての自己の優越性の意識を伴う）。つまり、信念としてそのようにあろうとすれば、「法と義務」がどうあろうとそれは正しいことである。または、信念としてそのようにあろうとすることが、自らの優越性の他人による承認を求めて闘争に至るとき、「暴力による死への恐怖」を介して正義や法の源泉になる。いずれにしろ、信念としての大度が、すでにある「法と義務」に囚われることはない

アリストテレスの倫理学は、両極端の間の中庸を正しい態度だと主張する。中庸とこの中庸＝中間を構成する両極端は、量的な違いであるにすぎない。したがって、このような中庸とその両極端を越えたもの、つまりこれらとは質的に異なるものを扱うことはない。そして、信念としての大度は、これらとは質的に異なる、したがって中庸としての大度とは質的に異なるものである。

以上がシュトラウスの分析である。

それでは、中庸およびこれを構成する両極端を越え出たもの、それらとは質的に異なるものをアリストテレスは扱っていないのだろうか。おそらく、アリストテレスが主人と奴隷というカテゴリーを導入し、そして奴隷性が社会の支配的要素になるのを阻止しようし、また貨幣が社会の中心を占めるのを阻止し、貨殖論を抑えようとするとき、この問題を取り扱っているのだと

考えることができる。またアリストテレスが『政治学』において立法術、およびそれを構成する「賢慮（prudence）」を扱うとき、まさしくこの問題を扱っているとも考えられる[25]。

　このアリストテレス倫理学が正面から扱うことのなかったもの、つまり中庸を越えたものをホッブズは主題として扱う。ここに彼の政治哲学の独創性、近代性がある。彼によれば、それが、信念としての大度、つまり「虚栄心」である。

6. コジェーヴと互酬性

　ナンシーによれば、性行為(セックス)は死に至るような快楽を享受しようとするが、それは実は生そのものへの欲望であり、また持続性への欲望でもある。このパラドクシカルな構造は、コジェーヴの承認を求める生死を賭けた闘争においても見出される。それは、闘争の両当事者が闘争を最後まで押し進めることがなく、一方は主人として生き、他方は奴隷として生きることを選択するところにある。主人も奴隷も闘争において死へと覚悟を決めながら、その終わりには生を選択する。それによって正義の理念が生じ、正義の理念によって人間的共同体が生じ、人間が人間として生きることが可能になる。これに対して性行為においては、「それ」、つまり生の絶頂＝死に至ることの挫折と、それでも「それ」に至ろうとすることによって、バタイユ的に言えば「生の称揚」によって人間は生き延びる。ここから法や正義の観念が生じることはない。しかしながら、性的関係を基に共同体が生じる場合、例えばアリストテレスが言うようなポリスにおいては、法や正義が問題となる。ナンシー的に考えると、この場合に生き延び、共同体を形成することを可能にするのは「技術」であるだろう。生き延びることを可能にするということは、死の可能性もあったということである。つまり、性行為における死に至ろうとすることを生へと転換させるのが「技術」である。この「技術」のなかに

---

(25) Cf. Leo Strauss, *The City and Man*, The University of Chicago Press, 1964, pp. 23ff. 邦訳として、レオ・シュトラウス『都市と人間』石崎嘉彦・飯島昇藏・小高康照・近藤和貴・佐々木潤訳、法政大学出版局、2015年、59頁以下。

アリストテレス的な「中庸」を含めることができると思われるが、法の「技術」もまたそこに含めることができるだろう。そしてそれは正義を本質とすると考えることができる。アリストテレスのいう正義とはこのようなものではないかと考えられる。このような正義は、承認を求める闘争において生じる正義の観念とは別物であると考えられる。なぜなら、前者の正義は性的関係に由来するが、後者は闘争に由来するからである。しかしながら、生、生き延びることを可能にするものという点で両者は共通する。

　アリストテレス的な共同体の考え方とヘーゲルまたはコジェーヴ的な共同体の考え方との間にはおそらく断絶（と、しかしながら関係も）がある。この断絶（と関係）をエコノミーの問題との関連ではあるが考えさせてくれるのがカール・ポランニーである。ポランニーは市場経済を社会のなかに「埋め込む」と言うが、これは市場経済を否定するのではなく、それを肯定しつつ社会、言い換えるとアリストテレス的な共同体の支配の下に置くということ、優劣関係を逆転させるということである。

　コジェーヴ的な正義の観念とポランニーが復権させようとするアリストテレス的な正義の観念との違いが決定的に現れるのは、等価性の正義の考え方においてである。ポランニーによれば、アリストテレスにおいては、「等価性（equivalency）」は設定される。それは善意または友愛に基づくものであり、かつ自給自足を維持するためのものである。ここに一方を犠牲にして他方が利益を得るという「もうけ」の観念は入る余地がない[26]。ポランニーはこれを「互酬性」と呼ぶ（ADE 106-111/302-309）。これに対して、コジェーヴのいう奴隷的な「等価性」においては、なるほど自分の有利は不利によって埋め合わされるものの、その等価的取引を行う方が自分の利益になるということが含意されている。したがって両者の等価性の考え方は全く異なる。（しかしながら、両者の等価性は、共通する要素が全くない、完全に別物であるかというと、そうでもないように思われる。少なくとも、生き延びようとする欲望を抱えている点ではすでに両者は共通する。）

---

(26) ミシェル・ヴィレーのいう「交換的正義（justice commutative）」もまた、互酬性とまでは呼べないかもしれないが、このもうけの観念の入らない等価性であると思われる。Cf. Michel Villey, *Le droit et les droits de l'homme*, PUF, 1983, pp. 51-52.

コジェーヴのいう奴隷的な等価性の正義の観念には「利得」や「もうけ」の観念が働く。闘争の敗者は、主人に隷属した方が自分にとって得、つまりもうけになるから主人の奴隷になるのである。ところで、純粋な主人たちが社会を形成することはありえないから、主人たちが社会を形成する場合には、主人たちが生きることをめざしていることになる。主人たちが生きる場合、政治的に考えると、政治的に中性はありえないのだから、主人性と奴隷性とが何らかの形で綜合されているということになる。正義論で言えば、主人の平等の正義と奴隷の等価性の正義とが綜合されていることになる。しかしながら、主人たちの社会に等価性の正義が存在するとしても、おそらくその等価性とは、奴隷的正義における等価性とは異なると思われる。その違いは、主人的な等価性の正義にはもうけの観念が入らないという点にあると思われる。このような主人的な等価性とは、ポランニーのいう「互酬性」にほかならないと思われる。

　この場合、まず、主人が自己の所有物をもつことが認められねばならないが、主人の原理からすると、主人がそれぞれのものをもつということは認められないはずである。主人は主人として厳密に平等であり、あるいは主人はすべてをもつのであり、したがって主人の社会の所有とは共同所有でなければならないはずである。したがって、主人たちの社会に個人の所有が認められるとすると、それは「個人的所有」でなければならない。この点を説明しよう。

　主人はすべての権利をもち、義務は一切もたない存在である。もしそれぞれの主人の所有を認めるならば、所有者でない主人はその所有を侵さない義務をもつことになる。これはそれぞれの主人の身体の所有についても同様である。したがって、主人たちはすべてのものを共有するのが最も平等にかなっているだろう。主人は義務を一切もたないということを考えると、共有されるもののなかには身体が含まれると思われる。すなわち、ある主人の身体は自分の所有だけではなく、他のすべての主人たちの所有（共有）でもあるだろう。（実際には、ある主人が自分の所有（身体の所有を含む）を承認させるために自分の生命を危険にさらす覚悟をもち、他の主人たちがそれを承認するならば、主人には自分の所有をもつことが認められる。けれどもこれは、その所有に

ついて他の主人たちの隷属を意味するから、主人の社会はこれを認めることができない。したがって、主人の社会の法は、この隷属とそれによって課せられる義務が顕在化しないように、主人どうしの相互作用を禁止する。)

ところが、主人が生きる場合、それによって主人の身体は具体的に相違するだろう。それは、それぞれの主人が生きる環境や彼らの個性や物理的な身体性によって形成される「「体質」、「性格」、「趣味」等々」、すなわちコジェーヴが「特殊性 (spécificité)」と呼ぶものの相違による相違であるだろう (cf. EPD 576/661-662)。この相違が、個々の主人の個人的な所有を生み出すだろう。生命を危険にさらすこと、そしてこの意味での平等の維持にのみ関心を向ける主人たちの社会は、生きることに伴う具体的身体性の相違に関心を向けないだろう。もしある主人が自己の具体的身体およびその付属物の所有のために自己の生命を危険にさらす覚悟をもつならば、他の主人たちはそれを承認するだろう。なぜなら、この具体的な身体やその付属物の所有は、主人性の要素ではないからである。このようにして、主人たちの社会において個人的所有が認められるようになると考えられる。この具体的身体性に、個人的所有（およびそれを支える「特殊性」）をナンシーの性の問題設定とつなげるための契機がある。

生きる主人の具体的身体は人間的な身体である。この場合の人間性、すなわち自然的所与の否定は、自分の息子を息子であるがゆえに、その具体的行為（「ここといま」）から切り離して愛する母親における自然的所与の否定 (cf. EPD 493-497/574-578)、あるいは言語活動における自然的所与の否定と同じものであるだろう。

もし主人の社会においてこのような個人的所有物どうしの交換が生じるとすると、つまり他の主人の個人的所有物を欲するとすると、それは自己利益やもうけのためではなく、（交換の当事者のそれぞれが）自己の（主人的な）生を可能にするためでなければならない。個人的所有物の交換は、交換の当事者のもうけのために行われるのではない。したがってそれは相互の贈与でしかありえない。なぜ相互贈与が生じるのか。ある主人Xが生きるために必要なものを他の主人Yから手に入れたいとする。それはYから贈与というかたちで譲渡される。贈与することによってYはXに対する自己の優位、

威信を得ることができる。これに対してXは、Yに対してお返しの贈与を行うことによって今度は自分が優位に立とうとする、または平等を回復するのでなければならない。なぜなら、それが「主人」として生きることであるからだ。もしすぐにお返しの贈与ができなければ、時間をおいて行うのであってもよい。これが相互の信頼を基礎にしてシステム化したものがポランニーのいう互酬性の体制であり、またポトラッチであるだろう。まさしくそれは、主人が主人として生きるためのシステムである。

　贈与されるものは、もうけのために譲渡されるのではない。したがってその場合、贈与＝譲渡されるものの所有は、交換によって利益を得るためのものの所有、つまり貨幣的価値の所有ではない。したがって贈与されるものの所有とは、ものそれ自体の所有であるはずである。ものをそれ自体として所有するということは、それを自分の一部として、自分の付属物として、いわば自分の身体の延長として所有するということであるだろう。それはまさしく個人的所有にほかならない。したがって、ポランニーのいう互酬的なもののやり取りも、ポトラッチにおけるもののやり取りも、相互的な贈与である限りで、個人的所有物のやり取りであると考えることができる。

　コジェーヴがポトラッチについて言うように、この贈与的な交換は法的なものではない——ただし、平等の正義の理念によって規制されてはいるだろうが。なぜ法的なものではないかというと、公平無私の第三者が介入することがないからである。ポトラッチについてはすでにコジェーヴの見解を引用した。またポランニーのいう互酬的交換については、各家族の自給自足性を維持するという観点から「等価性」、つまり交換比率が社会的に設定され、それを守らないと社会そのものが存続できないので、それは守らざるをえないのである。けれども、そこに第三者の存在する余地はあると考えられる。それは次の理由による。相互的な贈与、つまり個人的所有の交換は、主人が主人としての資格で行うものであるから、この交換の当事者は第三者である主人にとっては互換可能である。つまり第三者である主人は公平である。また、すでに述べたように、個人的所有は主人性の要素ではないのだから、個人的所有の交換もまた主人性とは無関係の私的なものである。第三者である主人はこの交換に対する利害関係をもたない。したがって彼は無私的＝没利

害的である。したがって、この交換に対して、交換の当事者でない他の主人は公平無私の第三者の立場に立ちうるのである[27]。

ところで、この個人的所有および互酬性をコジェーヴの正義論に位置づけてみると次のようになる。

主人（の平等の正義）――個人的所有（互酬性としての等価性の正義）――奴隷（の等価性の正義）

つまり、個人的所有が、主人的社会から奴隷的社会への転換の媒介となりうるのである。もうけの観念が互酬性としての等価性の正義に入り込むとき、奴隷的な等価性の正義が社会のなかに登場する。

もうけの観念が入り込まない互酬性としての等価性の正義は、贈与的な等価性の正義と呼ぶことができるだろう。贈与的な等価性からもうけとしての等価性への転換が、奴隷的、またはブルジョワ的社会への転換を支える。ところが、すでに述べたように、デリダは、贈与の観念がすでにパラドクス的に自己利益、もうけの観念を孕んでいることを指摘する。デリダによれば、純粋な贈与は現実には存在しない。なぜなら、贈与を贈与として意識した瞬間に（そもそも贈与を贈与として意識しないと、贈与はなしえない）、贈与者においてはその見返りを期待するようになり、また受贈者はお返しの贈与を考えるようになるからだ。やがて、両者が自己の利益を考えて相互的贈与を行うようになると、もはや贈与は贈与ではなく、自己利益のための交換、商業的交換となる。（おそらくポランニーからすれば、古代社会はこの転換をさまざまな装置によって阻止しようとしていたということになるだろう。）

逆に言うと、現在の社会を支配している自己利益のための交換も、贈与の契機を含んでいると解釈することができる。ここに、序列を再逆転し、贈与

---

[27] この説明は、主人の社会において公平無私の第三者がいかにして生じるかについてのコジェーヴの説明における、「個別性（particularité）」を個人的所有の基礎である「特殊性（spécificité）」と置き換えることによってでてくる。Cf. EPD, pp. 263-264〔邦訳307-308頁〕. コジェーヴのいう主人における「個別性」とは、おそらく正確には「特殊性」のことである。

を自己利益に優位させうるための契機が存在する。これは、ポランニーのいう経済システムの社会への「埋め込み」に相当するだろう。

　ポランニーからしても、アリストテレス的な互酬性の原理が機能しうるのは限定的な共同体においてであろう。もしこれを、おそらくはポランニー自身もそう願ったであろうように、全世界的に機能させたいと思うならば、コジェーヴの「普遍等質国家」のような理念が欠かせないだろう。他方、コジェーヴの普遍等質国家、つまりすべての者が公民として承認される国家を実現するためには、言い換えると、現在はブルジョワ社会であるから、ブルジョワ社会と主人性とを綜合するためには、互酬性の観念を媒介にすることが有効ではないだろうか。ところで、この互酬性の正義は、主人的な平等の正義とも、奴隷的な等価性の正義とも異なる。ところでコジェーヴは、平等の正義と等価性の正義との綜合を「公平の正義」と呼ぶ。これがいかなるものかは積極的には語られていない。この「公平の正義」とは、全世界的に拡張された互酬性の正義ではないだろうか。さらに、法の存在に欠かせない公平無私の第三者は、相互行為への介入にあたって、相互行為の当事者においても自分自身においても主人性・奴隷性を捨象しなければならない。これは、第三者は互酬性の正義を適用するというのと同じことではないだろうか。

　それでは、このような互酬性の正義はいかなる仕方で存在するのだろうか。それは、それ自体として存在することはなく、主人的な平等の正義の観念や奴隷的な等価性の正義の観念、言い換えると政治的な正義の観念の脱構築としてのみ存在すると私は考える。なぜなら、コジェーヴが言うように、歴史（世界史）を形成するのは行為であり、その原動力は承認欲望であるからだ。すでに述べたように、この歴史こそ、レオ・シュトラウスが言うように、古代の思想家たちがその存在を知りつつそれが支配的になるのを妨げようとした近代性ではないだろうか（アリストテレスのいうポリスに近代的な意味での歴史は存在しないだろう）。近代性が支配的な現代の社会においては、承認欲望を原動力として展開される世界史が支配的である。だとすると、近代性を批判するいわば脱近代的なものは、近代性への脱構築としてしか存在しないだろう。

　ポランニーのいう「需要供給・価格メカニズム」（ADE 104-105/300）に

支配された市場メカニズムにおいては、市場において形成された価格による商品の取引が正義、つまり等価性の正義にかなったものと見なされる（そして、このような等価性の正義にかなった取引は「もうけ」の観念を含んでいる）。この両者、つまり市場価格と正義には必然的なつながりはないと思われる。つまり、そこには、法によって実現されるべき正義（等価性の正義）の観念についての社会的な決定・合意があるのだと考えられる[28]。したがってそれは、正義の観点から脱構築可能であるだろう。

7. パラドクスを解消するための第三者

　コジェーヴは、アリストテレスについて次のように言う。「アリストテレスによれば、一個は反対物をさがす、そのプロセスのなかで二足す一、すなわち三番目のものを mesotes[29] として見出す、そしてこの方法によってこの三つすべてが確定される」(OT 285/258)。そして、この mesotes について、「あれでもありこれでもある」と述べる (OT 285/257)。そしてこの第一と第二のものの二者は「反対対当 (contraries)」をなす。コジェーヴによればこの「反対対当」をなす二つの項について、「両者ともが悪（≠最適条件、そしてその代わりに、過剰かあるいは欠損のいずれか）であるが、しかし、「善き」mesotes は生の形態に依存しつつ「不特定多数 (indeterminate many)」である」と特徴づけ、この三者関係、とりわけ極端の両項をつなぐ mesotes について、それは「年齢、ジェンダー、人種の関数である――政体の関数でさえあるのだ」と述べる (cf. OT 288/263)（これらの引用箇所は、すべて 1957 年 7 月 1 日付シュトラウス宛のコジェーヴの書簡からのものである）。「不特定多数」とは任意性、第三者性の意味で理解することができるだろう。
　このコジェーヴの見解についてはこれから十分に検討を加えるべき課題で

---

[28]　この等価性の正義に関する社会的合意の問題については本書第六章を参照していただきたい。

[29]　この mesotes について、*On Tyranny* (*supra* note 24) の編者（ヴィクター・グールヴィッチとマイケル・S・ロス）は "the mean; or: the intermediate" という注をつけている (OT, p. 322. *Kojève to Strauss, 1 July 1957*, note 12)。中項、中間項、媒介項といった意味である。

あるが、少なくとも本章の課題との関係では次のように言える。すなわち、コジェーヴのいう正義の理念、またはそれを適用する「公平無私の第三者」とは、自らの実現が死であるにもかかわらず、自らを実現するためには生きなければならないという人間のパラドクスを解決するための、つまり死という極端と動物的生という極端との間の mesotes である、あるいはそれを体現するものであると考えることができる。正義の理念は、主人と奴隷とをつくって闘争を終わらせる、つまり闘争の両当事者を人間として生きさせる合意から生まれ、この合意から抽出された正義の理念およびそれを適用する第三者によって、人間は、主人として、また奴隷として、死の危険に対する意識を抱えながら、自然的・動物的所与の否定として生きることが可能になるのである。

　ところで、性行為に関して、アリストテレスが立てる第三項（この場合には中庸）とは「節制」である。『ニコマコス倫理学』の次の一節を見ていただきたい。

　　節制ある人というのはしかし、快いものに関して中庸の態度をとる人である。すなわち、節制ある人は、放埒な人が最も楽しむところのものを楽しむのではなく、むしろ不快に思うのであり、また楽しむべきでないものは総じて楽しまず、一般にどのような身体的快楽であっても激しく楽しむというようなことはなく、そうした快楽がなくても、苦しんだり欲したりすることもないのである。あるいはそうした快楽を楽しむにしても適度に楽しむのであって、必要以上に楽しむのでもなければ、不必要なときに楽しむのでもなく、およそ誤った楽しみ方をけっしてしないのである。

　　他方、快いものでも、健康や壮健のためになるかぎりのものであれば、そのたぐいのものを節制ある人は適度に、しかるべき仕方で欲求し、またそれ以外の快いものにしても、それらが健康や壮健の妨げにならなければ、あるいは美しいことから逸れていたり、財産を超えたりするようなことがなければ欲求するのである。すなわち、放埒な状態にある人の方は、こうした快楽に対して、実際の値打ち以上に愛着を寄せるけれども、節制ある人とはそのような人間ではなくて、「正しい道理」の指示するとおりに愛着を寄せるのである。[30]

　ところで、ナンシーの性の分析においては、性行為は死と生との両極端を

7. パラドクスを解消するための第三者

併せもつ。つまり、快楽の極致としての死と、持続性つまり生への欲望である。ナンシーによれば、死に至るような快楽の極致、死への欲動は、その極である死に至ることはなく、それは生、持続性への欲望に転換する。彼はこの両極を関係づけるのに「ゲーム（jeu）」という概念を用いる。死という極限に向かいながら生へと転換する運動はゲームとしての様相をもつ。したがって、両極がゲームのなかで維持されることになる（Cf. SE 156）。この転換を可能にするのはアリストテレスにおいては「節制」としての中庸であるだろう。しかし、この節制による転換は必ずしもうまくいくとは限らないだろう（ナンシーについても同じことが言えるように思われる）。おそらくアリストテレスにおいては、この「節制」を越え出させるもの、つまり「放埒」と呼ばれるもの、さらには徳の本質としての中庸を越え出させるものは、貨幣への愛、つまり貨殖へとつながっていくものであるだろう。すでに述べたように、ホッブズはアリストテレス的な中庸としての大度の観念を批判し、信念としての大度、つまり虚栄心を問題にした。つまり、虚栄心は徳としての中庸を越えたもの、徳としての中庸では対処できないものである。ヘーゲルおよびコジェーヴの承認欲望論はまさしくこれを扱うのである。

おそらくアリストテレスも、徳としての中庸を越え出たものという問題に気づいていたように思われる。それゆえに、主人と奴隷というカテゴリーを導入し、つまり奴隷性が社会の支配的要素になることを防ぎ、かつ貨殖を抑えるという議論を構成したのだと思われる。コジェーヴの場合には、主人性の没落と奴隷性の全面的な展開という歴史的事実を踏まえて理論を構成している点で両者は異なるが、両者が取り組もうとした理論的課題は同一であるように思われる。そしてコジェーヴは、アリストテレス的な第三項論、つまり中庸論を法的第三者論としてつくり直したのである。

コジェーヴにおいては、「もうけ」の観念、したがって貨殖が全面的に展開した社会が奴隷的・ブルジョワ的社会である。これを主人の社会と「綜合」することが問題になるのだが、この綜合のなされる場所は、（人間は死の実現であるという意味での）死と（動物性）生とを綜合する、死を生きるこ

---

(30) アリストテレス『ニコマコス倫理学』朴一功訳、京都大学学術出版会、2002年、140-141頁。改行は原文のままである。

とを可能にする、つまり人間的な生を可能にするものとしての正義の理念と、その実現としての法である。そして、前に述べたように、奴隷的な等価性の正義の理念と主人的な平等の正義の理念とを綜合するためには、互酬性の観念が媒介しなければならない。この互酬性は、ナンシー的に拡大されて理解された性(セックス)と家族によるものとして考えるのがよいと思われる。このように拡大された性と家族は、女性が「立ち上がる」ことによって、すなわち自己の具体的な、生ける身体を守るために自分の生命を危険にさらす覚悟によって可能になるだろう(ナンシー的な性行為(セックス)は、女性が「立ち上がる」のでないと可能にならないと思われる)。私見によれば、コジェーヴはまさにこのような意味において理解された互酬性に相当する概念をもっており、それが個人的所有の概念である。個人的所有物の取引を規律するのは、平等の正義でも等価性の正義でもない、それでいてこの両者のいずれかの適用の形をとって適用される互酬性の正義である。この場合、コジェーヴのいう法的第三者は、平等の正義や等価性の正義を適用するにあたって、互酬性の正義によって調整しながら適用しているのだと考えられる。この調整は、人間として生きさせるという観点からなされるだろう。すなわち、自己の自然・動物性を否定する、つまり死を求める人間が生を求めるように転換させるという観点からなされるだろう。

終章　具体的身体性の回復
――「公平の正義」とは何か

1. 普遍等質国家論と「盲点」

　これまでの考察から、コジェーヴの普遍等質国家論、つまり歴史の終わり論が、人間の生きるという行為、およびそれと不可分の具体的身体性、生ける身体性を排除していることがわかる。そもそも主人は戦場で死ぬ存在であるから、生きること、つまり具体的身体をもって生きることは、主人の概念には含まれない。また奴隷は生きること、つまり身体の所有を認められるが、この所有は主人のために物を作る限りにおいて認められる。それは見返りを得る権利ともいうべきものであって、具体的な身体性は問題とはならない。したがって、主人においても奴隷においても具体的な、生ける身体性は問題になっていないことがわかる。生ける身体性は排除されている。これがコジェーヴにおける「盲点」ではないだろうか。
　この排除された「盲点」としての具体的身体性が、主人性と奴隷性とが完全に綜合された普遍等質国家において、特殊性および個人的所有として顕在化すると見ることができるのではないだろうか。
　ポトラッチ（あるいは、ポランニーの言うような互酬的関係）とは、主人としての主人どうしの非政治的な相互作用である。経済的交換とは、奴隷としての奴隷どうしの非政治的な相互作用である。前者は、貴族的な所有がその所有に対する所有者以外の主人たちの隷属を認めるのに対して、贈与を相互に行うことによって、隷属の要素を認めることなく主人どうしの間に積極的な関係を形成する。ただしこのポトラッチは法的な関係ではない。このポトラッチもまた、コジェーヴ的な主人・奴隷、または法というカテゴリーによっては把握不可能であるという意味では「盲点」である。コジェーヴのいう主人性と奴隷性との綜合とは、この「盲点」と奴隷性との綜合ではないかと

思われる。コジェーヴは 1956 年 5 月 21 日付のシュミット宛の書簡において次のように言う。「もし私がヘーゲルを正しく理解しているならば、公民とは常にまた、事実上は、ブルジョワ——それが「貴族」としてであれ、厳密な意味での「ブルジョワ」（裕福なまたは貧しい）としてであれ——である（真正な「主人」は「神話的」な前史に属する）。もしこれが事実だとすると、国家（＝すべての正真正銘の国家、そこでは、「権威」が「承認を求める闘争」に取って代わっている）は悲劇〔コジェーヴが同じ書簡のなかで言及している「知識人の悲劇（tragédie des intellectuels）」のことを指すと思われる〕を終わらせる。それはまさしく、国家のなかにはもはや「真正な主人」は現実存在しないからである（より正確に言うと、「真正な主人」は、国家のなかで、死刑に値する犯罪者でしかありえないからだ）」[1]。

　このコジェーヴの記述は次の 2 つのことを意味する。まずそれは、主人が生きることの矛盾に言及するものである。生きるということは奴隷であることを意味する。したがって、生きる主人、つまり「貴族」もまた奴隷的、つまり「ブルジョワ」である。現に存在するのは「ブルジョワ」（貴族または厳密な意味でのブルジョワ）のみである。つまり、純粋な主人など現実には存在しないのである。したがって、現実に存在する奴隷性と綜合しようがないのである。

　次にこの記述は、主人と奴隷との関係が、現実には「ブルジョワ」と奴隷との関係であると言っている。なぜなら、純粋な主人は現実には存在しないからである。ただし、コジェーヴによれば、ブルジョワもまた「奴隷」である。ブルジョワであれ労働者＝プロレタリアートであれ、資本の奴隷である。したがって、コジェーヴにおいては、ブルジョワも労働者＝プロレタリアートも「奴隷」または「労働者」であり、本質的には変わらない。コジェーヴは『法の現象学』[2] において次のように言う。

---

(1) «Correspondance Alexandre Kojève/Carl Schmitt», in *Philosophie*, numéro 135, septembre 2017, Minuit, p. 21. 強調は原文。〔　〕は堅田による補足。以下も同様である。

(2) Alexandre Kojève, *Esquisse d'une phénoménologie du droit*, Gallimard, 1981. 邦訳として、アレクサンドル・コジェーヴ『法の現象学』今村仁司・堅田研一訳、法政大学出版局、1996 年。以下、同書からの引用・参照にあたっては、EPD と略記し、最

ヘーゲルによれば、奴隷は、ブルジョワになる前にキリスト教を経る。キリスト教は、奴隷を主人と平等にする。ただしキリスト教は、彼らを隷属において平等にするにすぎない。(……)奴隷は、自らをキリスト教徒化することで主人(公民)になるわけではないし、解放されるわけでもない。しかし、主人は主人でなくなる。ところで、ブルジョワとはまさしく主人なき奴隷、または——同じことだが——奴隷なき主人である。このため、擬制的主人——神や資本——が探し求められる。(EPD 296 note 1/708(注23))((……)は堅田による省略を示す。以下も同様である)

つまり、主人なき奴隷または奴隷なき主人がブルジョワであり、このなかにはいわゆる労働者＝プロレタリアートが含まれる。彼らはすべて「資本」の「奴隷」である。彼らは自分の作った物(労働力そのものを含む)を交換するように、それによって自己の貨幣的利益を得るように強制される。なぜならそれは商品だからである。けれども他方において、ブルジョワ＝資本家と労働者＝プロレタリアートとは主人と奴隷との関係でもあることを先のコジェーヴの記述は語ってもいる。そして、それはなぜかというと、労働者の生み出す剰余価値が資本家の手に渡っているからである。この剰余価値は労働者から資本家への贈与と見ることができるから、剰余価値を得た資本家がそれと同等またはそれ以上のものを労働者に与えるとき、相互贈与的な関係、ポトラッチに類似する関係が生じるだろう。さらにコジェーヴによれば、資本家が剰余価値と同等またはそれ以上のものを贈与するのは、資本主義経済システムを維持するためである。これは、資本主義のシステムの「盲点」の顕在化と見ることができるのではないだろうか。

2.「盲点」と法

貴族法においては、ある主人の貴族的な所有の承認はそれを承認する他の主人の隷属を意味するから、貴族的な所有は、主人は何の義務ももたないという貴族法の原則と矛盾する。したがって貴族法は、この矛盾が顕在化しないように、主人どうしの相互作用を禁止する。この貴族的所有を正当化する

初に原書の頁数を、その後に邦訳書の頁数を表記する。

のは、自己の所有を守るために自己の生命を危険にさらす覚悟である。自己の所有のなかには自己の身体の所有が含まれるから、この覚悟は、自己の身体を守るために自己の生命を危険にさらす覚悟を含む。

　ブルジョワ法においては、奴隷的な所有は、所有する物に対する権利というよりも、その物の貨幣的な価値に対する権利、貨幣的価値の所有である。代価が支払われるならば、その物を交換するように義務づけることもできるからである。この奴隷的所有を正当化するのは、自己の労働と等価なものを得ることができるということである。したがって、奴隷の提供する労働はその奴隷のものであることもまた認められている。これはつまり、労働の源泉としての自らの身体に対する所有も認められているということである。この身体の所有が等価性の原理によって正当化されることはできないだろう。なぜなら、主人に対する奉仕と引き換えに生命を保証される純粋な奴隷でない限り、奴隷は身体を所有するために何らかの奉仕をするわけではないからである。身体は所与のものとして自分のものである。そしてそれは、自己の身体を守るために自分の生命を危険にさらす覚悟によって、つまり主人的な原理によって正当化されるだろう。

　このように、奴隷的またはブルジョワ的な社会、つまり市場的な経済社会においても、それが交換を前提にして成立している以上、自己の身体への所有権、そしてそれを正当化する、自己の身体を守るために自分の生命を危険にさらす覚悟が存在することがわかる。この主人的原理は奴隷的な経済社会において隠されながら存在している、つまり「盲点」として存在している。コジェーヴがデュッセルドルフ講演において、マルクスを用いながらプロレタリアートの存在とその革命に言及するのは（その革命が実際に起ころうと、また資本家による剰余価値の分配によって防がれようと、それはともかくとして）、この身体の所有（権）が資本主義経済システムの構造的な作用によって顕在化することを指摘していると解釈することができる。

　コジェーヴは同講演で、資本家が、獲得した剰余価値と同等またはそれ以上を労働者大衆に贈与することを主張する。この場合、贈与は相互的である。つまり、資本家が労働者から剰余価値を得ることは、労働者から資本家への一種の贈与であるだろう。これに応えるかたちで今度は資本家から労働

2.「盲点」と法　253

者への贈与が行われるのである。したがってそれは、貴族的所有を前提にして行われる相互的贈与、つまりポトラッチまたは互酬性にきわめて近い。

　資本家が自発的に贈与を行わない場合、労働者が資本家から贈与を受けるためには、労働者は「立ち上がる」のでなければならない。ところが、コジェーヴによれば、資本主義経済システムにおいては、労働者は絶対的貧困の状態にあるのではなく、相対的な貧困の状態にある。つまり、最低限の生活は行うことができている。だとすると、なぜ立ち上がる必要があるのだろうか。それは、労働者がよりよい生活を求めるからであろう。よりよい生活とは、生きるために強いられた労働から解放されて自由な活動の可能性を得ることである。例えば趣味で絵を描くのを楽しみたいためであるだろう。楽しみのために慈善活動を行いたいと思う者もいることだろう。他方において、消費を増やさないと、したがって労働者大衆の消費を増やさないと資本主義経済システムは立ち行かなくなる。

　ところで、この絵は売ることができる。また慈善活動によって対価を得ることもできる。けれども、この絵は売るために、つまり交換するために描かれたものではないし、慈善活動は利潤を得るために、つまり交換するために行われたものではない。したがって、これらの産物や活動は奴隷的な、貨幣的利益を得るために交換されることを前提にしたものではない。さらにこれらの行為は自分の具体的身体性の活動であり、また自由な活動である。「プロレタリアート」とは、このようなよりよい生活を求めて立ち上がる者たちのことである。絶対的貧困を解消するために立ち上がる者たちのことではない。

　このような自由な活動の場は、主人性にも奴隷性にもない。主人は戦争によって死ぬ存在であり、平時には何もしない。奴隷は主人のために物を作るように、あるいは貨幣的利益を得るために交換される物を作るように強いられた存在である。したがって、主人的な平等の正義によっても、奴隷的な等価性の正義によっても、この自由な活動は規制することができない。主人性と奴隷性との綜合が普遍等質国家であるから、このような活動は普遍等質国家から排除されたものであり、したがって普遍等質国家の「盲点」である。前に述べたように、コジェーヴのいう主人性と奴隷性との綜合とは、この

「盲点」と奴隷性との綜合ではないだろうか。この「盲点」とは、主人性に含まれていながら隷属を課するという理由で排除されていた貴族的所有が含む身体の所有であり、それが具体的身体の所有として、奴隷性と綜合されるのである。この身体の所有を正当化するのは、自分の具体的な身体を守るために自分の生命を危険にさらす覚悟であるが、この覚悟は現代においてはとりわけ女性がもつ。つまり、立ち上がる「プロレタリアート」とは女性である。

このような自由な活動は、コジェーヴが「特殊性」に基づくものと考えた活動である。「特殊性」に基づくがゆえに、その活動そのものやその産物はそれをなした者の「個人的所有」である。また、このような自由な活動を可能にするのは、労働者に贈与された剰余価値である。よりよい生活とはこのようなことであるだろうし、資本主義経済システムはこれによる消費の拡大がないと立ち行かない。

このような自由な活動、コジェーヴのいう「特殊性」に基づく活動によって産出された物（活動そのものを含む）、つまり個人的所有物は、交換のために産出されたのではないにもかかわらず、さらに産出者の具体的身体性と密接に結びついているにもかかわらず、その身体性が人間的な身体性である以上、つまり自然的・動物的所与を否定した身体の産物である以上、産出した者の具体的身体性、つまり「ここといま」から分離することができ、交換価値をもつ。さらにその交換は、正義の理念によって規制される。そして国家、つまり抽象的身体性に基づく普遍等質国家は、具体的身体性、つまり「特殊性」に基づいて形成される経済社会、あるいは具体的身体における人間性、つまり自然的・動物的所与の否定を生じさせる家族社会に対して公平無私でありうるから、第三者としてこの正義の理念を法として実現しうる。

主人性と奴隷性との綜合とは、「盲点」と奴隷性との綜合だと考えると、正義については、自己の具体的な身体の所有における平等、あるいは自分の身体を守るために自分の生命を危険にさらす覚悟をもつ者どうしの平等と奴隷的等価性との綜合だということになる。そして、これが「公平の正義」だということになる。このような綜合的な正義の支配する体制、しかも現実的な体制としては、まさしくコジェーヴが構想するような、剰余価値の分配に

よって労働者のよりよい生活を可能にしながらそれによって資本主義経済システムを維持するという体制しか考えられない。正義については、所有、交換、家族生活等々において、この体制を維持するような仕方で平等の正義の理念や等価性の正義の理念を適用することが公平の正義だということになるだろう。

　主人たちの社会においてポトラッチや互酬的な交易が社会の維持に不可欠であったように、個人的所有物の産出や個人的所有物どうしの交換は、剰余価値の労働者への分配＝贈与によって可能になる一方で、剰余価値を生み出す資本主義経済システムの維持にとっても不可欠のものであるだろう。それは、消費を増加させるということによって維持するというだけではなく、この経済システムを内に含んだ普遍等質国家の公民どうしの、公民としての非政治的な関係を形成することを可能にすることによってその維持に貢献するだろう。普遍等質国家の公民は、公民として政治的には同じ仕方で行動するが、「特殊性」としての様相においては多様な仕方で自由に活動しうる。剰余価値によって可能になる自由な活動は、それが個人の具体的身体と密接に結びついたものでありながらその産物が交換価値をもつ。交換価値をもつとは貨幣換算可能ということである。けれどもそれは、奴隷的・ブルジョワ的交換とは異なり、交換へと強制されたものではないし、貨幣的利益を得るためのものでもない。それは、自らの特殊性、つまり自らの（人間的）身体の特殊性のもつ、人間社会への貢献可能性とも呼べるものだろう。家族や家族社会はこの人間的身体の形成を行う場という意味をもつだろう。

　バタイユは言う。「盲点は私たちの注意を惹きつけてやまない。盲点のほうが認識のなかに没し去るのではなくて、認識のほうが盲点のなかに没し去るのだ」[3]。「盲点」とは「非－知」である。「完了した（不断の）円環の内部においてさえ、非－知は目的であり、知は手段である」[4]。普遍等質国家という人間性（自然性・動物性の否定という意味での）の極致は、その極致に

---

(3) Georges Bataille, *L'expérience intérieure*, Gallimard, 1943, p. 129. 邦訳として、ジョルジュ・バタイユ『内的体験――無神学大全』出口裕弘訳、平凡社、1998年、254頁。

(4) *Ibid.*, p. 130. 邦訳書 255 頁。

おいて、つまり「歴史の終わり」において円環が閉じられるまさにそのときに、「盲点」、つまり具体的な身体（ただし人間化された）に回帰するのである。

3. 公平の正義に関する素描

最後に、『法の現象学』を基に、公平の正義について素描してみたい。

　承認を求める闘争において、結局のところ主人は奴隷を生かし、自らも生きる。奴隷は生命を危険にさらす代わりに生きることを選ぶ。したがってそもそも承認欲望自体が、死を賭けて自己の優越性を承認させるという側面と、自己保存・自己利益の側面とを併せもつように思われる。そして、承認を求める闘争から生じた主人と奴隷について、生ける主人においては、自己の優越性の承認を求めることが主であり、自己保存・自己利益の側面はその従たる位置にあるが、生ける奴隷においては、自己保存・自己利益の側面が主であり、自己の優越性の承認を求めることはその従たる位置にあると言える。

　主人が主人であるとは、戦場で死ぬことである。そこには、生きるためのものである相互作用の余地はない。したがって、相互作用を行うことは、厳密な意味での主人性には含まれない。コジェーヴによれば、法とは人間どうしの相互作用への正義の理念の適用である。したがって、そもそも主人に法を適用するということ自体に矛盾が含まれるのである。そして、生きるということは、自己利益の観念を含むだろう。したがって、ポランニーの描くように、宗教的その他の法（古代的な意味での）が共同体のメンバー（家長）の自己利益の観念を抑えていたということは、主人に法（コジェーヴのいう意味での）を適用するということの矛盾を顕在化させないようにすること、つまり主人に法を適用しないようにすることでもあっただろう。

　主人たちの社会において、平等の正義の理想や貴族法に反し第三者の介入を招くようにするのが利得への欲望、または自己保存・自己利益の欲望であるとすると、このような欲望が全面的に展開するのが奴隷たちまたはブルジョワたちの社会である。この場合、奴隷またはブルジョワは社会を形成する

ことになるが、純粋な奴隷は特定の主人の奴隷であり、社会を形成することはない。このような社会が形成されるとは、奴隷たちが等価性の正義によって相互に関係することである。それは交換によって可能になるだろう。

そもそも交換が可能になるためには、交換されるものの価値を量る共通の尺度が必要になる。その尺度が貨幣である。これはつまり、貨幣に換算した場合の同等性が等価性の証明だということである。したがって、奴隷たちの社会を形成させるのは貨幣であるということができる。自己の労働またはその産物を貨幣換算させることを認めることが（さらには、おそらく、自分自身が貨幣に換算される、つまり価格をもつことが）、この社会のメンバーであることの証しとなるだろう。

したがって、貨幣的価値において等しいものを交換することは等価性の正義にかなっているものと見なされる。ところが、貨幣的価値が等しいことと等価性の正義にかなうこととは本来は別のことである。

等価性の正義にかなっているとは、各人において有利と不利（または権利と義務）とが等価な関係にあることである。等価であるかどうかを判断するのは各人であり、したがってその判断は主観的なものである。契約から生じる、二人の当事者ＡとＢが権利・義務を持ち合う関係について考えてみよう。Ｂは自分の権利と義務とが等価であると考えているが、Ａから見ると等価に見えない場合がある。これは、Ｂから見たＡの権利義務にとっても同様である。この場合についてコジェーヴは次のように言う。「唯一の客観的な調整手段は、ＡとＢとの相互作用である。この相互作用は、主人と奴隷との相互作用のタイプに属する。Ｂの義務がＡの権利であり、Ｂの権利がＡの義務である場合、かつＡが自分自身の権利と義務との等価性を承認する場合には、ＡはもはやＢの義務と権利との等価性を否定しえない。ところで、こうした状況になるのは、ＡとＢとの間に交換、すなわち契約関係、または少なくとも法的契約として定式化しうる関係があるからである」（EPD 303-304/358）。

この記述自体は、主人と奴隷との身分の関係を等価性の正義の観点から見た場合のものであるが、ここで言われていることは法的契約一般に当てはまると思われる。つまり、すべての法的な契約（としての交換）は「主人と奴

隷との相互作用のタイプ」であるということである。主人にとっては奴隷の条件における有利＝生命の安全と不利＝隷属とは等価ではない。つまり、有利が不利によって埋め合わされているわけではない。けれども自分の条件における有利＝承認されること（奉仕を受けること）と不利＝生命の危険とは等価である、つまり有利が不利によって埋め合わされている（もし主人が奴隷的な等価性の観点に立つならば）。奴隷にとっては主人の条件における有利と不利とは等価ではないが、自分の条件における有利と不利とは等価である。このような「主人と奴隷との相互作用のタイプ」がすべての法的な契約としての交換の構造だというのである。したがって、奴隷どうしの交換もまたこのタイプに属する。例えばAとBとが、Aの持つ絵画を10万円で売買する契約を結ぶとする。Aからすれば、絵画を持ち続けるよりも10万円得るほうがよい。これに対してBからすれば、10万円失ってでもその絵画を持った方がよい。Aからすれば、自分の権利（10万円得る）と義務（絵画を手放す）は等価であるからこの相互作用は等価性の正義にかなっているが、Bの権利（絵画を得る）と義務（10万円失う）とが等価であるとは思われない（権利が義務によって埋め合わされるとは思われない）[5]。

けれども、主人と奴隷との相互作用としての契約と、奴隷どうしの相互作用としての契約とは異なる。この違いは、前者が身分または地位の正当化に関するものであるが後者はそうではないという点にある。コジェーヴは言

---

[5] よく考えてみると、Aは、絵画を持ち続けるよりも10万円得た方がよい、有利であると考えているのだから、A自身についても権利または有利（10万円得る）と義務または不利（絵画を手放す）とは等価でないと言えるかもしれない。またB自身についても、10万円失ってもその絵画を手に入れた方がよい、有利であると考えているのだから、権利または有利（絵画を得る）と義務または不利（10万円失う）とは等価でないと言えるかもしれない。けれども、AとBとの間で自由な合意＝契約が成立しているならば、この契約は等価性の正義にかなっているものと見なされるだろう。おそらく、「主人と奴隷との相互作用のタイプ」としてコジェーヴが言わんとしているのはこのことではないかと思われる。つまり、AとBとが互いに権利・義務を持ち合う関係においては、Aが自分の権利と義務とが等価であると認めるならば、Bの権利と義務とが等価であることを否定しえない（Bについても同様）ということである。したがって、正確には次のように言うべきだろう。Aにおいて権利と義務とが等価であることが、Bにおいて権利と義務とが等価であることと同様である場合に、その契約は等価性の正義にかなっている、と。

う。

> 　AやBの身分がこの契約により正当化されるとすると、それらが法的に妥当するのは、契約が妥当し続ける間だけである。ところで、Aの条件が変化するならば、おそらく――Aにとって――その権利はもはや義務と等価でなく、したがってBの権利と義務も、たとえBの条件は変わらずとも、もはや等価でなくなるだろう。したがって、Bの身分が妥当であり続けるためには、条件の変化によって条件づけられるB〔訳者の注記のように、「A」の誤記だろう〕の身分の変化に応じて、Bの身分を変化させる必要があるだろう。これはつまり、不変で永遠な身分など現実にはなく、交換を、すなわち変化を基礎とするがゆえに、定義により可変的な契約のみがあるということだ。言い換えれば、身分は相互に条件づけあい、依存しあっている。それぞれの身分は、いわば「社会契約」の関数である。なぜなら、ある所与の社会のなかに現実存在する契約の総体こそが、その構成員の身分を定めるからだ。(EPD 304/358)

　このように身分を契約によって置き代えることによって「身分」という観念は消滅する。コジェーヴは主人性と奴隷性とを綜合する公民の法を提唱するが、これは身分と契約との綜合でもある。身分が契約によって置き代えられたならば、今度は身分の観念を回復せねばならない。この点についてコジェーヴは次のように言う。

> 　公民の法が権利と義務との相互交差を承認し、この相互交差によってある人々の権利が他の人々の義務でありまたその逆でもあるという状況がつくり出される以上、公民の法は社会的相互作用を認めねばならない。つまり、権利が行使され義務が履行されるのは、この相互作用のなかでかつそれによってである。したがって、この点で、公民の法はブルジョワ法と一致するし、身分を認め契約を排除する貴族法と反対である。公民の法は、ブルジョワ法と全く同様に、契約を基本的な法的カテゴリーとして認める。しかし公民の法は、ジンテーゼ的である以上、基本的なブルジョワ的法的カテゴリーたる契約を、貴族法が自分自身の基本的カテゴリーたる身分を捉えるのと同じ仕方で捉える。「身分」を特徴づけるのは次の点である。つまり、「身分」は、他者との相互作用なしにそれだけで自らを実現しうるとみなされる点、そして可変的状況の関数ではなく、無際限に自分自身と同一であり続けるという点である。ところで、公民の契約が実現するのは、貴族的身分のこの二番目の本質的性格である。この場合、契約は、平等と等価性とを基礎とする以上、

契約当事者の条件を変更しないだろうし、したがってそれ自体静的なものであり続けるだろう。実際に問題になるのは、社会そのものや国家との契約であるだろう。そして、こうした契約は団体的契約であるだろう。したがって、こうした契約については次のように言えるだろう——それらは法的人格の「身分」を定める、と。(EPD 321/378-379)

きわめて抽象的で具体的な意味はよくわからない記述だが、その後でコジェーヴが、「契約の自由がますます減少している」現代的な状況において「個人は受け入れるか拒絶するだけでよいさまざまなタイプの契約を、国家が課する」と述べ、さらにその例として、「労働者が締結しうる契約は、彼らの身分によって規定される」と述べているところからすると (cf. EPD 322/379)、国家が最低労働条件を法律で定める下での労働契約とか、国家が事業者による違法な契約条項を定型化して排除することを法律で保障した上で結ばれる消費者契約のようなものを想定しているものと思われる。このような契約がさらに進展すれば、労働契約や消費者契約は、国家によって完全に定型化されるだろう。

この身分に関する記述は、所有についても当てはまる。なぜなら所有とはその所有に関する非所有者たちの隷属を含み、それは身分と同じく貴族的観念であるからだ。

> 公民の法は、そのブルジョワ的様相においては、所有の「機能的」考え方を採用する。この場合所有とは、提供された努力、とりわけ所有を得るために行われる労働の結果であり、それの法的に確立された表現である。したがって、それは常に相互作用、すなわち契約を究極の源泉とする。なぜなら、人は、無からは何ものも創造しえず、ある所与、「原料」(matière première) を変形するだけであるからだ。ところで、原料が「原」料であるのは、それが誰によってつくられたのでもないからである。したがってそれは誰のものでもない。すなわちそれは、個別的に誰かのものであるのではなく、万人のもの、社会そのものまたは国家のものである。したがって、およそ所有は、国家との相互作用を前提にし、この相互作用は、契約の形式で法的に定められる。

> しかし公民の法は、その貴族的様相においては、所有の平等を要請する。したがって、結局のところ、所有は人間の存在そのものの関数であるとみなされる。人が所有物をもつのは、彼が人間存在であるからであるし、また人

が他者と同じ所有物をもつのは、彼が他者と同じ資格で人間であるからである。したがって、公民が所有物をもつのは、彼が人間であり公民であるからであり、またそのようなものである限りでのみ、公民は所有物をもつ。これは、主人が、主人であるがゆえにまたは主人である限りで自分の所有物を所有するのと全く同様である。したがって所有は、公民の身分の一部である。これは、所有が主人たることの身分の一部であったのと全く同様である。ただし、公民たることの身分は、身分であると同時に契約でもあるだろう。だから、公民の法における法的所有についても同じことが言えるだろう。(EPD 322/380)（改行は原文のまま）

長々と引用したにもかかわらず、これまたあまりに抽象的で、具体的な意味となるとよくわからない記述である。所有は公民の身分の一部であり、公民が平等である以上所有も平等であること、万人が公民である以上、すべての者が平等な所有をもつこと、しかし公民の身分は契約によって定められてもおり、したがって公民の所有は契約の関数でもあるということを述べているのだが、具体的にいかなることかはよくわからない。したがって、こちらが補って考えるしかない。そもそも契約と身分との綜合、ブルジョワ的所有観念と貴族的所有観念との綜合はどのように実現するのだろうか。つまり、現代の社会がブルジョワ社会であることを前提にすると、主人的・貴族的要素はどこから来るのだろうか。

ハウスとフロストは、労働における自然・動物性の否定による人間化を重視し、公平な条件の下での労働によって実現しうる普遍的で相互的な承認こそがコジェーヴのいう相互承認であると考える。そして、偶然的事情による影響を排除した平等な機会の下での自由競争により「功績」のみによって報酬等の差異が生じるとき、そのような差異は公平の正義にかなっていると考える。そして、このような相互承認の実現と公平な機会、つまり平等で等価な機会の下での自由競争の保証こそがコジェーヴのいう普遍等質国家であると考える。しかし、これによって主人と奴隷との綜合が実現されると考えることはできない。なぜなら、自由競争とは契約によって行われるが、契約の当事者は交換へと強いられているからだ。つまり、人が産出する物や自分の労働力はあくまでも交換価値であり、交換されてはじめてその意味をもつのであり、したがって人は交換へと強いられているのである（これを強いるの

は資本である。だから資本とは「擬制的主人」である）。この強制されることは奴隷性の特徴である。したがって強制のない関係、主人性がそこには欠けているように思われる。つまり、主人性との綜合が不十分であるように思われる。ここにコジェーヴが、綜合の貴族的要素として「ポトラッチ」を導入したことの意味があるように思われる。この問題を考えてみよう。

今述べたように、ハウスとフロストが考える普遍等質国家においては、労働を通じた人間性の相互承認が実現され、公平な条件の下で自由競争が行われる。公平な条件の下での自由競争は「理由なき致富」の否定を含むだろう。主人的・戦士的な普遍性と奴隷的・労働者的な個別性の綜合、つまり自己の個別性の普遍的承認として公民性を考える限り、このような解釈にならざるをえないと思われる。

けれどもハウスとフロストの考え方については、市場における自由競争において人々は交換へと強制されており、たとえ勝利してもこの勝利を維持すべく交換へと強制され続けることになるのだから、このような強制とは無縁の主人性との綜合がそこにあるのかという疑問がある（この交換へと強制されないという点についてコジェーヴは次のように述べている。「この法〔公民の所有法〕は、一方では、あらゆる「義務」から免れた、交換をめざさない、すなわちあらゆる義務〔「債務」という訳者による注あり〕から独立した、所有の貴族的観念を含んでいる（それは、完全なる綜合法、すなわち社会主義法の「個人的所有」である）」(EPD 547/629))。

主人性とはまさしく「理由なき致富」の承認、つまり交換へと強制されることとは無縁の自己の特権の承認にあるのではないだろうか。けれども「理由なき致富」は、等価性の正義によっては正当化しえない。したがって奴隷性と主人性との綜合は不可能であることになる。もしこの綜合が可能だとすると、等価性の正義によって規制されるはずの相互作用のなかに、等価性の正義によって規制するには不適切な相互作用があると考えねばならない。例えばある人（A）が自分の楽しみのために描いた絵をBが気に入り、自分の趣味から非常な高値で購入したとすると、Aが得た高額の代金は等価性の正義によって正当化されるであろうが、しかしながら厳密に考えるとそれが等価性の正義によって正当化されるとは思われない（つまり、Aにおいて有

3. 公平の正義に関する素描　263

利と不利との等価性があるとは思われない)。それは等価性の正義にかなっていると見なされるだけである。等価性の正義にかなっていると見なされる、「理由なき致富」が正当化される相互作用が存在することになる。

　このような等価性の正義と「理由なき致富」との綜合を、奴隷的個別性と主人的普遍性との綜合として捉えることはできないだろう。なぜなら、今述べたように、主人性とは「理由なき致富」つまり特権の要求であるが、これは等価性の正義によっては正当化しえないからである。等価性の正義によって正当化しうる（実際には正当化しうると見なされる）「理由なき致富」とは、個人的所有物の取引という観念によって理解可能になる。

　今の例において、Aにおいて有利と不利との等価性があるとは思われない。それどころか、そもそもAが自分の有利と不利とを考えて自分の絵を売ったとは思われないし、自己利益を考えて売ったとも思われない。自分の絵を、貨幣的価値として所有していたわけでもない。また、獲得したお金を貨幣的価値として、つまり交換して利益を得るためのものとして所有するわけでもない。例えばそのお金をAは自らが使うものとして考えているだろう。これに対して奴隷的所有の場合には、ある物を売って得たお金の所有は貨幣的価値の所有であり、それは他の物と交換して利益を得るためのものである。

　Bについて言うと、確かにBは高額を出してでもその絵を欲しいと思い、その絵を手に入れることの有利と代金を出すという不利とが補い合う。またAの有利（権利）はBの不利（義務）であり、Aの不利（義務）はBの有利（権利）である。この限りで、この取引は等価性の正義の原理によって正当化されうるように見える。しかしながら、Bはこの絵を自己利益のために手に入れたと言えるだろうか。Bがこの絵を買ったのはそれを観賞するためである。これを有利・利益と言えるのだろうか。

　今述べている例は、奴隷的な等価的契約とは異なると考えられる。もし今の例を奴隷的契約と考えるならば次のようになる。Aは自分の描いた絵を貨幣的価値として所有していた。この絵を売って得たお金の所有もまた、貨幣的価値の所有である。すなわちそれは自己利益のために交換へと強いられる。例えば、Aはそのお金で他の物を買ったのだが、この他の物は、それ

によって利益を得るために（例えば転売するために、あるいは売るための物、つまり商品を作るために）購入されたのである。Bについて言うと、Bはこの絵を貨幣的価値をもつものとして手に入れたのである。したがってそれは、例えば自己利益のために交換される（売られる）。このように、奴隷的な所有とは商品の所有であり、交換へと強制されている、または交換へと運命づけられている。

　（本来的には奴隷的・ブルジョワ的なものである）契約は、契約の当事者が自己の利益になると思うから結ぶのであるが、この自己利益とは経済的利益・貨幣的利益のことである。等価性の正義における有利と不利との等価性とは経済的有利と経済的不利との等価性、つまり貨幣的価値の等価性だということになる。自分で使ったり消費したりすることは有利ではないし、自分で使ったり消費したりできなくなることは不利ではない。

　したがって、そもそも今考えている例は、本来的に奴隷的なものである等価性の正義によって規制されるべきものではない。けれども、それは等価性の正義によって正当化されるものと見なされる。したがってAの「理由なき致富」も等価性の正義によって正当化されると見なされる。ところで、この今述べている例はまさしく個人的所有（物）の交換の例である[6]。したがって、Aの「理由なき致富」の正当化は、個人的所有という観念によって理解可能になるのである。

　さらに、絵を生み出すAの才能、「特殊性」は、主人の身分・特権に類似したものと考えることができる。つまり、この例におけるAとBとの契約は、主人の身分を正当化する「主人と奴隷との相互作用のタイプ」としての契約と同様のものと捉えることができる。このように考えると、奴隷的な等価性の正義の原理に主人的な原理を導入するのは「特殊性」および「個人的所有」であり、奴隷的な等価性の正義と主人的な平等の正義とを綜合する公

---

(6)　コジェーヴが挙げる例は次の通りである。「一人の公民が絵を制作するとしよう。彼は楽しみのためにそうするのだが、あまりにたくさん描きすぎて、絵のすべてを保存できないほどである。（……）社会の他のメンバーが——その特殊性、つまり彼の「趣味」から——彼の絵を購入したいと思い、分離可能な個人的財産すなわち貨幣、彼の貨幣とその絵を交換することもありうる」（EPD 578-579/664）。

平の正義とは、奴隷的な等価性の正義と、個人的所有の取引を規制する正義の原理との綜合であるのではないかと考えられる。(特殊性、とりわけ高額の所得をもたらす特殊性は一種の貴族的身分だと言えるだろう。この高額の所得をもたらす特殊性をジョン・ロールズは「才能」と呼んだのだと解釈できるように思われる[7]。)

さらに、コジェーヴは個人的所有に関する説明の直前に次のように述べている。

> 現実的な義務はすべて公平の義務である。それぞれの義務のなかには、平等主義的、さらには貴族的側面がある——出発点の条件の平等、自分自身との同一性(「誓約」)、ポトラッチの原理。また等価の側面もある——各人の有利と不利の等価、一方と他方の有利と不利の等価、交換される財産の等価(労働と生産物の等価、価格と商品の等価、等々)。ところで、二つの原理の共存と綜合のなかでは、一方の原理が他方の原理によっていつも緩和される。平等は等価を、等価は平等を、伴わなくてはならない。(EPD 574/659-660)

奴隷的・ブルジョワ的契約においても、契約の両当事者の「出発点の条件の平等」、および誓約、「自分自身との同一性」(おそらく、いったん結んだ契約は誠実に履行しなければならないということだろう)は必要である。ところが、「ポトラッチの原理」は関係ないように思われる。このポトラッチの原理はどこにあるのだろうか。コジェーヴはポトラッチについて、「ポトラッチは事実上契約タイプの所有交換である。したがってここには(ブルジョワ的)交易と義務の(ブルジョワ的、さらには綜合的)法の(貴族的)起源が見られる。(……)ポトラッチの原理すなわち平等の原理は、義務の現実的で綜合的な法の構成要素(二次的ではあれ)である。義務は、義務を負う当事者間に大きすぎる不平等を生み出すなら、法的に「無効」である」(EPD 560/644)と言う。たとえ等価性の正義にかなった契約でも、それが「大きすぎる不平等」を生み出すならばそれはポトラッチの原理、つまり平等の正義の観点から無効にされる。あたかも契約がポトラッチの原理、平等の原理

---

(7) Cf. John Rawls, *A Theory of Justice*, Revised Edition, Harvard University Press, 1999. 邦訳として、ジョン・ロールズ『正義論(改訂版)』川本隆史・福間聡・神島裕子訳、紀伊國屋書店、2010年。

をすでに含んでいるかのようである。つまり、(等価性の原理にかなっているはずの) 不平等を無効にする等価性の原理がある、または等価性の原理にかなわないという理由で無効にされる (等価性の原理にかなっているはずの) 不平等があるということになる。これはいかなることだろうか。

一方では、等価性の原理にかなっている (と見なされる) という理由で正当化される (等価性の原理にかなっていないはずの) 特権要求、つまり主人的な平等の要求がある。他方では、等価性の原理にかなわないという理由によって無効にされる (等価性の原理にかなっているはずの) 不平等がある。すでに述べたように、前者は個人的所有の観念を入れることで理解可能である。ポトラッチと個人的所有の観念とは関連していると思われるので、この後者についても個人的所有の観念によって理解可能となるかもしれない。

この後者は、個人的所有の取引を規制する等価性の正義の原理が、資本の自律的現実存在を認めないということによって理解可能であるように思われる。この問題について考えてみよう。

資本とは、自律的に現実存在するようになった奴隷的またはブルジョワ的所有であると言えるだろう。まず、奴隷的またはブルジョワ的所有とは次のようなものである。労働者Ａが労働によってある物を作るとしよう。それは、交換することによって自分が利益を得るための物である。作った物の所有は、その物自体の所有ではなく、その物の貨幣的価値の所有なのである。その物をＡが売る場合、それは、次に売って利益を得るべき物を手に入れるために売るのである。Ａは、買った物を転売して利益を得るか、または次に売る物を作るために用いるだろう (他人に貸して利益を得る場合もあるだろう)。このように、奴隷的・ブルジョワ的所有 (物) は、自己利益、それも自己の貨幣的利益を得るために交換するように強いられる。しかもこの交換は繰り返される。したがって、奴隷的・ブルジョワ的所有とは、交換によって利益を得るための貨幣的価値の所有である。そして、この所有と自己利益のための交換とは、奴隷的な等価性の正義の原理によって正当化される。

この奴隷的・ブルジョワ的所有が自律的に現実存在するようになるとき、それは資本化し、「資本主義的所有」になるだろう。それは、奴隷＝労働者が、労働するように強制されないで利益を得ることができるようになったと

きに生じる。すなわち、奴隷がブルジョワ＝資本家になったときに生じる。資本家が労働者の産出する剰余価値を取得するとき、それ（に相当するお金）は資本家が労働することによって得られたものではない。ところが、奴隷的・ブルジョワ的な等価性の原理は、この「資本主義的所有」、したがって資本家による剰余価値の取得を認める。この点についてコジェーヴは次のように言う。

> 最初、公民の法の綜合はまだ不完全であり、さらには「抽象的」または純粋に「形式的」であり、すなわち——そう言いたければ——誤っている。厳密な意味での「ブルジョワ」法あるいは「資本主義的」財産法がある。この法は、一方では、（「資本主義的」）所有を貴族的所有に同化させる、ただし後者が労働なしに獲得され占有されることをこの法が容認する限りで。しかし他方では、この同じ所有が闘争なしに、闘争の意志さえなしに獲得され維持される場合には、それはブルジョワ的所有に同一視される。この擬似綜合は純粋に「形式的」である。闘争の不在は実際には存在しない労働と同一視されるし、同様に労働の不在は、やはり現実には存在しない闘争と同一視される。しかしこの擬似綜合はブルジョワ自身の「非本来的」現実存在とはうまく一致している。というのもブルジョワは主人なき奴隷であり、主人をもたないのだから形式的観点からは主人と同一視される（彼が革命的闘争によって主人から解放されたのではなく、したがって承認を求める闘争に生命を危険にさらした本来の主人性に参加していないにしても）からだ。ところで、ブルジョワはその隷属性のゆえに闘争しないが、その自称主人性のゆえに労働しないでいられると信じている（すなわち事実上、神または「資本」自体を別にすれば、彼は彼に労働を強制する主人をもたないのだから）。そしてこの擬似綜合によって資本主義的所有のなかで、貴族的所有とブルジョワ的所有の両性質が（「抽象的に」または「形式的に」）結合され、しかもこの結合は所有者の利益のために実行される。(EPD 547-548/630-631)

つまり、通常のブルジョワ法、つまり不完全な公民の法を構成するブルジョワ法は、「資本主義的所有」、つまり自律的に現実存在するようになった資本という形の所有を、つまり労働者からの剰余価値の取得を可能にし、かつそれによって維持・拡大されるシステムと化した所有（とそれによる不平等）を、労働なしに獲得されたがゆえに闘争があったものと見なし、また闘争なしに獲得されたがゆえに労働があったものと見なして正当化するのである。

したがって、通常のブルジョワ的等価性の原理は、このような資本によって生じる不平等、つまり資本家と労働者との間の不平等を認める。これに対して個人的所有とは、自律的に現実存在する資本（の所有）になることのない所有である。したがって、等価性の原理が（等価性の原理にかなっているはずの）不平等を「大きすぎる」という理由で無効にするとは、奴隷的・ブルジョワ的所有が自律的に現実存在する資本（の所有）になるとき、個人的所有の取引を規制する等価性の原理が働くということではないだろうか。「大きすぎる」というのは、自律的に現実存在する限りでの資本の所有者と労働者との間の不平等に関することであるだろう。したがって、資本が自律的に現実存在するようにならない限りで、等価性の原理は資本家と労働者との間の不平等を認めるのである（そもそも資本とは自律的に現実存在するものだと考えることもできるが、とりあえずこの点は措いておく）。

以上から、等価性の原理にかなっているという理由で正当化される（等価性の原理にかなっていないはずの）特権要求、つまり主人的な平等の要求も、等価性の原理にかなわないという理由によって無効にされる（等価性の原理にかなっているはずの）不平等も、いずれも個人的所有の観点から理解可能であることがわかる。この場合、等価性と平等とは「綜合」されていると言えるだろう。そして、この綜合的正義によって是認されるのは、自律的に現実存在する資本（の所有）になることのない個人的所有による「理由なき致富」、無効にされるのは、自律的に現実存在する資本（の所有）となった奴隷的・ブルジョワ的所有である。

個人的所有と奴隷的・ブルジョワ的所有とは共存しうる。したがって問題は、後者が自律的に現実存在する資本になること、資本が自律的に現実存在することである。奴隷的・ブルジョワ的所有が自律的に現実存在するとはいかなることだろうか。奴隷＝労働者（または奴隷＝ブルジョワ）は、自己の労働によって貨幣的価値をもった物をつくり、その物を自己利益のために交換する。奴隷的・ブルジョワ的所有とは貨幣的価値の所有のことである。したがって、資本の所有とは、自律的に現実存在するようになった貨幣的価値の所有である。市場において奴隷＝労働者または奴隷＝ブルジョワは自己利益のために商品を作り交換し続け、それによって貨幣的価値を実現し所有し続

ける。この過程が（とりわけ剰余価値の取得によって）自己の労働なしに進行し、かつそれによって貨幣的価値の所有が維持・拡大するとき、貨幣的価値の所有が自律的に存在すると言えるだろう。この貨幣的価値の所有はそもそも、奴隷的労働、つまり交換へと強制された物、つまり商品を作る労働によって生じる。奴隷的労働とは、自らの自然的・動物的所与の否定、つまり「ここといま」の抽象による労働である。それは、交換可能な物を作り出すための労働、自分の具体的な身体性とは切り離された抽象的な身体の労働である。したがって、個人的所有と、貨幣的価値の所有に基づく奴隷的・ブルジョワ的所有および自律的に現実存在する資本の所有とが区別される。コジェーヴの次の文章はこの趣旨であるだろう。

> 所有〔個人的所有〕はつねに所有者の「人格（personne）」に結びついている、すなわち結局は彼の身体（の特殊性）に結びついている。それは彼の身体の「付属物（appartenance）」である。たしかに、個人的財産はＡの身体から分離できるが、しかしＢの身体に直接的に結びつけられるためにのみ分離されるのである。だから、個人的所有は、「資本」や私的（privée）所有（「人格的——すなわち身体的——支えを奪われた（privée de support personnel）」）の現実存在に匹敵する自律的な現実存在をもたない。(EPD 582/668)

コジェーヴによれば、所有が自律的な現実存在をもつ資本に転化することを防ぐためには、相続を否定すれば十分である。

> 実際には、所有が相続されないときには、所有は個人的になる。社会主義経済社会の所有法は、経済的相続権を知らないし、遺言を認めない（贈与は認める）。所有の蓄積がなく、個人的所有が非人格的「資本」に転化しないためには、それで十分である。(EPD 582/668)

所有が相続されないとは、所有が所有者の身体と結びつけられたままであることを意味する。この所有が資本の所有であっても、それが相続されず、所有者の身体と結びつけられたままであるならば、「非人格的「資本」」ではない。この限りで、奴隷的・ブルジョワ的所有と個人的所有とは共存しうる。そして、前者が自律的に現実存在する資本になることを防ぐのは、後者の個人的所有の原理である。すなわち、奴隷＝労働者の労働は、自己の自然

的・動物的所与の否定としての労働、つまり抽象的な身体の労働であるが、この労働を行うのは労働者の具体的身体であり、したがって労働者の労働やその産物には、彼の具体的身体性が含まれている。奴隷的・ブルジョワ的所有が自律的に現実存在する資本になるのを防ぐのは、この具体的身体性と労働やその産物との結びつきを維持すること、すなわち（具体的身体性、およびそれと結びついた人格によって正当化される）個人的所有の原理であるだろう。なぜなら、抽象的身体性の原理、すなわち貨幣的価値の所有の原理は、貨幣的価値が自律的に現実存在する資本になることを妨げないであろうからだ。

　所有の相続が否定されることによって、剰余価値を資本家が獲得し続けることはなくなるだろう。これはつまり、獲得された剰余価値の贈与がなされることを意味する（生前に資本家がそれを取得し続けたとしても、死亡すれば必ず誰かに贈与されることになる）。さらに、コジェーヴがデュッセルドルフ講演で主張するところの、資本家による労働者への、また先進国から途上国への贈与（剰余価値の分配）は、まさしく奴隷的・ブルジョワ的所有が自律的に現実存在する資本へと転化することを防ぐことであるだろう。

　奴隷的労働が抽象的身体の労働として具体的身体性から切り離されるのは、死の恐怖・死の危険によって（ブルジョワ社会においてこれをつくりだすのは「資本」である）労働へと強制される、すなわち自然的・動物的所与を否定するように強制されるからだろう。けれども、自然的・動物的所与の否定そのものは、人間の言語活動（人間の言語における形態素は現実に存在する事物から切り離されており、また意味は形態素から切り離されている[8]）や家族的な愛（家族のメンバーたちは、家族のメンバーであるがゆえに、メンバーの具体的な行為、「ここといま」を捨象して互いに愛し合う）にもある。そして、個人的所有を産出する労働における自然的・動物的所与の否定とはまさしくこのような否定であると考えられる。家族のなかで労働やその産物は交換へと

---

(8) Cf. Alexandre Kojève, *Le Concept, le Temps et le Discours : Introduction au Système du Savoir*, Gallimard, 1990. 邦訳として、アレクサンドル・コジェーヴ『概念・時間・言説——ヘーゲル〈知の体系〉改訂の試み』三宅正純・根田隆平・安川慶治訳、法政大学出版局、2000年。

強制されてはいないが、交換可能性をもつ。言語的なやり取り（交換）は、交換へと強制されてはいないが、交換可能性（伝達可能性）をもつ（言語が商品化している場合を除いては）。これと同様に、個人的所有もまた、交換へと強制されてはいないが交換可能性をもつ。このようなかたちの自然的・動物的所与の否定は、交換へと強制されていない限りにおいて、具体的な身体性から切り離されてはいないと言える。

おそらく、死の危険によって強制されることのない自然的・動物的所与の否定こそが、交換へと強制されない交換可能性をつくるのだと思われる。それでは、死の危険によって強制されないためにはどうすればよいだろうか。それは、自己の具体的な、生ける身体を守るために生命を危険にさらす覚悟をもつことによってであるだろう。そしてこの覚悟こそが、自然的・動物的所与の否定と具体的な身体性とを結びつけると考えられる。

抽象的身体性が承認を求める生死を賭けた闘争に由来する自然的・動物的所与の否定としての男性的なものであるとすると、自己の具体的な身体を守るために生命を危険にさらす覚悟としての自然的・動物的所与の否定は女性的なものであると言えるだろう。それは、潜在的には、人間が、とりわけ女性が直立することに由来する。したがって、奴隷的・ブルジョワ的所有が自律的に現実存在する資本に転化するのを防ぐためには、女性が再び直立する、立ち上がるのでなければならない。

普遍等質国家（個別性の普遍的承認、ハウスとフロストのいう公平な自由競争社会）においては、具体的身体性はほぼ排除されている。それはほぼもっぱら抽象的身体性に基づいている。ただし、今述べたように、奴隷の抽象的労働は具体的身体性と不可分であり、この限りで具体的身体性と関係する。しかしこの具体的身体性は普遍等質国家において明示的な場所をもたない。この抽象的身体性または男性性と具体的身体性または女性性との「綜合」は、前に述べた用語を用いれば「盲点」と奴隷性との綜合、コジェーヴの言葉で言うと「パラテーズ」である。

ハウスとフロストが描き出す普遍等質国家においてすべての人が公民として承認され、また偶然的要因による格差が不正なものとして排除されるという意味で等質的になるならば、契約においても両当事者の条件は平等かつ等

価である——すなわち、公平である——のだから、契約によって合意される価格は正義にかなうものであるだろう。これも平等の正義と等価性の正義との綜合であるだろう。この契約は守らなければならないだろうから、「誓約」の要素もあるだろう。ところが、先の引用箇所でコジェーヴが挙げていた「ポトラッチ」または互酬性の要素はないように思われる。しかし、このような普遍等質国家が実現したならば、等価性の正義の原理に従って自己利益のために奴隷的・ブルジョワ的所有（物）の取引が行われることは認められるが、「資本主義的所有」、すなわち自律的に現実存在する資本の所有が認められることはないだろう。なぜなら、それは、公民の公平の正義の理念に反するであろうからだ。この場合、奴隷的・ブルジョワ的所有（物）の取引は、自己の貨幣的利益を得るための取引にとどまらず、自己の具体的身体性の産物の取引、つまり個人的所有（物）の取引という様相をももつだろう。ここにポトラッチ的要素があると考えられる。

　もちろんこのような取引は奴隷的・ブルジョワ的である限りで、交換へと強制されている。けれども、資本主義経済システムにおいて資本家と労働者との間で剰余価値の分配が行われるならば、人々が交換へと強制される度合いは減るだろう。また、そもそも交換へと強制されるべきでない物・ものが存在する。これが本来の意味での個人的所有（物）である。この個人的所有は、抽象的身体性に基づく普遍等質国家においては、また現在のブルジョワ社会においても、奴隷的・ブルジョワ的所有と一体になってそこに紛れていると考えられるが、今述べた剰余価値の分配の実現によって、本来的な個人的所有は、奴隷的・ブルジョワ的所有から解放されることになるだろう。

　普遍等質国家の公平無私の第三者は、このような公民の「公民」としてでない社会的な相互作用が争いになった場合、この争い＝相互作用に正義の理念を適用するために介入する。この第三者が介入する相互作用が行われるのはまずは経済社会であるから、主に等価性の正義の原理が適用される。この等価性の正義の原理の適用をめぐって、すでに述べたように、等価性の正義にかなわないと思われる相互作用、つまり個人的所有の取引、およびこの結果として生じるかもしれない「理由なき致富」が正当化される。また、本来は等価性の正義にかなっていると思われる相互作用、例えば労働者の産出す

る剰余価値の資本家による一方的取得、あるいはその結果としての不平等が「大きすぎる」不平等として等価性の正義に反するものとされる。

　コジェーヴのいう、平等の正義と等価性の正義との綜合としての「公平の正義」とはこのようなものではないかと私は考える。このような「公平の正義」の理念を第三者は、今述べたように等価性の正義の理念を適用するという形で適用する。これは、いわば、抽象的身体性を基礎とする正義の理念を、具体的な身体性をもって生きる人間とその社会に適合する形で修正して適用するということである。そしてこのような適用が実現されるためには、具体的身体性が表に現れること、比喩的に言うと「女性が立ち上がる」ことが必要になるだろう。

　具体的身体性もまた人間的身体性、すなわち自然的・動物的所与の否定としての身体性であるが、この否定が生じる場は家族社会（そしてさらに言語的・社交的な「社会的社会」）であるだろう（cf. EPD 364/427）。したがって、公平の正義の理念は家族社会（および「社会的社会」）における相互作用にも適用されるだろう。どのような形で適用されるかについては今後研究を進めたい。

文献一覧

Arendt, Hannah, *Vita activa oder Vom tätigen Leben*, Piper, 1981（ハンナ・アーレント『活動的生』森一郎訳、みすず書房、2015 年）.

Auffret, Dominique, *Alexandre Kojève : La philosophie, l'État, la fin de l'Histoire*, Grasset, 1990（ドミニック・オフレ『評伝アレクサンドル・コジェーヴ――哲学、国家、歴史の終焉』今野雅方訳、パピルス、2001 年）.

Bataille, Georges, *L'expérience intérieure*, Gallimard, 1943（ジョルジュ・バタイユ『内的体験――無神学大全』出口裕弘訳、平凡社（平凡社ライブラリー）、1998 年）.

――― *L'Érotisme*, Minuit, 1957（ジョルジュ・バタイユ『エロティシズム』酒井健訳、筑摩書房（ちくま学芸文庫）、2004 年）.

Bibard, Laurent, «Présentation», Alexandre Kojève, *L'athéisme*, Traduction par Nina Ivanoff. Établissement du texte, présentation et révision de la traduction par Laurent Bibard, Gallimard, 1998 : 7-66（ロラン・ビバール「解題」、アレクサンドル・コジェーヴ『無神論』今村真介訳、法政大学出版局、2015 年、1 -57 頁）.

――― *La Sagesse et le féminin : Science, politique et religion selon Kojève et Strauss*, L'Harmattan, 2005（ロラン・ビバール『知恵と女性性――コジェーヴとシュトラウスにおける科学・政治・宗教』堅田研一訳、法政大学出版局、2014 年）.

――― *Terrorisme et féminisme : Le masculin en question*, Éditions de l'Aube, 2016.

Burggraeve, Roger (éd.), *Emmanuel Levinas et la socialité de l'argent : Un philosophe en quête de la réalité journalière. La genèse de Socialité et argent ou l'ambiguïté de l'argent*, Peeters, 1997（エマニュエル・レヴィナス（ロジェ・ビュルグヒュラーヴ編）『貨幣の哲学』合田正人・三浦直希訳、法政大学出版局、2003 年）.

Derrida, Jacques, *Donner le temps : 1. La fausse monnaie*, Galilée, 1991.

Hegel, G.W.F., *Phénoménologie de l'esprit*, Traduction et avant-propos par Jean-

Pierre Lefebvre, Aubier, 1991（G.W.F. ヘーゲル『精神現象学』長谷川宏訳、作品社、1998 年）.

Honneth, Axel, *Kampf um Anerkennung : Zur moralischen Grammatik sozialer Konflikte, Mit einem neuen Nachwort*, Suhrkamp, 2003（アクセル・ホネット『承認をめぐる闘争〔増補版〕——社会的コンフリクトの道徳的文法』山本啓・直江清隆訳、法政大学出版局、2014 年）.

―――*Freedom's Right : The Social Foundations of Democratic Life*, Translated by Joseph Ganahl, Columbia University Press, 2014.

Howse, Robert, «Europe and the New World Order : Lessons from Alexandre Kojève's Engagement with Schmitt's 'Nomos der Erde'», *Leiden Journal of International Law*, 19, 2006 : 93-103.

―――«L'Europe et le nouvel ordre du monde : leçons de la confrontation de Kojève avec le *Nomos de la Terre* de Carl Schmitt», Traduit par Louis Morelle, *Philosophie*, numéro 135, septembre 2017, Minuit : 41-53.

Howse, Robert / Frost, Bryan-Paul, «Introductory Essay : The Plausibility of the Universal and Homogenous State», Alexandre Kojève, *Outline of a Phenomenology of Right*, Edited by Bryan-Paul Frost, Translated by Bryan-Paul Frost and Robert Howse, Rowman and Littlefield Publishers, Inc., 2000 : 1-27.

Jarczyk, Gwendoline / Labarrière, Pierre-Jean, *De Kojève à Hegel : Cent cinquante ans de pensée hégélienne en France*, Albin Michel, 1996.

Kervégan, Jean-François, «Au-delà de l'histoire : le Livre et la fin du Sage», *Philosophie*, numéro 135, septembre 2017, Minuit : 78-91.

Kojève , Alexandre, «Hegel, Marx et le Christianisme», *Critique*, 3-4, 1946 : 339-366.

―――*Introduction à la lecture de Hegel*, Gallimard, 1947（アレクサンドル・コジェーヴ『ヘーゲル読解入門』上妻精・今野雅方訳、国文社、1987 年）.

―――*Essai d'une histoire raisonnée de la philosophie païenne*, Gallimard, Tome Ⅰ : *Les Présocratiques* 1968, Tome Ⅱ : *Platon - Aristote* 1972, Tome Ⅲ : *La Philosophie hellénistique - Les Néo-platoniciens* 1973.

―――*Esquisse d'une phénoménologie du droit*, Gallimard, 1981（アレクサンドル・コジェーヴ『法の現象学』今村仁司・堅田研一訳、法政大学出版局、1996 年）.

―――*Le Concept, le Temps et le Discours : Introduction au Système du Savoir*,

Gallimard, 1990（アレクサンドル・コジェーヴ『概念・時間・言説――ヘーゲル〈知の体系〉改訂の試み』三宅正純・根田隆平・安川慶治訳、法政大学出版局、2000 年).

―― *L'athéisme*, Traduction par Nina Ivanoff. Établissement du texte, présentation et révision de la traduction par Laurent Bibard, Gallimard, 1998（アレクサンドル・コジェーヴ『無神論』今村真介訳、法政大学出版局、2015 年).

――«Kolonialismus in europäischer Sicht», *Schmittiana: Beiträge zu Leben und Werk Carl Schmitts, Band VI*, Herausgegeben von Piet Tommissen, Duncker & Humblot, 1998 : 126-140.

――«Esquisse d'une doctrine de la politique française», Florence de Lussy (dir.), *Hommage à Alexandre Kojève : Actes de la «Journée A. Kojève» du 28 janvier 2003*, Éditions de la Bibliothèque nationale de France, 2007 : 87-98.

――«Le colonialisme dans une perspective européenne», *Philosophie*, numéro 135, septembre 2017, Minuit : 28-40.

Kojève, Alexandre / Schmitt, Carl, «Der Briefwechsel Kojève-Schmitt», *Schmittiana: Beiträge zu Leben und Werk Carl Schmitts, Band VI*, Herausgegeben von Piet Tommissen, Duncker & Humblot, 1998 : 100-124.

――«Correspondance Alexandre Kojève / Carl Schmitt», Présentée, traduite et annotée par Jean-François Kervégan et Tristan Storme, *Philosophie*, numéro 135, septembre 2017, Minuit : 5-27.

Ledvinka, Tomáš, «Bronislaw Malinowski and the Anthropology of Law», Mateusz Stępień (ed.), *Bronislaw Malinowski's Concept of Law*, Springer, 2016 : 55-81.

Lussy, Florence de (dir.), *Hommage à Alexandre Kojève : Actes de la «Journée A. Kojève» du 28 janvier 2003*, Éditions de la Bibliothèque nationale de France, 2007.（電子書籍）

Nancy, Jean-Luc, «La Communauté désœuvrée», *Aléa*, 4, Février 1983 : 11-49（ジャン＝リュック・ナンシー『無為の共同体――バタイユの恍惚から』西谷修訳、朝日出版社、1985 年).

――*La Communauté désœuvrée*, Christian Bourgois Éditeur, 1986, 1990, 1999, 2004（ジャン＝リュック・ナンシー『無為の共同体――哲学を問い直す分有の思考』西谷修・安原伸一朗訳、以文社、2001 年).

――*Sexistence*, Galilée, 2017.

Mauss, Marcel, *Essai sur le don : Forme et raison de l'échange dans les sociétés archaïques*, PUF, 2012（マルセル・モース『贈与論（他二篇）』森山工訳、岩波書店（岩波文庫）、2014 年）.

Polanyi, Karl, «Aristotle Discovers the Economy», Karl Polanyi, Conrad M. Arensberg, and Harry W. Pearson, eds., *Trade and Market in the Early Empires*, The Free Press, 1957 : 64-94. *Primitive, Archaic and Modern Economies : Essays of Karl Polanyi*, Edited by George Dalton, Beacon Press, 1968 : 78-115（カール・ポランニー「アリストテレスによる経済の発見」、カール・ポランニー『経済の文明史』玉野井芳郎・平野健一郎編訳、筑摩書房（ちくま学芸文庫）、2003 年、261-328 頁）.

───«The Semantics of Money-Uses», *Primitive, Archaic and Modern Economies : Essays of Karl Polanyi*, Edited by George Dalton, Beacon Press, 1968 : 175-203（カール・ポランニー「貨幣使用の意味論」、カール・ポランニー『経済の文明史』玉野井芳郎・平野健一郎編訳、筑摩書房（ちくま学芸文庫）、2003 年、81-106 頁）.

───*The Great Transformation : The Political and Economic Origins of Our Time*, Beacon Press, 2001（originally published: New York : Farrar & Rinehart, 1944）（カール・ポランニー『大転換──市場社会の形成と崩壊』野口建彦・栖原学訳、東洋経済新報社、2009 年）.

Pullano, Teresa, «Kojève et l'Europe comme empire du droit», *Philosophie*, numéro 135, septembre 2017, Minuit : 54-77.

Rawls, John, *A Theory of Justice*, Revised Edition, Harvard University Press, 1999（ジョン・ロールズ『正義論（改訂版）』川本隆史・福間聡・神島裕子訳、紀伊國屋書店、2010 年）.

Sandel, Michael J., *Justice : What's the Right Thing to Do?*, Farrar, Straus and Giroux, 2009（マイケル・サンデル『これからの「正義」の話をしよう──いまを生き延びるための哲学』鬼澤忍訳、早川書房（ハヤカワ・ノンフィクション文庫）、2011 年）.

Schmitt, Carl, *Der Nomos der Erde : im Völkerrecht des Jus Publicum Europaeum*, Duncker & Humblot, 1950（カール・シュミット『大地のノモス──ヨーロッパ公法という国際法における』新田邦夫訳、慈学社出版、2007 年）.

───«Nehmen / Teilen / Weiden», Carl Schmitt, *Verfassungsrechtliche Aufsätze aus den Jahren 1924-1954*, Duncker & Humblot, 1958 : 489-504.

―――«Prendre / Partager / Paître», Carl Schmitt, *La guerre civile mondiale : essais (1943-1978)*, Traduit et présenté par Céline Jouin, Ère, 2007 : 51-64.

Strauss, Leo, *The Political Philosophy of Hobbes : Its Basis and Its Genesis*, The University of Chicago Press, 1952（レオ・シュトラウス『ホッブズの政治学』添谷育志・谷喬夫・飯島昇藏訳、みすず書房、1990 年）.

―――*The City and Man*, The University of Chicago Press, 1964（レオ・シュトラウス『都市と人間』石崎嘉彦・飯島昇藏・小高康照・近藤和貴・佐々木潤訳、法政大学出版局、2015 年）.

―――*On Tyranny*, The University of Chicago Press, 2013（レオ・シュトラウス『僭主政治について』（上）石崎嘉彦・飯島昇藏・面一也訳、現代思潮新社、2006 年、（下）石崎嘉彦・飯島昇藏・金田耕一他訳、現代思潮新社、2007 年）.

Villey, Michel, *Le droit et les droits de l'homme*, PUF, 1983.

アリストテレス『政治学』牛田徳子訳、京都大学学術出版会、2001 年。

―――『ニコマコス倫理学』朴一功訳、京都大学学術出版会、2002 年。

今村仁司『社会性の哲学』岩波書店、2007 年。

岩井克人『貨幣論』筑摩書房（ちくま学芸文庫）、1998 年。

―――『二十一世紀の資本主義論』筑摩書房（ちくま学芸文庫）、2006 年。

岩井克人（聞き手＝三浦雅士）『資本主義から市民主義へ』新書館、2006 年。

岩井克人（聞き手＝前田裕之）『経済学の宇宙』日本経済新聞出版社、2015 年。

大竹弘二『正戦と内戦――カール・シュミットの国際秩序思想』以文社、2009 年。

戒能通孝「市民法と社会法」、『戒能通孝著作集Ⅶ　法社会学』（編・解説　渡辺洋三）、日本評論社、1977 年、138-153 頁。

―――「約款と契約」、『戒能通孝著作集Ⅶ　法社会学』（編・解説　渡辺洋三）、日本評論社、1977 年、165-173 頁。

堅田研一『法・政治・倫理――デリダ、コジェーヴ、シュトラウスから見えてくる「法哲学」』成文堂、2009 年。

―――『法の脱構築と人間の社会性』御茶の水書房、2009 年。

―――「訳者あとがき」、ロラン・ビバール『知恵と女性性――コジェーヴとシュトラウスにおける科学・政治・宗教』堅田研一訳、法政大学出版局、2014 年、553-567 頁。

―――「D. コーネルの脱構築的法哲学について――法における倫理性の問題」、法

哲学年報 2014、2015 年、169-181 頁。

――――「アレクサンドル・コジェーヴ著今村真介訳『無神論』書評」、図書新聞 3234 号、2015 年。

坂井礼文『無神論と国家――コジェーヴの政治哲学に向けて』ナカニシヤ出版、2017 年。

スピノザ『エチカ――倫理学――』（下）畠中尚志訳、岩波書店（岩波文庫）、1951 年。

高橋広次「アリストテレスにおける交換的正の諸問題」、南山法学 37 巻 3・4 号、2014 年、105-148 頁。

――――「アリストテレスの取財術について（1）」、南山法学 38 巻 1 号、2014 年、57-99 頁。

――――『アリストテレスの法思想――その根柢に在るもの』成文堂、2016 年。

ドゥブー、シモーヌ『フーリエのユートピア』今村仁司監訳、平凡社、1993 年。

人名索引

あ 行

アリストテレス（Aristotelēs）　84-90, 92-93, 97-99, 101, 108, 110-112, 114, 151, 203, 208-209, 213-214, 219, 233-239, 244-245, 246-247
アーレント（Hannah Arendt）　44, 119, 141-145, 166
今村仁司　201
岩井克人　84, 93-94, 167, 174, 196

か 行

戒能通孝　181
ケルヴェガン（Jean-François Kervégan）　26-27, 49-54, 58, 60, 63-64

さ 行

サンデル（Michael J. Sandel）　123
シュトラウス（Leo Strauss）　101, 102, 233-237, 244
シュミット（Carl Schmitt）　1, 29, 31, 35-38, 40, 65, 121-122, 125
スターリン（Joseph Stalin）　30, 42
スピノザ（Baruch de Spinoza）　224

た 行

高橋広次　111, 116
デリダ（Jacques Derrida）　203, 243

な 行

ナポレオン（Napoléon Bonaparte）　30, 42, 48, 231
ナンシー（Jean-Luc Nancy）　48, 213-216, 218-227, 231, 233, 238, 241, 246
ニーチェ（Friedrich Nietzsche）　224

は 行

ハイデガー（Martin Heidegger）　222
ハウス（Robert Howse）　36-39, 41, 48, 58-60, 118-119, 122-125, 127-129, 134, 149, 154, 261-262, 271
バタイユ（Georges Bataille）　46, 48, 59, 220, 255
ビバール（Laurent Bibard）　119, 122, 124, 130, 134-135, 140-141, 143, 145, 152, 158, 192-193, 195, 231-232
ピュラノ（Teresa Pullano）　42, 46, 48, 58-59, 66-67, 70, 83
ビュルグヒュラーヴ（Roger Burggraeve）　98
フォード（Henry Ford）　33
フクヤマ（Francis Fukuyama）　122
プラトン（Platōn）　86, 224
フロイト（Sigmund Freud）　214, 226, 227
フロスト（Bryan-Paul Frost）　118-119, 122-125, 127-129, 134, 149, 154, 261-262, 271
ヘーゲル（G.W.F. Hegel）　2, 101, 135, 186, 187, 210-212, 214, 221, 223-224, 227-230, 237, 239, 247, 251
ベーコン（Francis Bacon）　135
ホッブズ（Thomas Hobbes）　101, 136-137, 233-238
ホネット（Axel Honneth）　201, 210
ポランニー（Karl Polanyi）　89, 90, 108, 111-113, 199, 205-210, 223, 239, 240, 242-244, 249, 256

ま 行

マキアヴェリ（Niccolò Machiavelli）　136
マルクス（Karl Marx）　32-33, 174, 252

ら 行

ラカン（Jacques Lacan）　215
レヴィナス（Emmanuel Lévinas）　84, 96-100, 113, 114
ロック（John Locke）　136-137
ロールズ（John Rawls）　123-124, 265

事項索引

あ 行

愛　227, 230, 270
愛する者と愛される者の弁証法　221
愛の弁証法　228-229, 230
贖い　113-114
商いの術（商人術）　86-89, 92-94, 96, 98, 100, 102, 110
生ける身体性　249
イド　214
意味＝感覚＝方向　219, 227
埋め込み（埋め込む）　233, 239, 244
エロティシズム　220
多すぎかつ少なすぎる　224
男らしい　135
男らしさ　136
大人的女性性　141
大人的男性性　141
大人の女性　139-140
大人の男性　139-140

か 行

会社企業　182-183
概念　171
貨殖　247
貨殖論　195, 237
家政　206, 207, 208
家政術　86, 88-89, 92, 94, 96, 102-103, 110
家政術の一部としての財獲得術　100
家政的労働　195
家族社会　17, 19, 117-118, 127, 134, 141, 150, 158, 232, 273
家族生活による自己抑制　130
家族のなかの愛　125-126
家族法　20, 153
価値の相違　40-41, 58-60
活動　142-143
貨幣　73, 82, 84-88, 92-99, 101-103, 108, 112-113, 156, 167, 169, 172, 174-175, 178-180, 195, 233, 247, 257
貨幣換算可能　255
貨幣換算可能性　156, 175
貨幣商品説　174

貨幣的価値（貨幣的な価値）　79, 171, 179-180, 242, 257, 263-264, 266, 268-270
貨幣的価値の所有　252
貨幣的利益　103, 108-110, 114-115, 175, 251, 253, 255, 264, 266, 272
貨幣による贖い　100, 113-114
貨幣による犯罪の贖い　99
貨幣の自己循環論法　95
貨幣の無限増殖　88
貨幣の両義性　98
貨幣・法・言語の無根拠性　115
貨幣を求める欲望　100
技術　217-219, 226-227, 238
擬制的主人（擬制的な主人）　73, 155, 176, 180, 251, 262
貴族的所有（貴族的な所有）　249, 251, 253-254
貴族法　69, 147, 161, 163, 174, 251
気遣い　143-144
機能法　20
行政法　17
共同体（コイノニア）　209
虚栄心　101, 233-234, 236-238, 247
近代的政治哲学　233
具体的身体（具体的な身体）　80, 241, 255-256, 270
具体的身体性（具体的な身体性）　80, 241, 249, 253-254, 269-273
グローバリゼーション　27, 63, 117, 118, 133, 140-141
ケア労働　195-196
経済社会　16, 19, 117-118, 124, 126-127, 134, 141, 150, 158, 178, 232, 252
経済法　20
計算可能性としての貨幣の価値への回帰　113
刑事法　14, 18-20
芸術作品　104, 144, 167
継続性への欲望　220-221
刑罰　21-22
刑法　7, 14-16, 21, 23
契約と身分との綜合　261
言語活動　215-219, 221, 230, 241, 270

顕在的な法　19
賢者　50-54, 56, 63
現象学的方法　5
憲法　17
ゲーム　247
交換価値　173-174, 255, 261
交換可能性　175-176, 194-197, 271
公正な価格　90
功績　131-132, 261
公平　6, 119, 147-148, 242
公平性　13, 162
公平の正義　2, 11, 60, 62, 76, 82, 131, 148, 244, 254-256, 261, 264, 272-273
公平無私の第三者　6, 12-13, 24, 66, 119, 141, 162, 200, 243, 246, 272
公法　17-18, 20
公民　10, 121
公民の正義　128
国際私法　24
国際法（国際公法）　23-24
ここといま　106, 151, 160, 167, 169-171, 175-177, 192-193, 241, 269
コジェーヴ＝シュミット論争　2, 29
互酬　111
互酬行動　89
互酬性　112, 149, 199, 202-209, 233, 238-240, 242-244, 248, 253, 272
互酬性としての等価性の正義　243
互酬性の正義　244, 248
互酬的関係　249
互酬的取引　112-113
個人的財産　103, 123, 177
個人的所有（個人的な所有）　56, 60, 62, 72-73, 75-77, 80, 112-124, 142, 144-145, 157-158, 176-177, 179-181, 184, 240-241, 243, 248-249, 254, 264-266, 268-270, 272
個人的所有物　103, 110-115, 141, 143, 178, 191-192, 194-198, 241-242, 255, 263
個人的所有物を生み出す労働　157
個人的所有物を生み出す労働　178
国家＝以前的社会　16-17, 19
古典的政治哲学　233
子供的女性性　141, 145
子供的男性性　140
子供の女性　139-141
子供の男性　139-140
個別　68
個別性　12, 14, 26, 62, 120, 165-166, 192, 229

さ　行

財獲得術　86
才能　123-124, 264-265
再分配　206-208
詐欺師＝官吏　17-18
サンス　216-217, 220
慈愛　96, 98-100, 229
自給自足　89, 90, 92, 208-209, 239
自己循環論法　95
自己贈与　202
自己の身体の所有権　189
自殺　210-211
市場　123, 126, 133, 178
私＝性　204, 213, 227
実存　217-219, 230
私的所有　106, 123, 145-155, 168, 179-180
死に至らない死への覚悟　201-202, 204, 213, 220-221, 231
死の危険　44-45, 83, 105, 118, 130, 134-145, 147, 149, 154, 176, 189, 194, 201, 211-212, 246, 270-271
死の恐怖　8, 159, 167, 178, 190, 270
死のなかに至るまでの生の称揚　202, 220
死の不安　212
自発的労働（自発的な労働）　169-171, 175-176, 178
慈悲　96
至福　224
私法　17-18, 20
資本　155, 168, 176, 180, 251, 262, 266-268, 270
資本主義的所有　266-267, 272
資本の自律的現実存在（資本の自律的な現実存在）　180-181, 194, 266
資本の奴隷　175
市民　181-186, 195-196
市民社会　17-19, 181-184, 193
社会主義帝国　27, 51, 60, 62, 123-124
社会的社会　19, 273
社会法　20
私有財産　123, 168
主人　3, 9, 66, 120, 159
主人と奴隷との相互作用のタイプ　264
主人と奴隷の弁証法　8, 195, 221
出生性　141-143, 145
需要供給の法則　173
昇華　225

事項索引　285

小市民資産者　183-184, 193
承認欲望　9, 38, 65, 101-102, 117, 120, 189, 195, 221, 237
承認を求める生死を賭けた闘争（承認を求める闘争）　3, 8, 29, 44, 59, 65-66, 72, 82, 117, 121, 159, 186-187, 193, 200, 214, 238, 256
使用のための生産　208
剰余価値　28, 33-35, 251-252, 254-255, 267, 269, 270, 272-273
剰余価値の分配　33
植民地主義　34-35, 36, 64
女性　72, 82, 138, 192, 254
女性が立ち上がる　195, 248, 273
女性の直立（女性が直立する、女性が直立すること）　72, 80, 152, 271
女性が再び立ち上がる　80
女性性　4, 66, 80-82, 106, 122, 124, 131, 135, 137, 139, 141, 145, 148-149, 158, 271
女性的　155, 194
女性的な人間化　193
女性的な否定の仕方　105
女性的なもの　80, 271
所有　187-188, 192
所有権　186
所有権の基本人権感情　183-186, 196
所有者としての承認　188
所有者としての人間の承認　188
自律的に現実存在する資本　269, 272
信任関係　94-95, 196-199
信念としての大度　234, 236-238, 247
性　213, 230
性行為　202, 213, 215-223, 225, 230-232, 238, 246
性＝実存　223, 227
政治的な人間性＝否定性　164
精神現象学　210-211, 223
精神的または文化的感覚の相違　40-41, 48, 59-60
生命の危機　68
誓約　265, 272
世界史　226, 228, 230, 244
世界的な法的ユニオン　25
世界は滅ぶとも、正義は行われしめよ　46
世俗的な社会　19
節制　246, 247
節制としての中庸　247
絶対知　49-53, 56, 60, 224
設定価格　91, 209

善意　89-90, 209, 223, 239
潜在的な法　19
占有　186-189, 192
相互作用　6-7
相互承認　9-10, 121, 126, 128, 160, 166, 261
相互贈与（相互の贈与）　60, 241
相互的贈与（相互的な贈与）　204, 242, 253
贈与　35-36, 39, 60, 65, 71, 78, 197, 203, 216, 243, 251-253, 255, 270
贈与的植民地主義　36
贈与的な交換　242
贈与的な等価性の正義　243
それ　214-216, 220-221, 238
存在〔自然〕のなかで無化する無　117, 153, 193

た　行

対称性　207
大地のノモス　37
大度　234-236
他者に（無限の）責任を負う（他者への無限の責任）　96, 98
他者の顔　96
立ち上がった女性　193
脱構築　105, 244
男性　138
男性性　80-81, 122, 124, 131, 135, 137, 139, 141, 158, 271
男性的　155, 194
男性的な否定の仕方　105
男性的なもの　80, 271
地域主義　39
知恵　49-50, 52
抽象的身体（抽象的な身体）　269-270
抽象的身体性　254, 272-273
中心性　207
中庸　234, 237, 239, 246
中庸としての大度　235, 237, 247
超＝国家的社会　17
直立した女性　194
抵抗しえない　6, 153
抵抗できない　19
抵抗不可能性　127
帝国　47, 61-62
デュッセルドルフ講演　1, 2, 28, 32, 39, 60, 63-65, 252, 270
等価性（equivalency）　239
等価性の原理　266, 268

等価性の正義　2, 11, 21, 47, 52, 54, 73, 75-76, 78, 82, 104, 128, 131-133, 146, 148, 150, 165-166, 172, 174, 176-178, 184, 186, 190, 194, 200-201, 204-205, 209, 212, 239-240, 244, 248, 255, 257, 262-266, 272-273
等価性の正義と「理由なき致富」との綜合　263
等価物　90-91
特殊性　60, 63, 80, 105-106, 124, 144-145, 148-149, 157, 166, 176-177, 192, 241, 249, 254-255, 264
特殊的なもの　62
徳としての中庸　247
特権要求　266, 268
取ること、分配すること、牧養すること　29, 35, 38
奴隷　3, 9, 66, 120, 159
奴隷の所有（奴隷的な所有）　252
奴隷的・ブルジョワ的経済社会　63-64, 75
奴隷的・ブルジョワ的所有　194, 266, 268-269, 272
奴隷的・ブルジョワ的労働　118, 175

な 行

人間が直立する　192, 194
人間的尊厳の承認　188
人間発生的　10

は 行

パラテーズ　271
犯罪　20-22
反植民地主義的　35
非人格的資本　269
非－知　47, 255
必要　85-86
平等の原理　265
平等の正義　2, 11, 21, 47, 52, 54, 67, 76, 82, 104, 128, 131, 132-133, 148, 150, 165, 178, 186, 189, 200-201, 205, 212, 240, 244, 248, 255, 265, 272-273
フィリア　89-90, 92, 209, 223
普遍　12
普遍性　26, 62, 166
普遍的　229
普遍等質国家　1, 23-26, 46-48, 50-51, 55-56, 59-60, 62-63, 80, 115, 117, 120, 123, 125, 134, 149, 157, 165, 244, 249, 253, 261-262, 271-272
ブルジョワ　73, 250, 251

ブルジョワ的所有　155-156
ブルジョワ的・奴隷的労働　156
ブルジョワ法　146, 161, 163, 174, 252
プロレタリアート　182-185, 193, 194, 250, 252-254
変容作用　217
傍観者　43-45, 48, 59
冒険の危険性　222
法人　182-183
法的主体　187
法的人格　169, 187
法的な人間性＝否定性　164
法の自己循環論法　104
法の進化　165
法の無根拠性　104-106, 175
暴力による死への恐怖　236, 237
没利害性　162-163
ポトラッチ　66, 69-71, 73, 76, 78, 81-82, 242, 249, 253, 255, 262, 265-266, 272
ポリス　203, 213
本　52, 54, 56

ま 行

マッチョ主義　124, 135, 137, 140-141, 145
身分と契約との綜合　259
身分法　20
民事法　14, 18-20
民法　7, 14-16, 19, 22-23
無私　119
無私性　13, 162-163
無私的＝没利害的　6, 147, 242
無性的男らしさ　135, 137, 139-140, 143, 149
盲点　47-49, 59-60, 66, 70, 82, 249, 251-253, 255-256, 271
盲点と奴隷性との綜合　249, 254

や 行

友愛　111, 223, 239
欲動　214, 222, 227
欲望の欲望　8, 137, 140, 213, 221, 224-225

ら 行

ラテン帝国　61, 63
利得のための生産　208
理由なき致富　7, 21-22, 262-264, 268, 272
類縁性　61-62
ルサンチマン　142
歴史の終わり　1, 46-48, 51, 59, 125, 249, 256

労働　9, 72-73, 154, 167-170, 172, 173
労働者は立ち上がる　253

労働における承認　125-126

著者略歴

堅田研一（かただ　けんいち）

1962年　石川県に生まれる
1994年　早稲田大学大学院法学研究科博士後期課程満期退学
現　在　愛知学院大学法学部教授

主要著書

『法・政治・倫理――デリダ、コジェーヴ、シュトラウスから見えてくる「法哲学」――』（成文堂、2009年）
『法の脱構築と人間の社会性』（御茶の水書房、2009年）

主要翻訳書

ジャック・デリダ著『法の力』（法政大学出版局、1999年）
ロラン・ビバール著『知恵と女性性――コジェーヴとシュトラウスにおける科学・政治・宗教――』（法政大学出版局、2014年）
アレクサンドル・コジェーヴ著『法の現象学』（共訳）（法政大学出版局、1996年）

コジェーヴの法哲学
――普遍等質国家における正義――

新基礎法学叢書 16

2019年 8月10日　初 版第1刷発行

著　者	堅　田　研　一
発行者	阿　部　成　一

〒162-0041　東京都新宿区早稲田鶴巻町514番地
発行所　株式会社 成 文 堂
電話 03 (3203) 9201　FAX 03 (3203) 9206
http://www.seibundoh.co.jp

製版・印刷　シナノ印刷　　　製本　弘伸製本
©2019 K. Katada　　printed in Japan
☆乱丁・落丁本はおとりかえいたします☆
ISBN978-4-7923-0650-2 C3032　　検印省略

定価（本体6000円＋税）

新基礎法学叢書 刊行のことば

　このたび、以下に引用する阿南成一先生の基礎法学叢書（1970年～1998年）刊行のことばの精神を引き継ぎ、新基礎法学叢書の刊行を開始することにした。そのめざすところは、旧叢書と異ならない。ただし、「各部門の中堅ならびに新進の研究者」という執筆者についての限定は外すことにした。基礎法学各部門の「金字塔をめざして」執筆する者であればだれでも書くことができる。基礎法学の研究者層は大変薄いこともあり、それ以外の法学部門の研究者だけでなく、哲学、歴史学、社会学等の専門家、さらには、教養あるすべての人々にも、読んでいただけるような内容になることを期待している。

　2012年1月　　　　　　　　　　　　　京都大学教授　　亀 本　　洋

基礎法学叢書 刊行のことば

　現代は《変革の時代》であり、法律学も新たに生まれ変わろうとしている。かかる時代にあって、法哲学・法史学・比較法学・法社会学等のいわゆる基礎法学への関心も高まり、これらの学問の研究は、ますます重要性を加えつつある。

　しかし、いずれの学問分野においても、基礎的研究の重要性が説かれながら、その研究条件は、応用的ないし、実用的研究に比して、必ずしも恵まれていない。このことは基礎法学についても同様かと思われる。

　それにもかかわらず、基礎法学の研究は、こんにちことのほか重要であり、幸い全国各地には基礎法学の研究にたずさわる研究者が熱心に研究活動をつづけている。そこで、ここに《基礎法学叢書》を企画し、これを、基礎法学の各部門の中堅ならびに新進の研究者の研究成果の発表の機会とし、以って基礎法学の発展を期することとした。

　この基礎法学叢書として今後二～三のモノグラフィーを逐年刊行の予定であるが、それらはいずれも基礎法学部門の専門、学術的な研究成果であり、各部門の発展途上における金字塔をめざして執筆されるものである。

　本叢書が基礎法学の発展に寄与できれば幸いである。

　　昭和43年2月　　　　　　　　　　　大阪市立大学教授　　阿 南　成 一